손에 잡히는

한자 상상사전

손에 잡히는

한자 상상사전

2019년 4월 22일 제1판 제1쇄 발행
2020년 9월 28일 제1판 제2쇄 발행

지은이 현희문, 현용안, 이수석
펴낸이 강봉구

펴낸곳 작은숲출판사
등록번호 제406-2013-000081호
주소 413-170 경기도 파주시 신촌로 21-30(신촌동)
서울사무소 100-250 서울시 중구 퇴계로 32길 34
전화 070-4067-8560
팩스 0505-499-8560

홈페이지 http://cafe.daum.net/littlef2010
이메일 littlef2010@daum.net

ISBN 979-11-6035-064-7 43140
값은 뒤표지에 있습니다.

손에 잡히는

한자 상상사전

그림으로 풀어쓴 한자사전

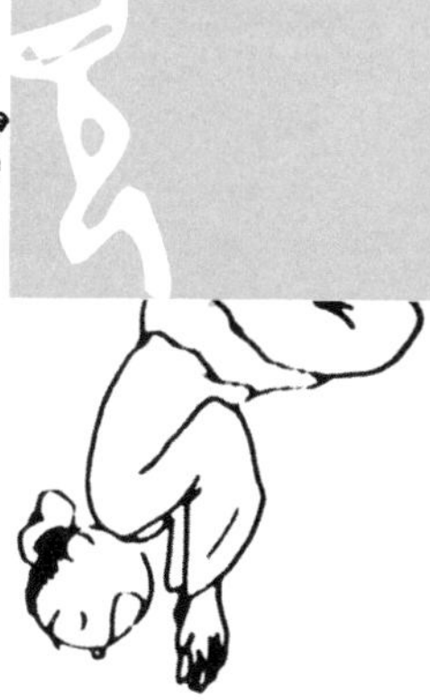

현희문, 이수석 지음 현용안 그림

작은숲

추천사

창의적인 발상과 표현 소통과 협업의 결과물

1

나는 문학적 상상력을 펼쳐 본다. 이수석 선생님과 현희문, 현용안 선생님들과의 만남과 이야기 장면을 상상해 본다.

"이수석 선생! 우리 한번 협업으로 한자 책을 한번 써 볼까? 내가 한자에 대한 정보를 뽑아 주면, 이선생이 글을 쓰면 되잖아. 그리고 현용안 선생이 한자 정보와 관련 있는 그림을 그리면 되잖아."

"예전의『소설 한자 네트워크』처럼요?"

"전 두 분 선배님들께서 함께 공부하고 책을 쓰는 모습을 보면서 감동을 받았었습니다. 함께할 수 있다면 저도 좋지요."

혼자보다는 여럿이, 혼자의 힘보다는 여러 명의 지혜가 훨씬 더 좋고 뛰어나다는 것을 주장하는 이수석 · 현용안 · 현희문, 세 분 선생님들의 만남과 대화는 아마도 이랬을 것이다.

이렇게 해서 『손에 잡히는 한자상상사전』이란 책이 세상에 나오게 되었다. 그들은 책을 만들기 위해 조사 연구하였고, 글을 쓰고 그림을 그려 출판사와 계약하고 탈고하였다. 세 분 선생님들은 자신이 잘하는 것을 살리고, 못하는 것은 가르쳐 주고 배우며 세상을 공부하였다. 그것이 2012년 5월이었다. 그리고 세월이 흐르면서 많은 것들이 변했다. 출판 원고를 모두들 잊어 버리고 있었을 때, 출판사로부터 연락이 왔다고 한다. 지금. 난, 그 분들의 따끈따끈한 원고를 파일로 읽고 있다.

2

현재는 소셜네트워크(Social Network Services/sites, SNS) 시대다. 나는 나이면서 나와 통하는 그 모든 사람들이다. 또한 나는 나이면서 내가 아니다. 타인은 타인이면서 또한 나이기도 하다. 세상은 온통 관계망 속에 엮여 있다. 하나를 알면 둘을 알 수 있으며 두 개를 알면 세상 모두를 알 수 있을 정도로 얽히어 있다.

현희문 선생님은 인천 동산고등학교 한문 교사로서 내 인생 선배이면서 학생들과 함께 공부하고 배우는 도반이다. 지금은 명예퇴직을 해서 한문과 관련한 교육 기부를 하며 재미있게 살고 있다. 자신의 전공인 한문에 작가적 상상력을 발휘하여 한자를 설명하였다.

철학·논리학을 학생들과 함께 공부해 온 이수석 선생은 너무나도 유쾌 발랄한 교사이다. 그와 함께 있으면, 나 자신도 어느덧 기분이 좋아진다. 그의 긍정적인 사고방식은 주변 사람들마저도 기분 좋게 만든다. 지금은 강화도 강서중학교에서 역사와 사회를 학생들과 더불어 함께 공부하고 있다. 짧고도 간략하게 핵심을 전달할 수 있도록 글을 만들고 다듬었다.

현용안 선생은 그 무언가를 도전하고 새로운 표현방식을 추구하는 신예 미술화가이자 후배 교사이다. 미술 창작에 미쳐 있으며 펜으로 새로운 예술을 창작하려는 작가이다. '한문은 그림이다'는 화두로 그림을 그려 새로운 한자 사전을 만들었다.

지금은 각각의 장소에서 열심히 사는 세 분의 동산고등학교 교사들은, 『손에 잡히는 한자상상사전』을 통해서 학생들의 딱딱한 두뇌를 말랑말랑하게 만들어 준다. 새로운 창의적인 발상을 도발하도록 한다. 그리고 그것을 자신의 표현으로 나타내라고 한다. 지금 현재 교육의 화두인 창의적인 발상과 표현, 소통과 협업을 이들은 이미 십수 년 전부터 교육현장에서 실천하고 있었다.

이 책에서 한자를 설명하는 방법은, 복잡한 한자를 파자하여 그 최초의 의미가 무엇인지를 밝히는 것으로 출발하였다. 그리고 그 근원적 한자가 결합하면서 새롭게 만들어진 의미를 이해할 수 있도록 설명하였다. 그리하여 어미가 되는 한자 한 글자를 이해하면, 그로부터 파생되거나 확장된 한자까지도 알 수 있도록 하였다.

언제 어디서나 그림책을 보듯이 이 책을 보시라. 그리고 상상력을 발휘해 보시라. 상상력을 발휘하는 그 시간과 그 장소에서 여러분은 저 멀리 한자가 만들어졌을 때의 중국인들의 생각과 사회에 빠져들게 될 것이다.

한자를 어렵고 지루하게 느끼는 초등학생들, 재밌게 한자를 공부하고자 하는 중학생, 입시에 찌들어 있으면서 또 다른 선택과목으로 어쩔 수 없이 공부하는 고등학생. 그리고 한자에 관심 있는 그 모든 분들께 꼭 추천해 드리고 싶은 책이다.

2019년 3월

인천광역시 교육감 도성훈

머리말 1

그림으로 풀어 쓴 한자사전

1

한자는 처음 만들어질 때의 의미가 매우 중요하다. 한자는 뜻을 나타내는 글자로서, 대상을 보고 그린 그림이며 의미를 상징한 글자다. 이 때문에 한자의 처음 모양이 그 글자가 들어간 복잡한 한자의 의미를 결정하였다. 이 책은 한자 어원의 학문적 연구를 위한 것이 아니다. 이 책에서는 한자의 초기 표현인 그림을 유추해서 한자의 뜻을 이해하기 쉽게 풀어 설명하였다. 중국의 현대 문자 학자들의 생각을 기본으로 하여, 갑골문의 그림과 한자 어원을 밝혀 한자를 이해하기 쉽도록 구안하였다.

그러나 한자의 어원이 학설과 관점이 명확하지 않고 여러 줄기인 관계로 해설의 의미가 조금 다른 것도 있을 수 있다. 따라서 이 책에서 설명한 글자와 그 풀이가 다른 책들도 있다. 하지만 현대인의 관점에서 문자적 상상력과 시간과 공간을 초월한 문화적 상상력으로 한자를 쉽고도 재미있게 설명하려고 노력하였다. 그래서 이 책으로 한자를 이해하고 익히면 한자의 이해와 활용도, 그리고 상상력과 창의성이 높아진 자신을 발견할 것이다.

2

어째서 코가 나일까?

우리가 흔히 사용하는 스스로 自(자)가 들어간 글자는 참으로 많다. 그 중에 鼻(비), 臭(취), 息(식)은 자주 쓰이는 한자다. 그렇다면 자(自)는 처음부터 스스로, 나 자신을 의미했을까?

본래 自(자)는 코의 모양을 그린 글자다. 그래서 臭(취)는 코와 개 犬(견)의 조합으로 냄새를 의미하고, 息(식)은 코의 모양과 심장의 모양을 그린 글자를 조합하여 숨을 쉬다를 의미했다. 이어서 코의 모양을 본뜬 자(自)가 스스로, 자신이라는 의미로 바뀌자, 코 밑의 복잡한 모양과 콧물, 그리고 내 쉬는 숨을 형상화하여 코의 의미를 보존하여 나타낸 코 鼻(비)까지도 의미를 상상해 낼 수 있다.

보아라, 느껴라. 그리고 상상하라

현대는 영상세대이다. 한자는 그림으로 대상과 뜻을 나타낸 글자다. 이 책에서는 한 글자의 한자마다 그 의미를 한 컷의 그림으로 표현하였다. 따라서 이 책을 읽는 독자들은 그 그림을 통해서도 의미를 이해할 수 있을 것이다.

이 책을 다 읽은 사람들은 이제 한자가 쓰기 어렵고 읽기 힘든 문자가 아니라, 추상화된 그림글자라는 사실을 깨닫게 될 것이다. 그리하여 이 책을 읽은 독자들은 다양한 상상력으로 새롭게 한자의 의미를 이해하여 새로운 장르의 문학적, 예술적, 학구적 상상력을 높일 수도 있을 것이다. 독자들의 학문적 성취가 한자의 익힘처럼 연관되어 다양한 곳에서 전문적 식견이 높아지길 기원 드린다.

언제나 나와 함께 나의 모자란 것을 채워 주는 아내 강경순 님께 감사 드립니다.

2019년 3월

현희문

머리말 2
오늘을 사는 우리와 철학, 역사, 문화를 이어주는 거멀못

1

근래 교정 한편에 작은 연못을 만들었다. 학생들이나 나나 학업을 주로 하는지라 틈틈이 작업한지 2년여의 시간이 지난 후 올해 겨우 제 모습을 찾았다. 주위 사람들에게 종종 여기 채워져 있는 물은 그냥 물이 아니라 나와 우리 학생들의 피와 땀이라고 농담을 건네곤 한다. 오늘 그 연못가에 머무르다 보니 작년에 심은 부들이 벌써 수면 위로 잎을 내었고 연잎도 한 잎 두 잎 수면을 가리기 시작했다. 그 밑으로 겨우내 연못을 지켰던 금붕어가 유유자적하게 헤엄치고 있었고 가장자리 돌들에 붙은 이끼를 다슬기들이 치우고 있었다. 가끔 주변의 새들이 날아와 물을 먹기도 하고 작은 수중 벌레들이 마실 나왔다가 기꺼이 금붕어의 먹이가 되곤 한다. 나도 가끔 이곳에서 예술적 영감을 얻기도 하고 위로를 받기도 한다. 문득 우리가 만든 것은 작은 연못이 아니라 교사와 학생, 예술과 과학, 인간과 자연, 환경과 생명 등이 교류하고 있는 거대한 에너지원을 만든 것이 아닌가 하는 생각이 들었다.

2

처음 이 책의 삽화를 부탁받았을 때 삽화 전문가는 아니더라도 미술을 전공했는데 까짓것 한자 모양대로 그리면 되겠지, 하는 생각으로 쉽게 승낙했다. 그러나 원고를 읽고 차츰 그에 맞는 그림들을 하나하나 구상해 가며 그동안 나 자신이 한자에 대한 오해와 편견이 얼마나 컸으며 한자에 대한 무관심의 벽이 얼마나 높았는지를 알게 되었다. 그동안 접해 온 한자는 말 그대로 중국 문자를 하나하나 암기해야 하는 학습의 대상이거나 외워도 금방 잊어버리는 어려운 것이었다. 그러다 보니 지금에 와서 딱히 한자에 대해 알아야 하거나 관심을 가져야 할 이유 또한 없었다.

하지만 현희문 선생님의 한자 해석은 오해와 편견, 그리고 무관심으로 쌓아 올린 내 머릿속 한자에 대한 틀을 깨기에 충분했다. 문자 하나하나에 내 모습이 담겨져 있었다. 자연의 섭리와 삶의 지혜가 담겨 있었다. 철학과 역사, 문화와 전통, 예술과 과학, 풍습과 해학, 인간과 자연, 세대와 세대로 이어져 온 우리 삶의 모습을 고스란히 담아 전달해 주고 있었던 것이다.

3

연못의 이름을 무엇으로 할까 고심하다가 '거멀못'이라 지었다. '거멀못'은 원래 나무 그릇 따위가 벌어져 있거나 벌어질 염려가 있는 곳에 더 이상 벌어지지 않게 양쪽에 걸쳐서 박는 못이라는 의미를 가진 물건이지만 이곳에서 사람과 사람, 교사와 학생, 예술과 과학, 인간과 자연, 환경과 생명 등의 밀접한 관계를 인식하고 더 이상 벌어지지 않게 하는 매개체의 의미를 연못을 나타내는 못에 연결해 이름 지은 것이다.

한자도 결국 이 모든 사이를 이어 주는 매개체임이 틀림없다. 따라서 이 책 또한 오늘을 살아가는 우리들과 아주 오래전부터 내려오는 인간의 철학과 역사, 문화와 전통, 예술과 과학, 풍습과 해학, 인간과 자연, 세대와 세대로 이어지는 삶의 지혜 등을 이어 주는 거멀못이 되었으면 좋겠다는 생각을 해 본다. 또한 이 책을 접하는 독자들도 한자를 차갑게 머리로 외워야 하는 대상이 아니라 먼 옛날 선인들이 들려 주는 삶의 지혜가 담긴, 가슴이 따뜻해지는 이야기로 생각했으면 좋겠다.

책 출간을 즈음하여 한자에 대한 편견을 버릴 수 있는 계기를 마련해 주신 현희문 선생님과 늘 곁에서 많은 도움을 주신 이수석 선생님, 좋은 독자들을 만날 수 있도록 출판해 주신 작은숲출판사 관계자 모두에게 감사 드린다. 또한 그림을 그리느라 소홀해질 수 있었던 가정을 잘 지켜 준 아내와 아들 정우에게도 감사를 드리고 이 모든 것이 보이지 않는 그 어떤 거멀못에 의해 잘 지탱되고 있음을 깨닫게 한 오늘 하루에도 감사 드린다.

2019년 3월

현용안

차례

1 기상

2 황하

3 주거환경과 생활

4 생활과 도구

5 제사와 동물

6 손 모양

7 발 모양

8 인체 기타

9 사람

10 가족

11 도로와 교통

12 전쟁과 무기

13 의복과 방직

14 나무와 식물

15 기타

1-1. 태양 日 旦 但 早

1-2. 태양의 신 昜 陽 場 揚 湯 蕩

1-3. 달과 고기 月 肉 明 朝 腸 胃 謂 夕 名 多 夢 朋

1-4. 물 水 泉 永 派 回 川 州 順 訓 巡

1-5. 일기 雨 云 雲 申 電 雷 需

1-6. 얼음 氷 冬 終 凍 冷 寒

1 기상

日 일 날

날 日(일)은 둥근 태양을 그렸으며, 한자 발전 과정에서 오늘날의 모양으로 변했다. 태양이 서산에 지면 하루가 지나간다는 인식에서 시간과 날씨를 의미하게 됐다. 초기 한자인 갑골문은 부드러운 형태였으나, 필기구 등의 영향을 받아 딱딱한 모양으로 발전했다.

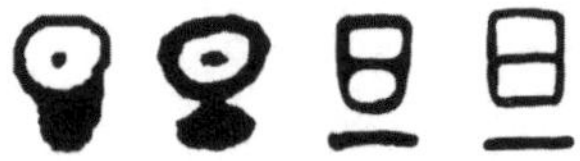

旦 단 아침

아침 旦(단)은 日(일)과 가로선의 조합이다. 아침에 태양이 지평선 위에 떠오르는 모양을 표현했다. 가로선은 지평선을 표현한 것이다.

원단元旦 **원단**에는 설빔을 입어야 한다.

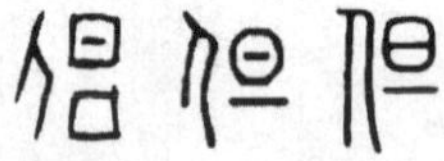

但 단 다만

다만 但(단)은 사람 人(인)과 아침 旦(단)의 조합이다. 해가 떠오르면 사람들이 보이기 시작한다는 의미다. 태양이 떠오르면 사람들이 일을 시작하는 데서 의미가 나왔다.

단지但只 **단지** 나는 솔직했을 뿐이야.

비단非但 **비단** 어제 오늘의 일이 아니다.

早 조 일찍

일찍 早(조)는 날 日(일)과 十(십)자 모양의 조합이다. 十은 풀을 하나만 그린 것으로, 풀 위로 태양이 떠오르는 모양에서 의미가 나왔다.

조급早急 너무 조급하게 서두르지 마라.

조퇴早退 많이 아프면 조퇴하렴.

旦단과 朝조

우리나라에서는 쉬운 아침 旦단보다는 아침 朝조를 많이 사용한다. 군주 국가 시대에는 임금의 이름에 쓰는 글자는 사용할 수가 없었다. 조선을 건국한 李成桂(이성계)의 이름이 旦단이다. 이 때문에 朝조를 사용하였다. 이런 풍습은 오늘날에도 남아 있어 부모님의 이름을 함부로 부르지 않고 李(이)자, 成(성)자, 桂(계)자입니다, 라고 말한다.

피휘법(避諱法)이란 왕이나 황제, 공자같은 지체 높은 이의 이름은 함부로 쓰지 못한다는 법이다. 이는 임금이나 황제, 성인, 존경받는 사람, 부모, 윗사람 등의 이름을 함부로 부르지 못하게 하기 위한 정명사상正名思想과도 통한다. 이름에 맞는 행동을 하라는 정명사상은 신분 질서를 옹호하는 사상이라는 비판을 받기도 한다. 하지만 자신의 지위와 신분에 맞게 행동하라는 정신은 오늘날에도 의미가 깊다. 임금은 임금답게, 신하는 신하답게, 아버지는 아버지답게, 아들은 아들답게, 행동하라는 정신은 복잡다양한 현대사회에서도 지켜야 할 덕목이라 할 수 있다.

昜 양 볕

별 昜(양)은 제단 모양 위에 태양을 그렸다. 태양을 숭배했던 고대 중국인들이 태양을 향해 설치한 제단을 그렸다.

陽 양 볕

볕 陽(양)은 언덕 阝(부)와 태양신을 모시는 제단인 昜(양)의 조합이다. 언덕 위에 설치한 제단 위에 태양이 내리 쬐는 모양에서 의미가 나왔다.

음양陰陽 음양의 조화

석양夕陽 석양이 아름답다.

場 장 마당

마당 場(장)은 흙 土(토)와 태양의 제단인 昜(양)의 조합이다. 태양의 제단 앞에 많은 사람이 모여 제사를 드리기 위한 넓은 땅의 모양을 그렸다. 이런 장소에 많은 사람이 모이면 서로 물건도 교환하는 데서 市場(시장)의 의미로 넓어졌다.

운동장運動場 오늘은 운동장에서 조회가 있는 날.

등장登場 주인공이 등장하다.

揚 양 오르다

오르다 揚(양)은 태양의 제단에 두 손으로 음식을 올리는 모양이다. 후에 사람은 생략하고 손 扌(수)만 남았다. 위로 들어 올리는 힘을 揚力(양력)이라 한다.

양력揚力 비행기는 양력에 의해서 높이 날아간다.

지양止揚 입시 위주의 교육은 지양되어야 한다.

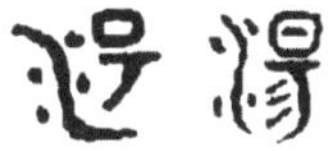

湯 탕 끓이다

끓이다 湯(탕)은 물 氵(수)와 태양의 제단인 昜(양)의 조합이다. 태양신의 제단에 올리는 국을 의미한다. 제사상에 올리는 국은 끓여서 올리기 때문에 의미가 넓어졌다.

냉탕冷湯 냉탕과 온탕을 번갈아 이용하다.

재탕再湯 예전 드라마를 재탕하여 방영하다.

蕩 탕 쓸어버리다

쓸어버리다 蕩(탕)은 물 氵(수)와 풀 艹(초)와 태양의 제단인 昜(양)의 조합이다. 제단 주위에 풀을 제거하고 물도 뿌려 먼지를 제거하는 데서 의미가 나왔다. 모든 것을 제거하는 일을 掃蕩(소탕)이라 한다.

소탕掃蕩 모기를 소탕한다.

탕진蕩盡 재산을 탕진했다.

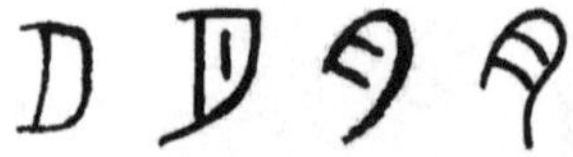

月 월 달

달 月(월)은 저녁에 떠있는 초승달을 그렸다. 해는 항상 둥글지만 달은 한 달에 한 번 둥글고, 나머지는 모두 초승달 모양으로 이지러져 보인다. 따라서 해는 둥글게, 달은 초승달을 그렸다.

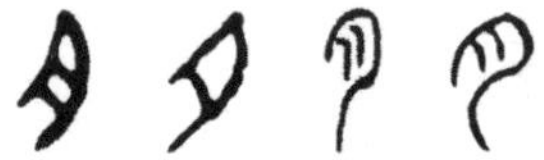

肉 육 고기

고기 肉(육)은 잘라 놓은 고깃덩어리를 보고 그렸다. 그러나 다른 글자와 조합일 때는 달 月(월) 모양으로 변하게 되며 고기, 인체를 의미한다.

육식肉食 육식보다 채식이 건강에 좋다.

육박肉薄 위험 수위에 육박하다.

明 명 밝다

밝다 明(명)은 창문 모양과 달 月(월)의 조합이다. 창문에 비추는 달빛에서 의미가 나왔다. 후에 창문 모양이 날 日(일)로 변했다.

분명分明 분명하게 사실을 밝히다.

증명證明 죄가 없음을 증명해야 한다.

朝 (조) 아침

아침 朝(조)는 풀 艹(초)와 태양 모양인 日(일)과 물 水(수)의 조합이다. 떠오르는 태양이 조수에 영향을 미치는 점까지 고려해서 아침을 표현했다. 이른 아침에 궁중에 모여 국사를 의논했기 때문에 朝廷(조정)의 의미로 넓어졌다.

조정朝廷 조정에 모여 국사를 의논한다.

조반朝飯 반드시 조반은 먹는다.

腸 (장) 창자

창자 腸(장)은 달 月(월)과 태양의 제단인 昜(양)의 조합이다. 月(월)은 고기 肉(육)의 생략형으로 신체의 일부를 의미한다. 음식을 소화하고 흡수하기 위해서는 장이 따뜻해야 하므로 창자를 의미했다. 이런 이유에서 따뜻함을 나타내는 볕 昜(양)을 결합시켰다.

심장心腸 심장이 건강해야 한다.

胃 (위) 밥통

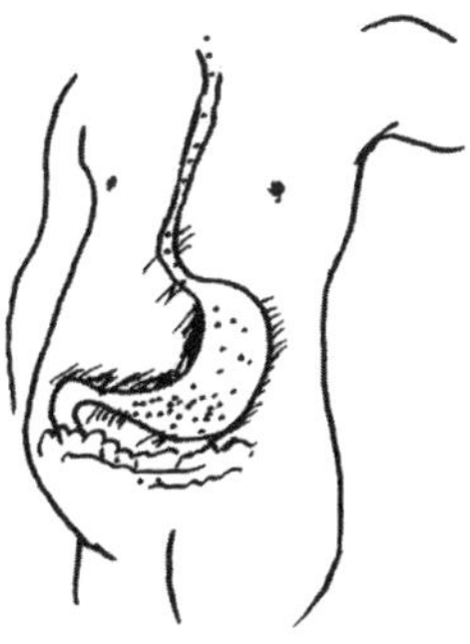

밥통 胃(위)의 위쪽 그림은 뾰족한 주머니 모양에 쌀 米(미)자 형태를 더한 것이다. 곡식이 위장 속에 있는 것으로 소화 기관을 의미한다. 후에 오면서 점 부분은 생략되고 다시 고기 모양인 月(월)을 더해서 인체의 의미를 확실하게 했다.

위염胃炎 위염으로 고생한다.

謂 위 이르다

이르다 謂(위)는 말씀 言(언)과 소화기관인 胃(위)의 조합이다. 위장의 역할처럼 필요하고 중요한 부분을 가려 자신의 의견을 말하는 데서 의미가 나왔다.

소위所謂 소위 일류 지향적 사고방식이다.

夕 석 저녁

저녁 夕(석)은 달 月(월)에서 한 획을 생략했으며, 산 위로 막 떠오르는 달의 반쪽만을 그려 의미를 표현했다. 아침 旦(단)을 만든 원리와 매우 흡사하다.

석양夕陽 석양이 아름답다.

석간夕刊 석간신문이 배달되다.

名 명 이름

이름 名(명)은 저녁 夕(석)과 입 口(구)의 조합이다. 밤에는 사람의 얼굴이 보이지 않아 이름을 부르는 데서 의미가 나왔다.

명분名分 명분 없는 싸움이다.

명절名節 명절을 쇠다.

多 다 많다

많다 多(다)는 고기 덩어리 두 개를 그렸다. 후에 모양이 저녁 夕(석)자로 변했다. 고기가 귀한 시절에 겹겹이 쌓여 있는 모양에서 많다는 의미가 나왔다.

다량多量 세균이 다량으로 검출되었다.

다행多幸 다행스러운 일이다.

夢 몽 꿈

꿈 夢(몽)은 침상에서 잠자는 모양을 세워서 그렸다. 후에 오면서 눈과 눈썹을 그린 글자와 집 宀(면)과 저녁 夕(석)의 조합으로 변했다. 집에 들어와서 눈을 감고 잠들어 꿈을 꾼다는 의미를 표현했다.

몽상夢想 몽상에 빠지다.

朋 붕 벗

벗 朋(붕)은 조개껍질을 두 줄로 꿰어 놓은 모양이다. 고대엔 조개껍질을 화폐로 사용했다. 다섯 개의 조개껍질을 1串(관)이라 하고, 2串(관)을 1朋(붕)이라 했다. 두 줄이 나란히 하나의 쌍을 이룬 데서 짝이라는 의미로, 다시 친구, 무리의 의미로 넓어졌다.

붕당朋黨 조선시대 붕당정치

水 수 물

물 水(수)의 가운데 긴 선은 2,000킬로미터를 구불구불 흘러가는 황하의 모양을, 여기에 물의 흐름을 나타내는 점을 찍어 의미를 나타냈다. 이 물 水(수)는 다른 글자와 결합 시 氵와 氺의 모양으로 변한다.

泉 천 샘

샘 泉(천)은 흰 白(백) 모양과 물 水(수)의 조합이다. 白(백)은 발원지로, 물이 흘러 나오는 모양에서 의미가 나왔다. 중국인들은 살아서는 황하와 더불어 생활하고, 죽어서는 황토 밑 샘물이 흐르는 곳으로 돌아간다고 생각했다. 저승세계를 黃泉(황천)이라 한다.

원천源泉 운동이 힘의 원천이다.

황천黃泉 황천길로 떠났다.

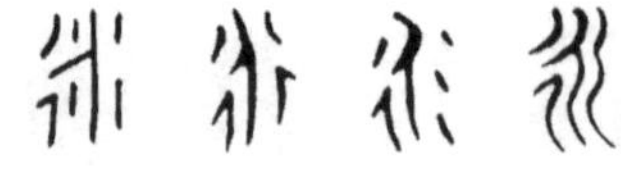

永 영 길다

길다 永(영)은 강의 여러 지류들이 본류로 합해져 흐르는 모양을 그렸다. 여러 줄기가 합해진 큰 물줄기는 멀고 길게 흘러간다. 여기서 길다는 의미가 나왔다.

영원永遠 영원한 이별

영구永久 영구 보존 상태

派 파 물 갈래

물 갈래 派(파)는 강의 본류에서 갈라져 나가는 지류를 그렸다. 이렇게 갈라진 지류가 다시 모여, 하나의 강을 이루기 때문에 學派(학파), 宗派(종파)에 사용하게 되었다.

파벌派閥 파벌 싸움

분파分派 교단이 분파되고 분열되어 있다.

回 회 돌다

돌다 回(회)는 물의 소용돌이 모양을 그렸다. 돌아서 처음 위치로 돌아온다는 데서 回復(회복)한다는 의미로 넓어졌다.

회전回轉 오른쪽으로 회전한다.

회수回收 자금을 회수하다.

川 천 내

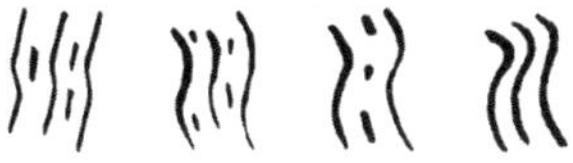

내 川(천)은 언덕 사이로 구불구불 흘러가는 하천을 그려, 규모가 작은 물을 표현했다. 다른 글자와 결합 시 위쪽에 놓이면 巛(천)으로 변하게 된다.

하천河川 하천이 범람하다.

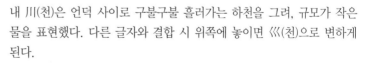

산천山川 아름다운 고향 산천

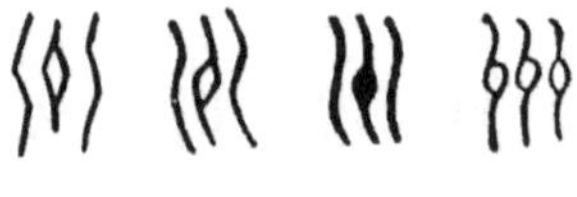

州 주 고을

고을 州(주)는 川(천)에 섬을 나타내는 둥근 점을 더했다. 언덕 사이로 빠르게 흐르는 냇물은 많은 토사를 운반해서 섬을 만든다. 이곳은 비옥해서 마을과 고을이 형성된다. 이렇게 州(주)가 고을이란 뜻으로 쓰이자 섬의 의미는 州(주)에 물 氵(물수)를 더해서 洲(주)가 대신했다.

제주도濟州道 제주도를 여행하다.

順 순 순하다

순하다 順(순)은 흐르는 물인 川(천)과 그것을 보고 있는 사람을 그렸다. 후에 보는 사람 모양이 머리 頁(혈)로 변했다. 물은 지혜로움의 상징이다. 이런 지혜로움을 보고 따르는 데서 순응한다는 의미가 나왔다.

순응順應 대세에 순응하다.

순서順序 모든 일에는 순서가 있다.

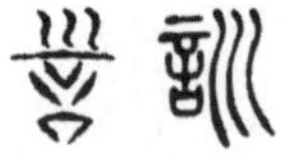

訓 훈 가르치다

가르치다 訓(훈)은 말씀 言(언)과 내 川(천)의 조합이다. 지혜로움의 상징인 물의 이치를 사람들에게 말하는 데서 의미가 나왔다.

교훈教訓 실패를 교훈으로 삼다.

훈계訓戒 모아 놓고 훈계하다.

巡 **순** 돌다

돌다 巡(순)은 내 川(천)과 갈림길 모양인 彳(척)의 조합이다. 후에 발 모양인 止(지)를 더했다. 물 주위를 따라 걸어간다는 의미다. 보통 국경은 강을 경계로 하기 때문에 돌면서 巡察(순찰)한다는 의미가 나왔다.

순시巡視 지방 순시하다.

순방巡訪 대통령의 해외 순방

黃泉 황천

삶과 죽음에 대해서는 동서양인들이 생각하는 바가 비슷하다. 죽음 뒤의 세상을 말할 때 황천길로 들어섰어, 황천갔어, 저승사자가 잡아갔어 등의 표현을 쓴다. 황천이란 황토 밑 샘물을 말한다. 황하 유역은 중국인들의 삶이 시작되고 끝나는 곳이다. 그 밑을 흐르는 물은 바로 죽음 뒤의 세상을 의미하였다.

사람은 자기가 보고 듣고 느끼고 한 경험을 통해서 이 세상을 이해하고 해석한다. 중국인들은 자신들의 삶의 근거인 황하가 이 세상의 중심이라 생각했다. 그래서 이 우주를 이루고 있다는 5가지 색인 오방색[青赤黃白黑]의 가운데라 생각하였다.

살아서는 황하와 더불어 생활하고, 죽어서는 황토 밑 샘물이 흐르는 곳으로 돌아간다고 생각했다. 黃泉황천을 저승세계라 하고, 황천으로 가기 직전을 黃昏황혼에 비유했다.

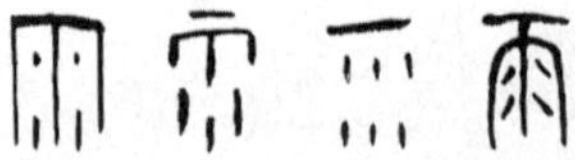

雨 우 비

비 雨(우)는 하늘에서 빗물이 떨어지는 모양을 점을 사용해서 표현했다. 이 雨(우)와 결합한 글자는 기상과 관련된 의미를 가진다.

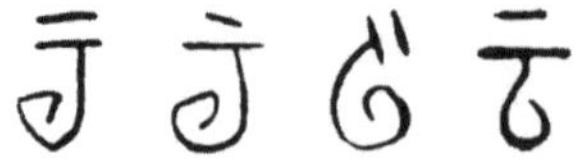

云 운 말하다
雲 운 구름

말하다 云(운)은 구름이 뭉게뭉게 피어오르는 모양으로, 구름을 의미한다. 후에 입에서 나오는 기운을 나타내면서 말한다는 의미로 변했다.

운집雲集 시청 앞에 시위대가 운집하다.

전운戰雲 전운이 감돌다.

申 신 거듭

거듭 申(신)은 하늘에 번개 치는 모양을 그렸다. 번개 電(전)의 초기 글자다. 번개는 사방으로 넓게 퍼지고 반복된다. 이렇게 넓게 퍼지는 데서 알린다는 의미로 넓어졌다. 상급 학교에 내부적으로 알리는 성적을 內申(내신)이라 한다.

신고申告 출생 신고하다.

신청申請 휴가를 신청하다.

電 전 번개

번개 電(전)은 申(신)이 편다는 의미로 사용되자, 후에 오면서 비 雨(우)를 더해서 의미를 보존했다. 다시 번쩍이는 섬광에서 전기, 전류의 의미로 넓어졌다.

전기電氣 전기가 끊기다.

전화電話 전화를 받다.

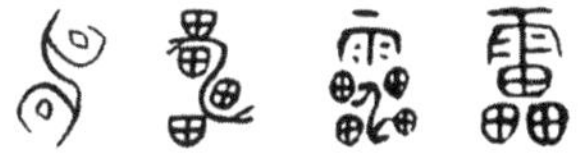

雷 뢰 우레

우레 雷(뢰)는 번개 모양과 입 口(구)의 조합이다. 후에 비 雨(우)와 밭 田(전)의 조합으로 변했다. 입 口(구)자는 번개 친 후에 나는 큰 소리를 형상화한 것이다. 후에 田(전)으로 변한 것은 농경지에서 천둥소리를 듣는 경우가 많았기 때문이다.

지뢰地雷 지뢰가 터졌다.

어뢰魚雷 어뢰가 발사 되었다.

需 수 구하다

구하다 需(수)는 사람이 비에 맞고 젖어 있는 모양이다. 후에 사람 모양이 而(이)로 잘못 변했다. 비를 맞으면서 그치기를 바라는 데서 바란다는 의미가 나왔다.

수요需要 수요가 늘다.

제수祭需 제수 용품을 준비하다.

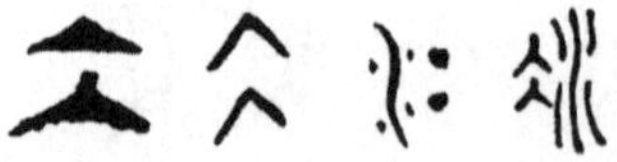

氷 빙 얼음

얼음 氷(빙)은 물이 얼어서 돌출한 얼음 덩어리를 꺽쇠 모양 두 개로 그렸다. 후에 물 水(수)를 더해서 물이 얼어서 얼음이 됨을 표시했다. 부수로 사용 시 冫(빙)으로 사용한다.

빙수氷水 빙수를 먹다

빙하氷河 빙하지역

冬 동 겨울

겨울 冬(동)은 굵은 줄의 양쪽 끝을 묶어 놓은 모양이다. 천을 짜는 실을 묶어 마무리하는 것으로 終結(종결)의 의미다. 일 년을 마무리하는 계절인 겨울을 나타내기 위해 얼음 冫(빙)을 더하여 의미를 확실시했다.

동지冬至 동지에 팥죽을 먹는다.

동면冬眠 곰이 동면에 들어갔다.

終 종 마치다

마치다 終(종)은 冬(동)이 겨울의 의미로 사용하게 되자, 재료인 실 糸(사)를 더해서 의미를 보존하였다.

종례終禮 종례에 꼭 참석해라.

종영終映 그 영화는 개봉 일주일 만에 종영되었다.

凍 동 얼다

얼다 凍(동)은 얼음 冫(빙)과 東(동)의 조합이다. 東(동)은 주머니에 물건을 넣고 묶어 놓은 모양이다. 얼어붙은 모양이 묶어 놓은 주머니처럼 보인 데서 의미가 나왔다.

냉동冷凍 음식물을 냉동시키다.

동결凍結 금리를 동결하다.

冷 냉 차다

차다 冷(냉)은 얼음 冫(빙)과 명령하다 令(령)의 조합이다. 관리의 명령이 얼음처럼 느껴지는 데서 의미가 나왔다.

냉장冷藏 식품을 냉장 보관하다.

냉기冷氣 방안에 냉기가 돌다.

寒 한 차다

차다 寒(한)은 집 宀(면)과 풀 艹(초)와 사람 人(인)과 얼음 冫(빙)의 조합이다. 사람이 풀을 깔고 집 안에서 추위를 막고 있는 데서 의미가 나왔다.

한파寒波 한파가 몰아닥치다.

오한惡寒 감기로 오한이 들다

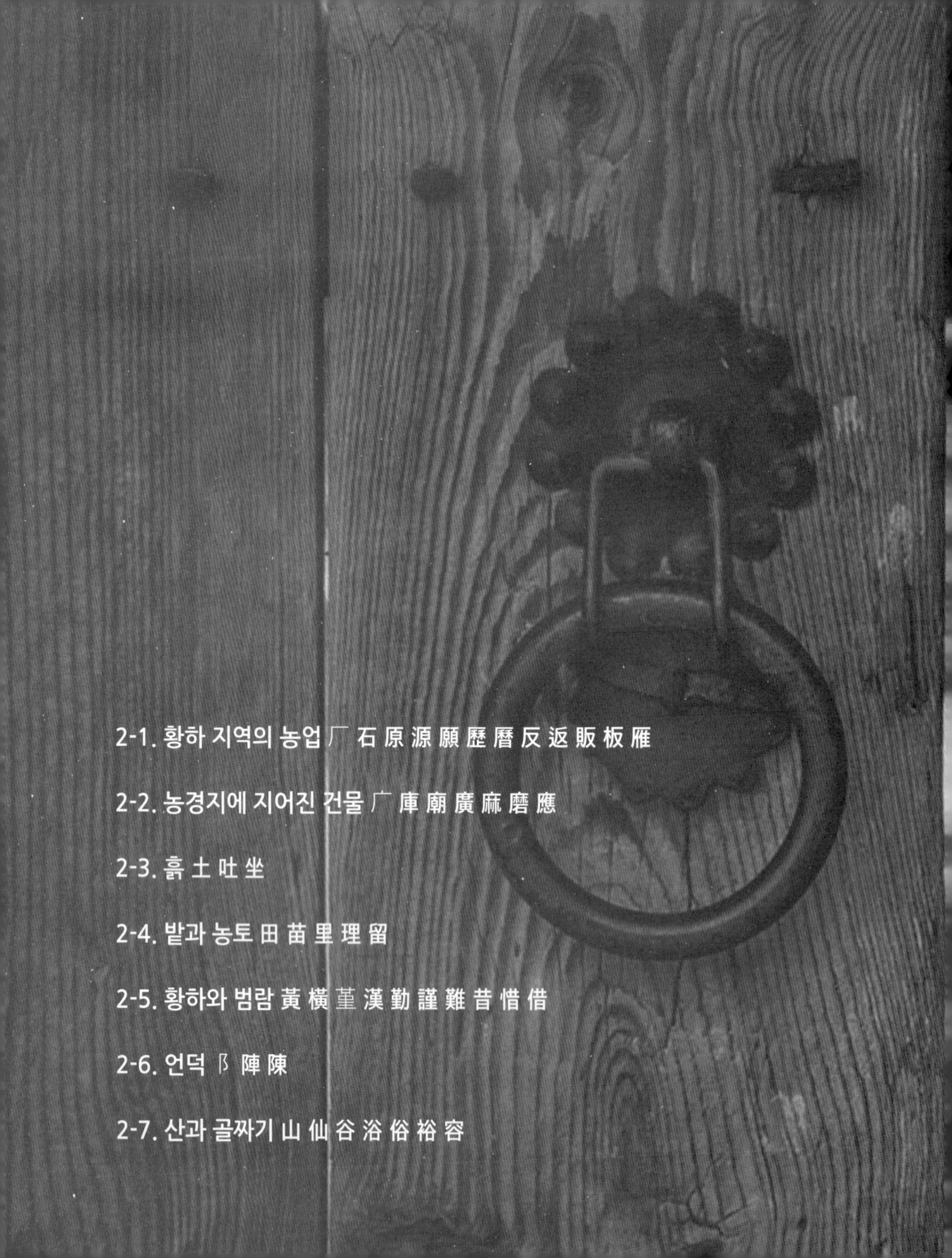

2-1. 황하 지역의 농업 厂 石 原 源 願 歷 曆 反 返 販 板 雁

2-2. 농경지에 지어진 건물 广 庫 廟 廣 麻 磨 應

2-3. 흙 土 吐 坐

2-4. 밭과 농토 田 苗 里 理 留

2-5. 황하와 범람 黃 橫 堇 漢 勤 謹 難 昔 惜 借

2-6. 언덕 阝 陣 陳

2-7. 산과 골짜기 山 仙 谷 浴 俗 裕 容

2 황하

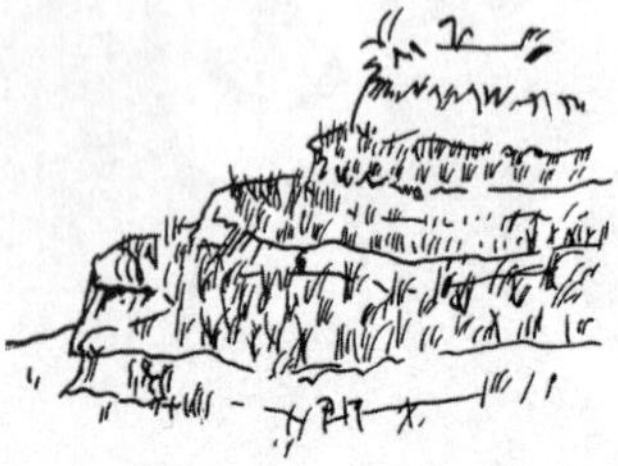

厂 엄 벼랑

황하의 범람으로 이루어진 화북평원은 중국 문명의 발원지다. 계속되는 침식 작용으로 언덕이나 절벽이 생겨났다. 벼랑 厂(엄)은 바로 이런 지형을 그렸으며, 이런 지형은 비옥해서 농경지와 주거지로 적당했다. 다른 글자와 결합할 때 언덕, 농경지를 의미한다.

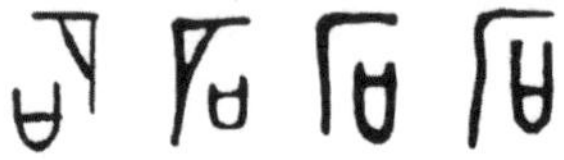

石 석 돌

돌 石(석)은 계단식 농경지인 厂(엄)과 口(구)자 모양의 조합이다. 농경지 밖으로 골라내 놓은 돌의 모양을 표현했다. 농경지 곁에 놓인 돌을 무게의 표준으로 삼은 데서 쌀 한 가마니의 의미로 넓어졌다.

석유石油 석유 값이 올랐다.

석기石器 석기시대 유물이 발견되다.

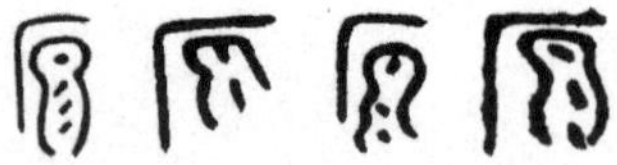

原 원 근원

근원 原(원)은 황토 언덕 위의 논인 厂(엄)과 샘 泉(천)자 생략형의 조합이다. 샘에서 물이 농토로 흘러 들어가는 모양이다. 高原(고원)은 해발고도 600미터 이상의 넓은 경작지를 말한다. 경작지 물의 발원지에서 근원, 처음의 의미로 넓어졌다.

원인原因 실패의 원인이다.

源 원 근원

근원 源(원)은 물 水(수)와 경작지로 흐르는 물인 原(원)의 조합이다. 농업용수의 발원지에서 흘러온 물에서 根源(근원)의 의미가 나왔다. 이러한 물로 농작물이 자라기 때문에 사물 발생 근원인 源泉(원천)의 의미가 나왔다.

기원起源 인류의 기원

재원財源 재원을 조달하다.

願 원 원하다

원하다 願(원)은 발원지인 原(원)과 머리 頁(혈)의 조합이다. 농경지에 많은 물이 흘러 들어오기를 바라는 사람 모양을 그렸다. 물이 부족하지 않도록 비는 마음에서 소원을 빈다는 의미로 넓어졌다. 원하는 것을 작성한 서류를 願書(원서)라 한다.

민원民願 민원을 해결하다.

기원祈願 간절히 기원하다.

歷 력 지내다

지내다 歷(력)은 벼 禾(화)자 두 개와 발 모양인 止(지)의 조합이다. 후에 농경지 모양인 厂(엄)을 더했다. 농작물을 관리하는 과정에서 의미가 나왔다. 농작물을 재배하는 기록을 후손에 남긴 데서 歷史(역사)의 의미로 넓어졌다.

경력經歷 운전 경력이 길다.

전력前歷 전력을 숨기다.

曆 력 책력

책력 曆(력)은 농경지인 厂(엄)과 벼 禾(화)자 두 개와 날 日(일)의 조합이다. 농작물을 관리하기 위해서 天體(천체) 운행을 관측한 기록에서 의미가 나왔다.

양력陽曆 내일이 양력 생일이다.

역술曆術 그는 유명한 역술인이다.

反 반 되돌리다

되돌리다 反(반)은 농경지인 厂(엄)과 손 모양인 又(우)의 조합이다. 농사는 아침에 나가서 해가 지면 집에 돌아오며 반복하는 일로, 여기서 反復(반복)한다는 의미가 나왔다. 다시 가고 오는 농경생활에서 상반되다, 반대되다의 의미로 넓어졌다.

반성反省 하루를 반성하다.

返 반 돌아오다

돌아오다 返(반)은 농사일을 하는 反(반)과 천천히 걸을 辶(착)의 조합이다. 농사를 마치고 집으로 돌아가는 행동에서 의미가 나왔다.

반송返送 편지가 반송되어 왔다.

반환返還 입장료를 반환하다.

販 판 팔다

팔다 販(판)은 돈인 貝(패)와 농사일을 하는 反(반)의 조합이다. 농산물을 다른 사람에게 돈을 받고 파는 것에서 의미가 나왔다. 농산물을 시장에 파는 것을 市販(시판), 상품이 팔리는 방면을 販路(판로)라 한다.

판매販賣 할인 판매를 실시하다.

판촉販促 판촉 행사

板 판 널빤지

널빤지 板(판)은 나무 木(목)과 농사일인 反(반)의 조합이다. 자신의 농경지를 알리는 널빤지를 의미한다. 오늘날의 看板(간판)을 생각하면 쉽다. 여기서 판자, 목판의 의미로 넓어졌다.

좌판坐板 좌판을 벌리다.

빙판氷板 빙판에서 넘어지다.

雁 안 기러기

기러기 雁(안)은 농경지인 厂(엄)과 사람 人(인)과 새 隹(추)의 조합으로, 농경지에서 보는 새다. 철새인 기러기는 봄에 와서 추수하는 가을에 날아가는 데서 의미가 나왔다.

广 엄 집

집 广(엄)은 황하 유역의 계단식 농지인 厂(엄) 위에 점을 더해서 지붕을 표시했다. 농경지에 지어진 집으로, 칸막이가 없는 창고나 규모가 큰 집을 의미한다.

庫 고 창고

창고 庫(고)는 농가 주택인 广(엄)과 수레 車(거)의 조합이다. 이곳에 농사에 쓰는 수레를 보관하는 데서 의미가 나왔다. 후에 전쟁에 쓰는 수레를 보관했기 때문에 武器庫(무기고), 彈藥庫(탄약고) 등에 사용하게 되었다.

재고在庫 재고 물량이 떨어졌다.

출고出庫 출고 지시를 받다.

廟 묘 사당

사당 廟(묘)는 집 广(엄)과 아침 朝(조)의 초기 글자 조합이다. 아침 朝(조)에는 朝廷(조정)의 의미가 있다. 고대 제정일치 시절엔 군주의 사당에서 아침에 신하들의 朝會(조회)를 행한 데서 의미가 나왔다.

종묘宗廟 역대 임금의 위패가 종묘에 모셔져 있다.

廣 광 넓다

넓다 廣(광)은 집 广(엄)과 황토인 黃(황)의 조합이다. 황토 고원에 지어진 집 앞에 넓은 대지가 펼쳐진 모양에서 의미가 나왔다. 廣告(광고)는 세상(世上)에 널리 알린다는 의미다.

광장廣場 사람이 광장에 가득하다.

광각廣角 광각 렌즈

麻 마 삼

삼 麻(마)는 농경지 집인 广(엄)과 마 껍질을 벗겨 말리는 모양의 조합이다. 삼나무를 베어서 쪄서 껍질을 벗긴 후에 나무에 걸어 말리는 과정에서 의미가 나왔다.

대마초大麻草 대마초를 상습적으로 흡연하다.

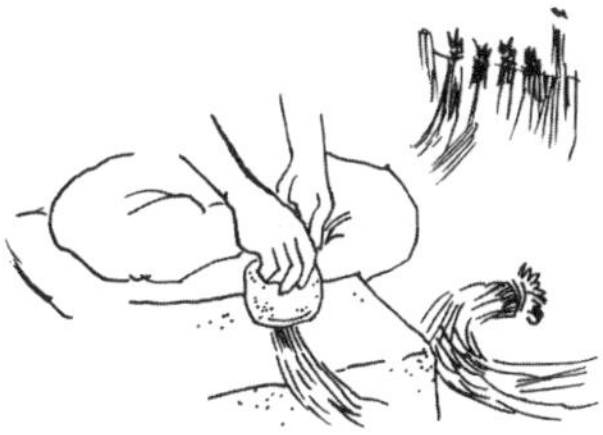

磨 마 갈다

갈다 磨(마)는 삼 麻(마)와 돌 石(석)의 조합이다. 삼나무 껍질을 벗긴 후에 돌이나 딱딱한 도구로 껍질 표면을 긁어 제거한다는 의미다. 학문을 硏磨(연마)한다는 말은 필요한 부분을 갈고 닦는다는 의미이다.

마애불磨崖佛 백제의 미소 서산마애불

應 응 응하다

응하다 應(응)은 새 매 鷹(응)의 생략형과 마음 心(심)의 조합이다. 옛날에 매를 길들여 사냥할 때 사람과 매가 일정한 행동에 반응하는 데서 의미가 나왔다.

적응適應 적응이 빠르다.

응급應急 응급 환자

麻中之蓬 마중지봉

麻中之蓬마중지봉(麻:삼나무 中:가운데 之:의 蓬:쑥)은 '삼밭 속의 쑥'이라는 뜻이다. 옆으로 벋으며 자라는 쑥도 삼밭에 나면 옆에 있는 삼처럼 곧게 자라는 것처럼 선량한 사람들 사이에 있거나 환경이 좋으면 그 영향을 받아 선량하게 된다는 말이다. 이는 맹자의 어머니가, 맹자의 교육을 위해 묘지→시장→서당으로 세 번 이사했다는 맹모삼천지교(孟母三遷之教)의 교훈과도 통한다. 사람 역시 환경에 따라 알게 모르게 영향을 받는다는 것을 깨우치는 말이다.

우리나라 속담에 콩 심은데 콩 나고 팥 심은 데 팥 난다는 말이 있다. 이것은 원인이 있으면 반드시 그 원인에 따른 결과가 있다는 말이다. 옛 성현의 말씀에 近朱者赤近墨者黑(근주자적근묵자흑, 가까울 근, 붉을 주, 놈 자, 붉을 적, 가까울 근, 먹 묵, 놈 자, 검을 흑)이 있다. 붉은 인주를 가까이하면 붉게 되고 먹을 가까이하게 되면 검게 물든다는 말이다. 사람은 그가 가까이한 사람을 자신도 모르게 닮아간다는 말이다.

착한 사람과 사귀면 착해지고, 악한 사람과 사귀면 악해짐을 비유한 말로서, 친구를 사귀는 것이 성장기에 얼마나 중요한지를 일깨우는 말이다.

土 토 흙

흙 土(토)는 대지 위에 흙의 덩어리를 그려서 의미를 표현했다. 바람이 부는 정도와 토지의 상태를 風土(풍토)라 하며, 우리가 살고 있는 자연 환경의 의미로 넓어졌다.

국토國土 국토 개발

토질土質 토질을 개량하다.

吐 토 토하다

토하다 吐(토)는 입 口(구)와 흙 土(토)의 조합이다. 흙은 만물의 싹을 토해내는 의미를 갖고 있다. 여기에 입 口(구)를 더해서 의미를 강조했다. 아는 것을 말하는 것을 實吐(실토)라 한다.

토로吐露 어려움을 토로하다.

구토嘔吐 구토가 나다.

坐 좌 앉다

앉다 坐(좌)는 돗자리 깔고 앉아 있는 모양에서 의미가 나왔다. 후에 두 사람이 나란하게 땅 위에 앉아 있는 모양으로 변했다. 고대엔 죄를 지으면 잡아서 관청 앞에 무릎을 꿇려 놓는 풍습이 있었다. 죄인과 가까운 사람들까지 잡아서 관청 앞에 꿇어 앉혀 두는 것을 連坐制(연좌제)라 한다.

좌시坐視 좌시할 수 없다.

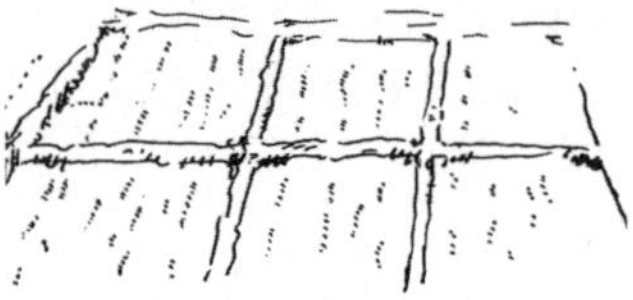

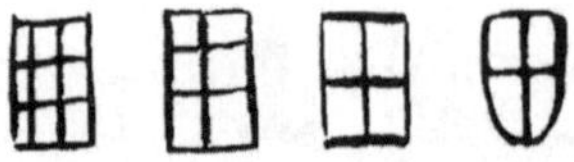

田 (전) 밭

밭 田(전)은 경작지의 테두리와 안쪽에 경계선을 그려서 의미를 표현했다. 토지를 아홉 칸으로 나눠 경작하는 均田制(균전제) 모양으로 그렸으나, 후에 오면서 간략화되었다.

苗 (묘) 싹

싹 苗(묘)는 풀 艹(초)와 밭 田(전)의 조합이다. 농경지 안에 있는 초목식물이 자라 올라오는 모양에서 의미가 나왔다. 묘목(苗木)은 옮겨심기 위해 가꾼 어린 나무를 말한다.

묘목苗木 소나무 묘목을 구입하다.

里 (리) 마을

마을 里(리)는 농경지인 田(전)과 집터를 의미하는 土(토)의 조합이다. 집터와 농경지가 있어야 사람이 모여 살 수 있는 데서 의미가 나왔다. 마을과 마을의 떨어진 거리에서 거리의 단위로 쓰이게 되었다.

향리鄕里 향리로 돌아가다.

이장里長 이장을 선출하다.

理 리 다스리다

다스리다 理(리)는 구슬 玉(옥)의 생략형과 마을 里(리)의 조합이다. 결을 따라 가공해야 아름다운 무늬의 옥을 얻을 수 있다. 밭갈이 또한 이랑을 만들어 농작물을 길러야 한다. 이렇게 순리에 따라 가공하는 데서 의미가 나왔다. 다시 사물을 다스리는 방법에서 理致(이치)의 의미로 사용하게 되었다.

이성理性 넌 너무 이성적이야.

留 류 머물다

머물다 留(류)는 농경지 위쪽의 저수지와 수로를 그렸다. 농사에 사용할 물을 잠시 저장해 놓은 데서 의미가 나왔다. 일을 처리하지 않고 잠시 머물러 두는 것을 留保(유보)라 한다.

구류拘留 경찰서에서 구류를 살다.

억류抑留 장기간 억류당하다.

黃 황 누렇다

누렇다 黃(황)은 짐승의 가죽을 벗겨서 늘어놓은 모양이다. 가죽을 햇볕에 말리면 누런색으로 변하기 때문에 의미가 나왔다. 황하 유역 사람들은 사람과 곡식이 황토에서 나서 자란다고 여겨 황토색을 존중했고, 중국을 상징하는 색으로 여겼다.

橫 횡 가로지르다

가로지르다 橫(횡)은 나무 木(목)과 짐승 가죽인 黃(황)의 조합이다. 나무를 가로로 걸어, 짐승 가죽을 벗겨 말리는 데서 의미가 나왔다.

횡사橫死 객지에서 횡사했다.

횡단橫斷 국토를 횡단하다.

堇 근 노란 진흙

노란 진흙 堇(근)은 黃(황)과 土(토)의 조합으로, 황토를 의미한다. 황하 유역의 사람들은 가뭄과 범람에 많은 시련을 겪었다. 여기서 堇(근)은 범람과 재앙의 의미를 내포하게 되었다.

漢 한 나라

나라 漢(한)은 물 水(수)와 황토 堇(근)의 변형과 조합이다. 화북평원을 흐르는 황하의 의미에서 중국을 의미하게 되었다. 중국어를 漢語(한어), 중국민족을 漢族(한족)이라 한다.

한문漢文 한문을 배운다.

한강漢江 한강이 있기에 서울이 아름답다.

勤 근 근면하다

근면하다 勤(근)은 황토 堇(근)과 쟁기 모양인 力(력)의 조합이다. 황하의 홍수로 경작지가 수해를 입었는데도 일을 다시 시작하는 중국인들의 자세에서 의미가 나왔다.

근면勤勉 그는 근면하고 성실하다.

퇴근退勤 정확한 시간에 퇴근하다.

謹 근 삼가다

삼가다 謹(근)은 말씀 言(언)과 황토 堇(근)의 조합이다. 수해를 당한 사람에게 위로의 말을 조심스럽게 전하는 데서 의미가 나왔다.

근신謹愼 근신 처분을 받다.

근조謹弔 근조 리본을 달다.

難(난) 어렵다

어렵다 難(난)은 황토 堇(근)의 변형과 새 隹(추)의 조합이다. 황금색 날개를 가지고 있는 상상 속의 새다. 이 새는 잡기도 어렵고, 식성이 까다로워 기르기도 어렵다. 모처럼 잡은 아름다운 새가 죽은 데서 災難(재난)의 의미로 넓어졌다.

논란論難 논란을 빚다.

昔(석) 옛

옛 昔(석)은 위쪽이 물이 넘실대는 모양이고 아래가 날 日(일)이다. 수해를 당한 날짜로, 예전에 수해당한 때를 회고하는 데서 의미가 나왔다.

惜(석) 애석하다

애석하다 惜(석)은 마음 忄(심)과 홍수가 났던 날인 昔(석)의 조합이다. 큰 홍수로 인해서 가까운 사람이 소중한 목숨을 잃었을 때의 마음에서 의미가 나왔다.

석별惜別 석별의 정을 나누다.

애석哀惜 애석하게 패배했다.

借 차 빌리다

빌리다 借(차)는 사람 亻(인)과 홍수를 의미하는 昔(석)의 조합이다. 홍수로 모든 재산과 토지가 없어져 버렸기 때문에 사람들에게 도움을 청하는 의미다.

차용借用 자금을 차용하다.

차명借名 차명으로 부동산을 거래했다.

漢陽 한양

강을 중심으로 지명을 결정할 때는 강의 북쪽을 陽(양)이라 하고, 남쪽을 陰(음)이라고 한다. 漢江(한강)을 중심으로 북쪽에 성을 세우고 도읍을 정했기 때문에 한강의 북쪽이라는 의미로 漢陽한양이라 불렀다. 중국의 洛陽(낙양)도 洛水(낙수)의 북쪽 도시라는 이름이다.

이는 사람도 자연의 일부이기 때문에 자연에 맞게 살아야 한다는 풍수지리설의 영향으로 나온 것이다. 특히 고대는 背山臨水(배산임수) 형태의 취락 구조 때문에 陽(양)으로 끝나는 마을 이름이 많았다.

阜 (부) 언덕

언덕 阜(부)는 중국 고대 반지하식 주거지의 출입구 계단을 그렸다. 다른 글자와 조합할 때는 阝(부)의 모양으로 왼쪽에 놓이며, 언덕이나 계단을 의미한다.

陣 (진) 진 치다

진 치다 陣(진)은 언덕 阝(부)와 수레 車(거)의 조합이다. 전쟁 시 언덕을 등지고 전차를 앞세워 방어하는 모양에서 의미가 나왔다.

퇴진退陣 임원에서 퇴진했다.

진통陣痛 국회를 통과하는 과정에서 진통을 겪다.

陳 (진) 늘어놓다

늘어놓다 陳(진)은 언덕 阝(부)와 물건을 묶어 놓은 모양인 東(동)의 조합이다. 언덕 위에 물건을 陳列(진열)해 놓은 모양에서 의미가 나왔다. 부패한 것을 진열해 놓음을 陳腐(진부)라 한다.

진술陳述 의견을 진술했다.

진정陳情 고충을 진정하다.

山 산 뫼

뫼 山(산)은 세 개의 산봉우리를 그려서 의미를 표현했다.

仙 선 신선

신선 仙(선)은 사람 亻(인)과 뫼 山(산)의 조합이다. 長壽(장수)의 상징인 산처럼 늙지 않고 사는 사람에서 의미가 나왔다. 갑골문은 두 손으로 병을 들고, 무릎 꿇은 사람이 두 손으로 받고 있는 모양이다. 늙지 않는 약을 사람에게 전하는 모양이다.

선녀仙女 선녀와 나무꾼 이야기

谷 곡 골짜기

골짜기 谷(곡)의 위쪽은 물 水(수)의 생략형과 입 口(구)의 조합이다. 시냇물이 흐르는 골짜기의 의미다.

유곡幽谷 심산유곡에 숨어 살다.

계곡溪谷 계곡에서 물놀이를 했다.

浴 욕 목욕하다

목욕하다 浴(욕)은 물방울과 사람 人(인)과 그릇 皿(명)의 조합이다. 목욕하고 있는 사람 모양에서 의미가 나왔다. 후에 물 水(수)와 골짜기 谷(곡)의 조합으로 골짜기에서 목욕하는 의미로 변했다.

목욕沐浴 아버지와 함께 목욕하다.

해수욕海水浴 해수욕장에 해파리가 출몰하다.

俗 속 풍속

풍속 俗(속)은 사람 人(인)과 골짜기 谷(곡)의 조합이다. 골짜기에 사람들이 모여 살면서 생기는 생활 습관에서 의미가 나왔다.

속담俗談 중국 속담

비속卑俗 비속한 말씨를 사용하다.

裕 유 넉넉하다

넉넉하다 裕(유)는 옷 衤(의)의 안쪽에 골짜기 谷(곡)을 조합했다. 고대 중국의 백성들은 衣食住(의식주)가 가장 중요한 문제였다. 입고 먹는 것이 풍부하게 생산되는 골짜기에서 의미가 나왔다.

여유餘裕 바쁠수록 여유를 가져라.

부유富裕 그는 부유한 가정에서 태어났다.

容 용 얼굴

얼굴 容(용)은 고대 동굴 집 모양의 穴(혈)과 입 口(구)의 조합이다. 후에 집의 의미인 宀(면)과 谷(곡)의 형태로 변했다. 입구를 통해서 집 안으로 들어오게 하는 데서 容納(용납)한다는 의미다. 후에 자기의 인품을 담는 그릇인 얼굴의 의미로 넓어졌다.

수용受容 노조의 요구를 수용하다.

愚公移山 우공이산

어리석은 사람이 산을 옮긴다는 愚公移山 우공이산이라는 말이 있다. 큰 산과 산이 가로막아 생활에 불편을 겪었던 우공(愚公)은 두 산 때문에 돌아다녀야 하는 불편을 겪었다. 이에 우공은 자식들과 의논하여 산을 옮기기로 하였다. 하지만 산에서 흙을 파내 먼 바다로 버리는 데만도 왕복 1년이 걸렸다. 이것을 본 우공의 친구가 비웃으며 말했다. “살 날이 얼마나 남았다고 그런 무모한 짓을 하냐?” 우공이 태연하게 말했다. “내가 죽더라도 내 아들, 아들의 아들 그리고 그 손자의 자손들이 계속 옮긴다면, 그 산은 조금씩이라도 깎여 나가지, 절대 더 높아지지는 않잖은가? 그러면 언젠가는 길이 날 것이네.” 이에 놀란 산신이 이 말을 상제에게 전하였다. 상제는 두 산을 각각 멀리 이동하여 산을 구하였다.

떨어지는 물방울이 바위를 뚫는다는 우리 속담도 있다. 떨어지는 물방울이 바위를 뚫는 것은 그 힘이 아니라 끊임없는 지속성이다. 무엇을 할까, 어떻게 할까 하는 고민이 때로는 필요하지만, 중요한 것은 하고자 하는 일을 실천하는 끊임없는 노력이다. 세상을 바꾸는 것은 머리 좋은 사람이 아니라 결코 포기하지 않고 끝까지 노력하는 사람임을 알려 주는 이야기다. 작지만 쉬지 않고 기울이는 노력이 얼마나 큰 결과를 가져오는지 보여 주는 말이다.

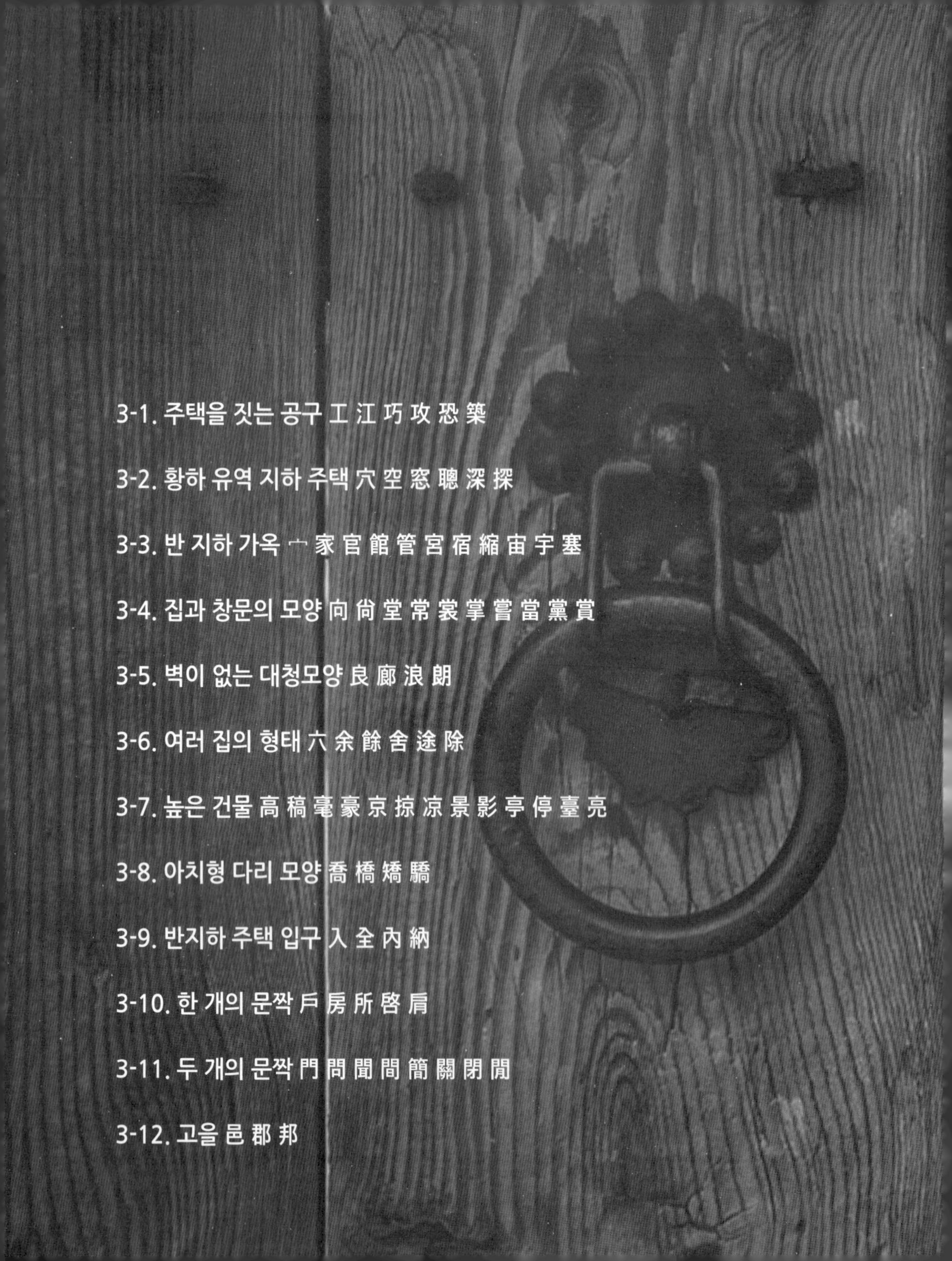

3-1. 주택을 짓는 공구 工 江 巧 攻 恐 築

3-2. 황하 유역 지하 주택 穴 空 窓 聽 深 探

3-3. 반 지하 가옥 宀 家 官 館 管 宮 宿 縮 宙 宇 塞

3-4. 집과 창문의 모양 向 尙 堂 常 裳 掌 嘗 當 黨 賞

3-5. 벽이 없는 대청모양 良 廊 浪 朗

3-6. 여러 집의 형태 六 余 餘 舍 途 除

3-7. 높은 건물 高 稿 毫 豪 京 掠 凉 景 影 亭 停 臺 亮

3-8. 아치형 다리 모양 喬 橋 矯 驕

3-9. 반지하 주택 입구 入 全 內 納

3-10. 한 개의 문짝 戶 房 所 啓 肩

3-11. 두 개의 문짝 門 問 聞 間 簡 關 閉 閒

3-12. 고을 邑 郡 邦

3 주거환경과 생활

工 공 장인

장인 工(공)은 황토 지역에서 집을 지을 때 굴을 파고 짓거나, 황토를 다져서 담을 쌓아서 짓는 데 사용한 도구를 그렸다. 이때 사용한 공구는 위쪽에 손잡이를 만들고 아래쪽에 절굿공이를 고정시켜 사용했다. 집 짓는 일은 전문가의 몫이기 때문에 장인의 의미로 넓어졌다. 집 짓는 일을 工事(공사)라 하는 데서 근거를 볼 수 있다.

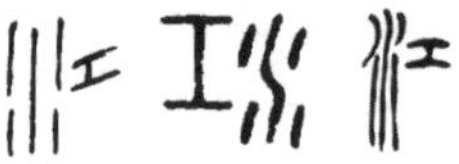

江 강 강

강 江(강)은 물 水(수)와 공구 工(공)의 조합이다. 황하는 오랜 세월 범람으로 인해서 강이 화북평원보다 높아졌다. 이 때문에 둑을 쌓을 때 사용한 工(공)을 조합했다.

강남江南 강남에 새로운 도시가 형성되었다.

강산江山 십년이면 강산도 변한다.

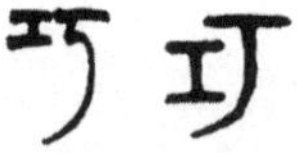

巧 교 정교하다

정교하다 巧(교)는 공구 工(공)과 정교함을 나타내는 丂(교)의 조합이다. 집을 짓거나 담을 쌓는 것은 정교한 기술이다.

기교技巧 기교 부리다.

교묘巧妙 범행이 교묘하다.

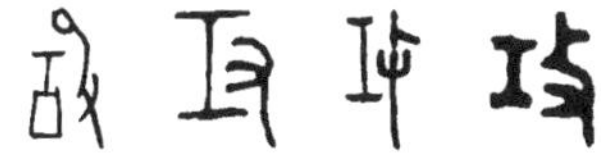

攻 공 치다

공격하다 攻(공)은 공구를 망치를 잡고 때리는 모양으로, 치다가 본래 의미다. 후에 공구 工(공)과 치다 攵(복)의 조합으로 변했다. 때리는 행동에서 무기로 성문을 부수는 공격의 의미로 넓어졌다.

공수攻守 공수의 전환이 빠르다.

공격攻擊 공격을 저지하다.

恐 공 두렵다

두렵다 恐(공)은 工(공)과 마음 心(심)의 조합이다. 후에 두 손으로 공구를 잡은 모양인 巩(공)과 心(심)의 조합으로 변했다. 적들이 무기로 성문을 공격하는 현장에 있는 恐怖(공포)스런 마음이다.

공갈恐喝 공갈 협박

공룡恐龍 공룡의 멸종

築 축 쌓다

쌓다 築(축)은 사람이 두 손으로 공구를 잡은 모양인 巩(공)의 모양이다. 후에 대나무 竹(죽)과 나무 木(목)을 더했다. 대나무나 나무로 모형을 만들어 흙을 넣고 工(공)을 사용해서 달구질하여 건축물을 쌓아 올리는 版築法(판축법)을 표현했다.

건축建築 건축일에 종사한다.

구축構築 진지를 구축하다.

穴 혈 구멍

구멍 穴(혈)은 황하 유역의 고대 인류가 황토 절벽을 파고 안쪽에 주거지를 만든 입구 모양에서 동굴의 의미가 나왔다. 이런 주거 형태를 혈거(穴居)라고 한다.

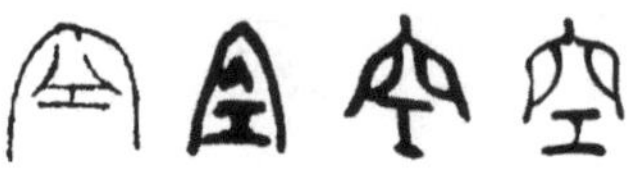

空 공 공간

공간 空(공)은 주거용 동굴인 穴(혈)과 공구인 工(공)의 조합이다. 황토 언덕에 굴을 파고 흙을 파내고 들어가 공구로 벽을 다지면 주거용 공간이 생긴다. 공간이 비어있는 데서 비다의 의미로 넓어졌다.

공중空中 새가 공중을 날아다닌다.

공복空腹 약을 공복에 먹다.

窓 창 창문

창문 窓(창)은 주거용 동굴의 빗살무늬 창문을 그렸다. 후에 동굴 집 穴(혈)과 창문 모양인 囱(창)의 조합으로 변했다. 다시 창문을 통해서 사람과 의사소통을 하는 데서 마음 心(심)을 더해, 오늘날의 窓(창) 형태로 정착되었다.

창구窓口 학교와 교회는 서양 문물의 창구가 되었다.

聰 종 총명하다

총명하다 聰(총)은 귀 耳(이)와 창문 모양인 囱(창)과 마음 心(심)의 조합이다. 귀나 마음을 창문처럼 활짝 열어 놓으면 잘 들리므로 귀가 밝다는 의미다. 귀로 듣고 마음을 통해서 이해하는 데서 의미가 나왔다.

총명聰明 총명한 학생

총기聰氣 눈에 총기가 있다.

深 심 깊다

깊다 深(심)은 동굴과 손 모양을 그렸다. 후에 물 氵(수)와 동굴 穴(혈)과 나무 木(목)의 조합으로 변했다. 조명이 없는 깊은 동굴 속에서 연못의 깊이를 헤아려보는 것에서 의미가 나왔다.

심도深度 심도 있게 논의하다.

심화深化 심화과정이 개설되었다.

探 탐 찾다

찾다 探(탐)은 본래 深(심)과 같은 모양이었다. 후에 손 모양과 동굴인 穴(혈)과 나무 木(목)의 조합으로 변했다. 깊은 동굴 속에서 손으로 물건을 찾는 데서 의미가 나왔다. 동굴 探險(탐험)을 생각하면 이해가 빠르다.

탐문探問 범인의 행방을 탐문하다.

宀 면 집

집 宀(면)은 반 지하식 주거의 모양을 측면에서 그렸다. 땅을 절반 정도 파고 들어가, 담은 없고 지붕만 보이는 구조다.

家 가 집

집 家(가)는 집 宀(면)과 돼지 豕(시)의 조합이다. 집 안에 돼지가 있는 것은 정착 생활을 하는 家庭(가정)의 의미다.

가족家族 모든 가족이 모였다.

가계家計 가계를 꾸려 나가다.

官 관 관청

관청 官(관)은 집 宀(면)과 사람의 엉덩이 모양으로, 집에서 엉덩이를 붙이고 머무른다는 의미다. 국경에 군사들을 파견하여 주둔하는 장소로 의미가 넓어졌다. 이곳에서 사신을 맞아 접대하고 주둔지 백성을 다스리게 되는 데서 의미가 나왔다.

장관長官 교육부 장관에 임명되다.

상관上官 상관의 명령에 따르다.

館 관 객사

객사 館(관)은 밥 食(식)과 국경의 병사 주둔지인 官(관)의 조합이다. 고대 시대에는 외국 사신이 도착하면 국경의 주둔지에서 숙식을 제공했다. 여기서 사신을 접대하는 장소의 의미가 나오고 다시 손님을 접대하는 곳인 客館(객관)의 의미로 넓어졌다.

개관開館 박물관을 개관하다.

管 관 피리

피리 管(관)은 대나무 竹(죽)과 병사 주둔지인 官(관)의 조합이다. 대나무는 속이 비어있기 때문에 대롱이 본래 의미다. 이런 대나무를 이용해서 여러 가지 소리를 담아내기 때문에 대나무로 만든 악기를 의미하게 되었다.

주관主管 정부 주관으로 행사를 치르다.

소관所管 소관 부처로 이관하다.

宮 궁 궁궐

궁궐 宮(궁)은 집 안에 네모를 두 개 그렸다. 네모는 방 모양으로 여러 개의 방을 의미한다. 일반 사람들의 가옥 형태보다는 큰 규모의 집을 의미한다.

궁중宮中 궁중요리를 맛보다.

고궁古宮 고궁을 구경하다.

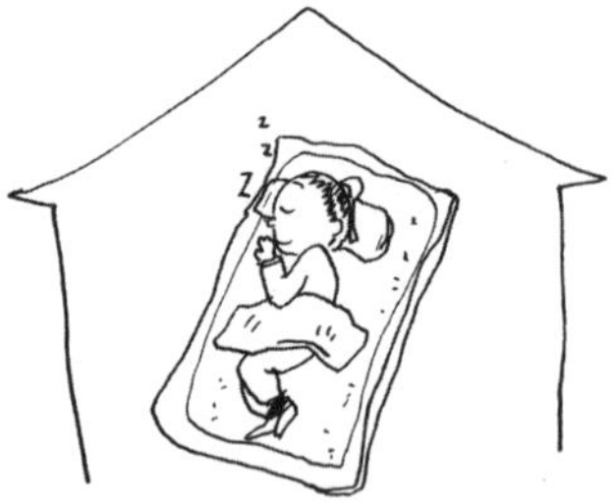

宿 숙 잠자다

잠자다 宿(숙)은 사람이 돗자리를 깔고 자고 있는 모습을 한 폭의 그림처럼 그렸다. 후에 집 宀(면)과 돗자리 모양이 변한 百(백)의 조합으로 변했다. 여기서 잠잔다는 의미가 나왔으며, 저녁을 지나 아침까지 자게 되므로 하룻밤이라는 시간적 의미까지 갖게 됐다.

숙원宿願 우리 마을의 숙원 사업이다.

숙적宿敵 드디어 숙적을 만났다.

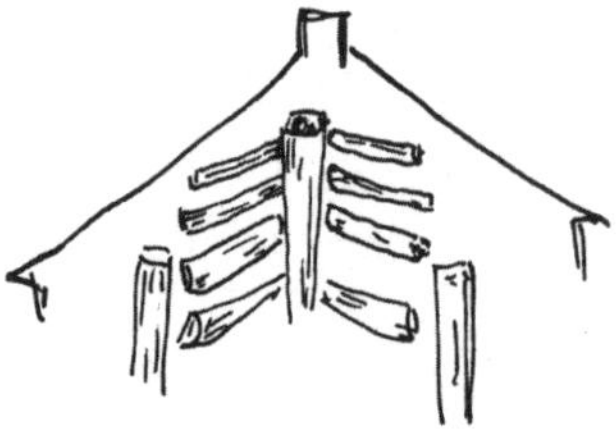

宙 주 집

집 宙(주)는 집 宀(면)과 수레의 축 모양인 由(유)의 조합이다. 수레바퀴를 가로지른 나무 모양에서 지붕을 지탱하는 기둥의 의미가 나왔다. 수레의 축은 끊임없이 계속해서 돌게 되므로 무한 시간 개념을 의미하게 됐다.

宇 우 집

집 宇(우)는 집의 서까래 밑에 기둥을 세운 모양이다. 후에 집 宀(면)과 于(우)의 조합으로 변했다. 집의 대들보에 잇는 서까래에서 의미가 나왔다. 서까래를 올리면 집의 공간이 생기는 데서, 무한 공간 개념으로 사용하게 되었다.

우주宇宙 광활한 우주 속으로 사라지다.

塞 (색) 막다

막다 塞(색)은 집 宀(면)과 공구인 工(공)과 두 손 廾(공)의 조합이었다. 후에흙 土(토)가 더해졌다. 적을 막기 위해 국경에 여러 사람이 방어용 초소를 짓는 모습이다. 여기서 적을 막는다와 변방의 의미가 나왔다. 변방이란 의미일 때는 새로 읽어 要塞(요새)라 한다.

어색語塞 분위기가 어색하다.

管絃樂團 관현악단

管絃樂團관현악단은 일반적으로 관악기와 현악기로 구성된 연주단을 말한다. 물론 여기에는 타악기도 포함한다.

管(관)은 피리를 나타낸다. 피리를 불 때는 손가락으로 구멍을 잘 관리해야 음악 소리를 낼 수 있다. 그래서 피리 管(관)이란 글자에 맡다, 다스리다의 의미가 더해졌다.

絃(현)은 글자 그대로 줄이 있는 악기를 말한다. 거문고, 비파, 아쟁, 바이올린, 비올라, 첼로, 하프처럼 줄을 매어 소리를 내는 악기를 말한다.

打樂器(타악기)는 두드려 소리를 내는 기구를 말한다. 북, 장고 등이 있다. 지휘자에서 가장 멀리 떨어진 곳에 위치한다.

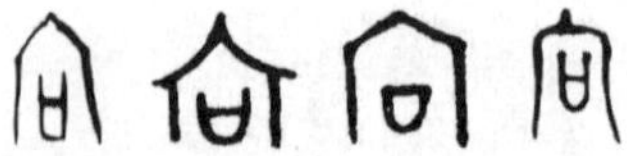

向 향 향하다

향하다 向(향)은 집 宀(면)과 입 口(구) 형태의 조합이다. 口(구)는 벽에 만든 창문 모양으로, 고대 가옥은 북쪽에 창문을 만들어서 통풍했다. 남쪽으로 난 입구와 창문이 마주 향한 데서 의미가 나왔다. 다시 方向(방향)이란 의미로 넓어졌다.

尙 상 숭상하다

숭상하다 尙(상)은 지붕 위로 올라가는 연기 모양을 그렸다. 후에 나누는 모습을 나타낸 八(팔)과 집의 창문 모양인 向(향)의 조합으로 변했다. 지붕 위로 연기가 높이 올라가는 데서 높인다는 의미가 나왔다. 연기가 나는 것은 이사하지 않고 살고 있다는 의미로, 그대로 있는 것을 尙存(상존)이라 한다.

고상高尙 고상한 분위기를 연출하다.

堂 당 집

집 堂(당)은 연기 나는 집인 尙(상)과 흙 土(토)의 조합이다. 흙을 쌓아서 높이 지은 집이므로 의식을 행하는 집을 의미했다. 높은 곳에 집을 짓는 이유는, 신에게 가까이 가려는 인간의 의식 때문이다.

예배당禮拜堂 예배당에 가서 기도드리다.

常 상 항상

항상 常(상)은 연기 나는 집인 尙(상)과 수건 巾(건)의 조합이다. 본래는 裳(상)과 같은 치마의 의미다. 고대 중국인들은 평시에 상의는 벗을 수 있었으나 하의는 부끄러움을 감추기 위해서 항상 입어야 했다. 언제나 변하지 않고 존재하는 것을 常存(상존)이라 한다.

상존常存 교통사고의 위험이 상존한다.

裳 상 치마

치마 裳(상)은 높이다 尙(상)과 옷 衣(의)의 조합이다. 치마를 나타냈던 常(상)이 항상이라는 의미로 전용되자, 다시 옷 衣(의)를 더해 새로운 글자를 만들었다.

의상衣裳 민족 고유 의상을 착용했다.

掌 장 손바닥

손바닥 掌(장)은 연기가 지붕 위로 올라가는 尙(상)과 손 手(수)의 조합이다. 손을 들어 올려 높임을 표시할 때 보이는 손바닥을 의미한다.

장악掌握 주도권을 장악하다.

합장合掌 합장하고 기도하다.

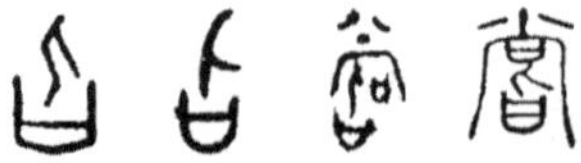

嘗 상 일찍

일찍 嘗(상)은 사람 人(인)과 입 口(구)의 조합이다. 사람이 입으로 음식을 먹는 데서 맛본다는 의미다. 후에 연기가 위로 올라가는 尙(상)과 맛 旨(지)의 조합으로 변했다. 식구들보다 일찍 일어나서 요리하는 데서 일찍으로 의미가 넓어졌다.

當 당 마땅하다

마땅하다 當(당)은 연기가 지붕 위로 올라가는 尙(상)과 밭 田(전)의 조합이다. 집 앞에 농토가 서로 마주하고 있는 모양이다. 이런 주거 구조는 살기에 아주 편리하기 때문에 마땅하다, 當然(당연)하다의 의미로 넓어졌다.

당면當面 우리 사회의 당면 과제는?

黨 당 무리

무리 黨(당)은 연기가 지붕 위로 올라가는 尙(상)과 묵형을 당한 사람 모양인 黑(흑)의 조합이다. 죄인들을 한 곳에 모아 놓고 거주시키는 데서 많은 무리의 의미가 나왔다.

붕당朋黨 조선 시대에 붕당 정치가 시작되었다.

賞 상 상주다

상주다 賞(상)은 연기가 지붕 위로 올라가는 尙(상)과 돈인 貝(패)의 조합이다. 상으로 받은 돈이 집에 들어가는 모양에서 의미가 나왔다. 상을 받으면 사람들이 보기 때문에 감상한다는 의미로 넓어졌다.

상춘객賞春客 산과 들에 상춘객으로 가득하다.

補償보상과 賠償배상

적법과 불법 구분 없이 남에게 끼친 손해를 갚으려고 지급하는 것을 보상補償이라 한다. 보상에서는 정신적인 보상의 의미가 강하다. 이와 달리 남에게 끼친 손해가 불법인 경우에는 배상賠償이라 한다.

횡단보도에서 신호를 무시하고 달린 택시가 보행자를 치어서 상해를 입혔다. 택시 운전수가 다친 사람을 치료하는 데 필요한 치료비와 정신적 위자료, 일하지 못해 생긴 임금 손실분을 돈이나 다른 방법으로 지급한다. 이것이 배상賠償이다.

일본은 전쟁 시에 저질렀던 만행, 특히 동남아시아 여성들에게 일본군과 정부가 저질렀던 위안부 문제에 대해서 공식적인 사과와 배상을 해야 한다. 그런데 하지 않고 있다.

補 보수하다, 돕다.

賠 물어주다.

償 賞(상)에 사람 人(인)을 더해서 남에게 돈을 준다는 의미로 보상, 상주다의 의미다.

良 량 좋다

좋다 良(량)은 가운데 口(구)의 모양에 양쪽 통로를 더해 그렸다. 벽이 없고 양쪽으로 통로가 있는 건물이다. 벽이 없는 복도, 바람도 잘 통하고 비 오는 날 이동하기 편한 좋은 건물에서 의미가 좋다로 변했다.

양호良好 건강이 양호하다.

廊 랑 복도

복도 廊(랑)은 良(량)이 좋다는 의미로 변하게 되자, 집 广(엄)과 고을 阝(읍)을 더해서 의미를 보존했다. 그림을 걸어서 전시하는 긴 복도 형태를 畫廊(화랑)이라 한다.

행랑行廊 하인은 행랑에서 머문다.

사랑舍廊 손님은 사랑에서 쉬게 한다.

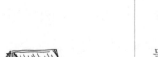

浪 랑 물결

물결 浪(랑)은 회랑 모양인 良(량)과 물 氵(수)의 조합이다. 물이 밀려왔다 갔다 하면서 일어나는 물결을 의미한다. 태풍이 올 때 파도가 치는 것을 波浪(파랑) 주의보라 한다.

낭비浪費 예산을 낭비하다.

낭설浪說 낭설을 유포하다.

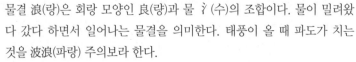

朗 랑 밝다

밝다 朗(랑)은 복도 良(량)과 달 月(월)의 조합이다. 벽이 없는 회랑에서 달을 보니 더욱 밝음을 느끼는 데서 의미가 나왔다. 기분이 밝아서 유쾌할 때 明朗(명랑)하다고 한다.

낭독朗讀 책을 낭독하다.

流浪民族 유랑민족

流浪民族유랑민족이란 한 곳에 정착하지 못하고 이곳 저곳 정처 없이 떠도는 민족을 말한다. 쿠르드족이 대표적이다. 이들은 나라가 없다. 역사가 8천여 년인 쿠르드족은 약 4500만 명으로 추산된다. 이들은 이라크 북부와 터키, 이란 등의 지역에 흩어져 살고 있다.

또한 이들과는 다른 집시(gipsy)가 있다. 집시의 기원은 인도 북서부 펀잡 지방이다. 이들은 약 2천만 명 정도가 있다. 현재 유럽을 비롯하여 서남아시아, 북아프리카, 남북 아메리카 등 세계 각지에 흩어져 살고 있다.

어찌되었건 浪(랑)이란 글자 속에는 목적 없이, 원리나 원칙이 없이, 조심하지 않고 방자하게 행동한다는 의미가 들어 있다. 浪(랑)은 위에서 설명했듯이 양쪽으로 물이 들어왔다 나갔다 하는 모양처럼 부질없이 왔다 갔다 하는 의미가 내포되어 있다.

浪費낭비 浪人낭인 放浪방랑 浮浪者부랑자 流浪生活유랑생활

六 룩 여섯

여섯 六(룩)은 농경지에 지어진 임시 가옥으로, 본래는 집의 의미다. 중국인 들이 사각형으로 집을 짓기 때문에 집의 앞뒤와 양쪽 측면, 그리고 위아래 여섯 면을 암시한 데서 의미가 나왔다.

余 여 나

나 余(여) 위쪽은 지붕을 나타냈고 아래는 대들보와 기둥을 그렸다. 집을 측면에서 그린 모양으로, 집을 나타내는 舍(사)와 의미가 같다. 그러나 후에 집이라는 의미가 소실되고, 나를 지칭하는 일인칭 대명사로 사용하게 되었다.

餘 여 남다

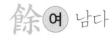

남다 餘(여)는 밥 食(식)과 집 모양인 余(여)의 조합이다. 아직 돌아오지 않은 식구를 위해 집에 밥을 남겨 둔 데서 의미가 나왔다. 여기서 남다, 餘裕(여유), 여유롭다의 의미로 넓어졌다.

여지餘地 변명의 여지가 없다.

잔여殘餘 잔여임기

舍 (사) 집

집 舍(사)는 집의 모양인 余(여)와 주춧돌 모양을 口(구)로 표시한 글자의 조합이다. 余(여)가 집이라는 의미를 잃게 되자 새로 만들어 사용했다. 주춧돌이 있는 형태로 봐서, 많은 인원이나 가축을 수용하기 위해 지은 큰 집을 의미한다.

교사校舍 교사 주위 청소

途 (도) 길

길 途(도)는 집 모양인 余(여)와 쉬엄쉬엄 가다 辶(착)의 조합이다. 집으로 가는 도로를 의미한다. 用途(용도)의 본래 의미는 집에 가는 데 사용하는 길인데, 쓰이는 데로 의미가 넓어졌다.

별도別途 별도 수입

除 (제) 제거하다

제거하다 除(제)는 언덕을 의미하는 阜(부)의 변형인 阝(부)와 집 모양인 余(여)의 조합이다. 신에게 가까이 가서 제사 지내기 위해 높은 곳에 지은 집을 나타낸다. 이곳에서 제사를 지내면 재앙이 제거된다는 믿음에서 의미가 변했다.

제외除外 승진에서 제외되다.

제대除隊 병장으로 제대했다.

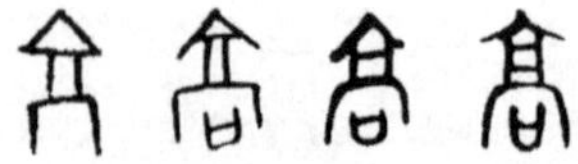

高 고 높다

높다 高(고)는 높은 건물과 출입하는 문을 그렸다. 본래는 城(성)의 전망대라는 의미였다. 전망대는 높이 세워 적들의 동태를 살피기 때문에 높다는 의미로 변했다.

고교高校 내년에 고교에 진학한다.

고속高速 고속버스

稿 고 볏짚

볏짚 稿(고)는 벼 禾(화)와 높은 건물 모양인 高(고)의 조합이다. 농작물을 거두어서 높게 쌓아 둔 볏단에서 의미가 나왔다. 아직 탈곡을 하지 않아 가공이 필요한 농작물에 비유해서, 수정하지 않은 초벌 원고를 草稿(초고), 原稿(원고)라고 한다.

기고寄稿 글을 기고하다.

송고送稿 방송국에 송고했다.

毫 호 긴 털

긴 털 毫(호)는 높은 건물 모양인 高(고)의 생략형과 털 毛(모)의 조합이다. 털의 높은 곳에서 털끝을 의미하였다. 秋毫(추호)는 가을 털이라는 의미다. 가을에는 짐승들이 털갈이를 한다. 새로 난 솜털은 매우 작기 때문에 몹시 작음을 비유하게 되었다.

휘호揮毫 휘호 대회에 참가

豪 호 호화롭다

호화롭다 豪(호)는 높은 건물 모양인 高(고)의 생략형과 돼지 豕(시)의 조합이다. 豕(시)는 보통 돼지보다 훨씬 큰 돼지를 의미한다. 매우 큰 넓고 큰 건물 모습에서 호화롭다는 의미가 나왔다.

호우豪雨 국지성 호우

토호土豪 지방 토호 세력

京 경 서울

서울 京(경)은 高(고)와 윗부분이 매우 유사하며, 아래쪽은 여러 개의 기둥이 설치된 높은 건물을 의미한다. 이런 건축물은 수도에 많았기 때문에 의미가 변했다.

경기京畿 경기도

경극京劇 북경에서 경극을 보다.

掠 략 노략질하다

노략질하다 掠(략)은 손 扌(수)와 높은 건물을 의미하는 京(경)의 조합이다. 높은 건물이 많은 곳은 재물이 많다. 이런 곳은 항상 적들의 목표가 되기 때문에 노략질한다는 의미가 나왔다.

공략攻掠 성을 공략하다.

凉 (량) 서늘하다

서늘하다 凉(량)은 물 水(수)와 높은 건물인 京(경)의 조합이다. 높은 건물에 올라가 물을 바라보는 느낌에서 의미가 나왔다. 후에 서늘함을 강조하기 위해서 水(수)가 얼음 冫(빙)으로 변했다.

납량納凉 납량 특집 드라마

황량荒凉 황량한 사막

景 (경) 햇볕

햇볕 景(경)은 태양인 日(일)과 높은 건물인 京(경)의 조합이다. 높은 건물 위에서 태양이 내리 쬐는 모양에서 의미가 나왔다. 햇볕이 비추고 날씨가 좋은 것을 景氣(경기)라고 하는데 경제용어로 차용되면서 경기가 좋다 나쁘다 하는 데에 사용하게 되었다.

경치景致 경치가 아름답다.

배경背景 높은 산을 배경으로 사진을 찍다.

影 (영) 그림자

그림자 影(영)은 날 日(일)과 높은 건물 모양인 京(경)과 옆에서 비추는 햇빛 모양인 彡(삼)의 조합이다. 높은 건물 위로 태양이 비추어 그림자가 드리운 모양에서 의미가 나왔다.

투영投影 심정이 투영된 작품

근영近影 지은이 근영

亭 정 정자

정자 亭(정)은 높은 건물 모양인 高(고)의 생략형과 못을 그린 丁(정)의 조합이다. 높은 곳에 못처럼 우뚝 솟아오르게 지어서 사방이 잘 보이는 건물인 데서 의미가 나왔다. 정자는 사는 곳이 아니고 머물러 쉬는 곳이기에 老人亭(노인정)에 쓰였다.

요정料亭 예전엔 요정을 자주 출입했다.

정체停滯 교통 정체

停 정 머물다

머물다 停(정)은 사람 人(인)과 역참을 의미하는 亭(정)의 조합이다. 잠시 머물러서 휴식하는 곳인 데서 의미가 나왔다. 停留場(정류장)은 차를 갈아타기 위해 잠시 머물러서 기다리는 장소이다.

정년停年 정년 퇴직

정체停滯 교통 정체

臺 대 돈대

돈대 臺(대)는 높은 건물 모양인 高(고)의 생략형 위쪽에 획을 더해 지붕 쪽이 화려한 건물을 나타냈으며, 화살이 땅에 날아든 모양인 至(지)를 조합했다. 대개 사방이 트이고 경치가 좋은 높은 건물을 의미한다. 天文臺(천문대)는 천문을 관측하기 위하여 설치한 건물이다.

토대土臺 이론의 토대

亮 량 밝다

밝다 亮(량)은 높은 건물을 의미하는 高(고)의 생략형과 사람儿(인)의 조합이다. 높은 건물에서 아래쪽을 내려다보면 사물이 잘 보이는 데서 의미가 나왔다.

影響 영향

影영은 그림자를, 響향은 마주앉아 말하는 모양을 그린 글자다. 울림소리를 의미한다. 울림소리는 메아리 소리를 생각하면 쉽다. 어떤 사물을 햇볕이 비추는가에 따라서 그 형상이 달라지듯 내가 어떤 소리를 내는가에 의해서 돌아오는 소리도 다르다. 바로 이런 의미에서 영향이라는 단어가 만들어졌다. 여러 악기를 가지고 연주하는 것을 交響曲(교향곡)이라 한다.

이 세상 모든 사물과 사건은 관계 속에서만 의미를 갖게 된다. 그 관계 속에서 나와 타자, 주체와 객체는 서로 영향을 주고받는다. 그 영향을 주고받는 것 중에서 주체인 내가 객체인 타자를 어떻게 생각하느냐에 따라서 삶의 결과는 다르게 나타난다.

결국 인간은 사회적 동물이고 관계 속에서만 의미있는 사람이기에, 환경을 무시할 수 없다. 환경의 중요성과 그 영향을 단적으로 나타낸 말이 앞에서 살펴본 近朱者赤近墨者黑(근묵자흑 근주자적)이고 麻中之蓬(마중지봉)이다. 그리고 기후와 풍토가 다르면 강남에 심은 귤을 강북에 옮겨 심어 탱자로 되듯이 사람도 주위 환경에 따라 달라진다는 게 橘化爲枳(귤화위지)의 의미이다.

喬 교 높다

높다 喬(교)는 높은 건물 모양인 高(고)의 위쪽에 아치형 모양을 더한 글자로, 가운데가 높은 아치형 다리를 나타냈다. 여기서 높다는 의미로 변했다. 후에 높은 건물 모양인 高(고)의 생략형과 사람이 팔을 벌리고 활발하게 뛰어다니는 모양인 夭(요)의 조합으로 변했다.

橋 교 다리

다리 橋(교)는 아치형 다리 모양인 喬(교)와 나무 木(목)의 조합이다. 喬(교)가 높다는 의미로 사용되자 나무 木(목)으로 의미를 확실하게 했다.

육교陸橋 사거리에서 육교를 건너라

교두보橋頭堡 해외 시장 진출 교두보

矯 교 바로잡다

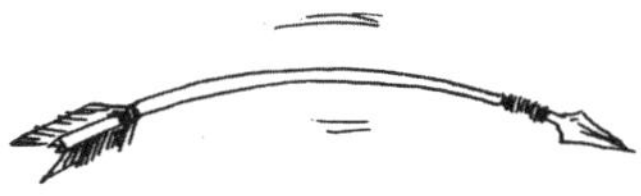

바로잡다 矯(교)는 화살 矢(시)와 아치형 다리 모양인 喬(교)의 조합이다. 아치형 다리처럼 구부러진 화살을 나타냈다. 구부러진 화살은 곧게 펴야 사용할 수 있는 데서 의미가 나왔다.

교정矯正 굽은 것이나 결점을 교정한다.

교도소矯導所 교도소에 면회가다.

驕 교 교만하다

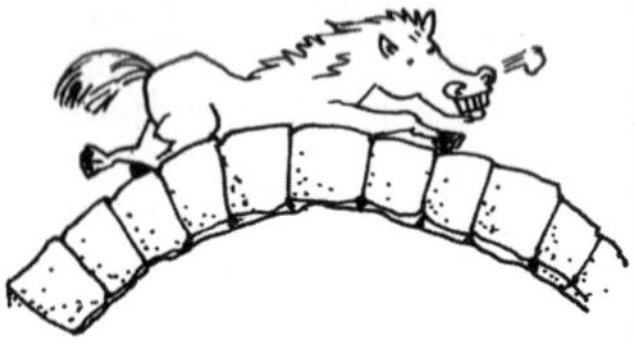

교만하다 驕(교)는 말 馬(마)와 아치형 다리 모양인 喬(교)의 조합이다. 높은 아치형 다리처럼 키가 큰 말은 길들여지지 않은 말을 의미했다. 이런 말이 제멋대로 행동했던 데서 교만하다, 오만하다, 경시하다의 의미가 나왔다.

교만驕慢 교만 방자한 행동

僑胞교포와 同胞동포

僑(교)는 사람이 다리를 건너간다는 의미다. 고국에서 살지 못하고 다른 나라로 건너가 더부살이 한다는 의미다. 胞(포)는 아기를 감싸고 있는 태보의 의미로 같은 핏줄을 의미한다. 그래서 교포는 우리나라에서 외국으로 건너가 더부살이하고 있는 사람이라는 의미를 갖고 있다. 이 때문에 비하하는 의미가 있다. 민족적 단결력과 생활력이 강한 중국인들도 화교라는 말을 매우 싫어한다.

1997년 3월 해외 한인들의 공식 창구로 재외동포재단을 설립하면서부터, 僑胞교포라는 말 대신 同胞동포라는 말을 쓰기 시작하였다. 동포는 같은 핏줄을 타고난 사람이라는 말이다. 한자를 사용하는 한국인이나 중국인, 그리고 일본인들에게 교(僑)자는 더부살이를 하거나 임시 거처 등에서 타향살이를 하는 뜨내기란 뜻을 지녔다. 이 때문에 일본인들은 일본에 거주하는 한국인들을 재일교포라고 부르고, 한국은 재일동포라고 부르는 것이다.

교포라는 말 대신에 동포 바로 한 핏줄이라는 단어가 더욱 정확한 표현이다.

入 입 들다

들다 入(입)은 중국 고대 주거 형태에서 들어가는 입구 모양을 보고 그렸다. 본래는 출입하는 입구를 나타냈으며, 후에 들어가는 행동까지 나타냈다. 入口(입구)는 들어가는 곳이란 뜻이다.

개입介入 제삼자의 개입

가입加入 가입신청서

全 전 온전하다

온전하다 全(전)은 들 入(입)과 구슬 玉(옥)의 조합이다. 王(왕)은 다른 자와 결합할 때 쓰는 玉(옥)의 생략형 글자이다. 고대 중국인들은 옥이 잘 부서지기 때문에 보관에 많은 신경을 썼다. 그래서 옥을 집 안에 보관한 데서 흠이 없다, 상처가 없다의 의미로 넓어졌다.

안전安全 안전한 곳으로 이동

만전萬全 만전을 기하다.

內 내 안

안 內(내)는 외부를 둘러싼 집 모양과 내부에 있는 사람 人(인)의 조합이다. 사람이 살고 있는 방 안쪽을 의미한다. 이곳에서 사는 사람이 內子(내자) 즉 아내이다. 후에 人(인)이 들다 入(입)으로 변했다.

내용內容 편지 내용

내수內需 내수 시장

納 납 바치다

바치다 納(납)은 명주실인 糸(사)와 집 안에 사람이 있는 모양인 內(내)의 조합이다. 명주실은 물에 젖은 상태로 수분을 제거하기 위해 어두운 집안에 넣어 놓고 하루 묵힌다. 여기서 거두어 간직하다로, 다시 거두다의 의미로 넓어졌다. 간직한 비단을 세금으로 納付(납부)하는 데서 바치다의 의미로 변했다.

납득納得 납득시키다.

瓦全와전 과 訛傳와전

기와는 옥에 비해서 초라하다면 초라하다. 하지만 기와는 기와의 쓰임이 있고 옥은 옥의 쓰임이 있다. 기와는 한옥에서 지붕을 덮어 집을 안전하고 따뜻하게 만들어 주는 역할을 한다. 기와가 온전하다는 의미의 와전瓦全은 아무 보람 없이 목숨을 보전하여 살아가는 삶의 모습을 비유할 때 사용한다.

玉(옥)은 장식용으로 신분과 화려함을 나타낼 때 사용한다. 뛰어난 인재를 말할 때도 사용한다. 그 옥이 부서진다는 玉碎(옥쇄)는 명예나 충절을 위해 옥처럼 깨끗하고 아름답게 죽는 것을 의미한다.

와전과 같은 발음의 와전訛傳이란 말도 있다. 사실과 다르게 전한다는 말인데, SNS가 일반화된 요즘 시대에는 특히 조심해야 할 일이다.

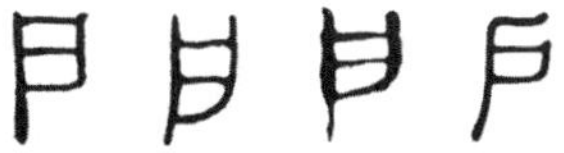

戶 (호) 집

집 戶(호)는 門(문)의 반쪽을 그린 모양으로, 외짝 문을 의미한다. 일반 백성들의 집은 대부분 한쪽 문이다. 戶口(호구) 조사는 집에 들어가서 입의 개수를 헤아리는 것을 말한다.

문호門戶 문호를 개방하다

호주戶主 호주 상속

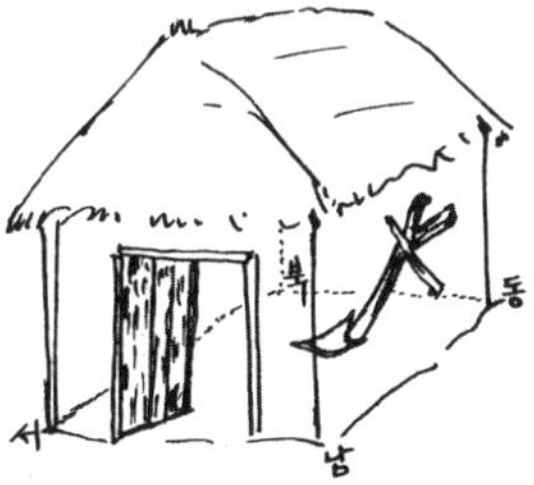

房 (방) 방

방 房(방)은 외짝 문 戶(호)와 네모 方(방)의 조합이다. 문 안쪽에 있는 네모난 방의 의미이다. 중국 전통 건축 양식은 가운데 있는 것을 堂(당)이라 하고, 그 뒤를 室(실)이라 하고, 그 양쪽에 房(방)을 건축했다. 본처인 아내는 室(실)에서 살기 때문에 正室(정실)부인이라 불렀다.

냉방冷房 냉방 장치

감방監房 감방에 갇힌 신세

所 (소) 장소

장소 所(소)는 외짝 문 戶(호)와 도끼 斤(근)의 조합이다. 문을 도끼로 만들어서 집에 설치하는 의미다. 문을 설치함은 집을 짓고 살기 시작하였다는 것이므로 거주한다는 의미로 넓어졌다. 거주하는 곳을, 場所(장소)나 處所(처소)라 한다.

소득所得 소득이 많다.

주소住所 집 주소

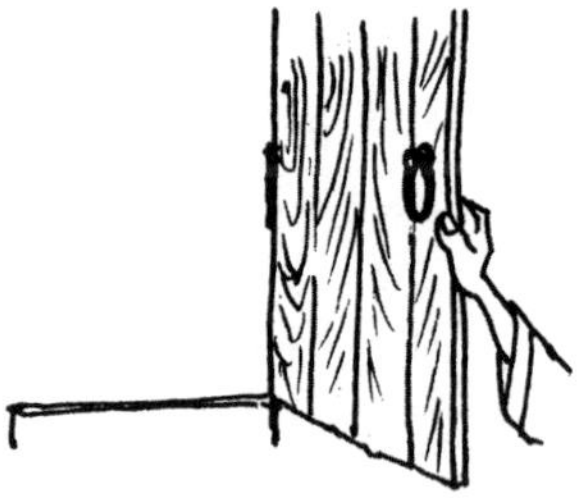

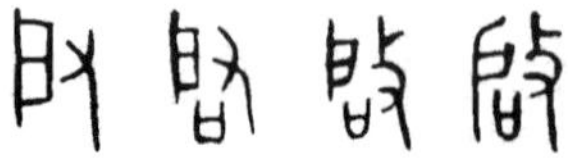

啓 계 열다

열다 啓(계)는 외짝 문 모양과 손 모양의 조합이다. 후에 손 모양은 나뭇가지를 들고 있는 攵(복)으로 변했고, 아래쪽에 입 口(구)가 더해졌다. 문을 열어주는 동작에서 의미가 나왔다.

계발啓發 소질을 계발하다.

계시啓示 신의 계시

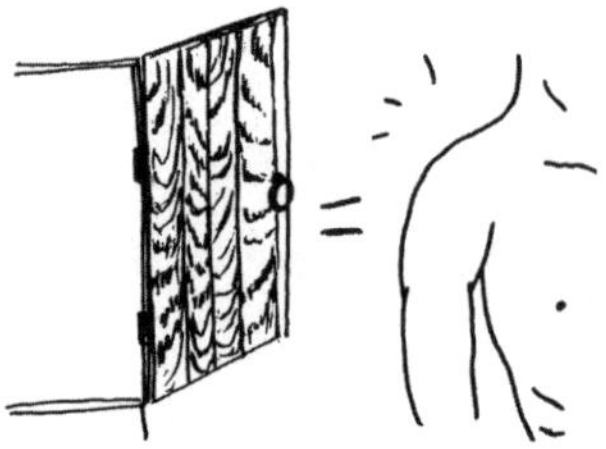

肩 견 어깨

어깨 肩(견)은 한쪽 문 戶(호)와 인체를 의미하는 고기 肉(육)의 변형인 月(월)의 조합이다. 밀고 당겨서 여는 문이 어깨와 비슷한 데서 의미가 나왔다.

비견比肩 상대와 비견할 만하다.

견장肩章 지휘관 견장

門 (문) 문

문 門(문)은 두 쪽 문을 그린 형태로, 戶(호)에 비해서 큰 문을 의미한다. 모든 출입구를 말할 때 門戶(문호)라 하고, 이곳을 통해서 외부와 교류했기 때문에 통로의 의미도 갖게 되었다.

창문窓門 창문을 열다.

전문가專門家 군사 전문가

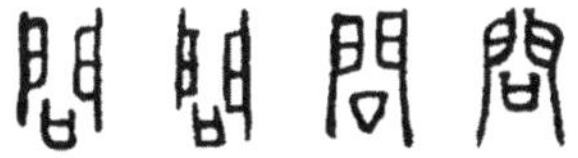

問 (문) 묻다

묻다 問(문)은 門(문)과 입 口(구)의 조합이다. 문을 두드리면, 안에서 누구인가를 묻는 데서 의미가 나왔다. 門(문)까지 찾아가서 말하는 모양이므로 안부를 묻다, 訪問(방문)하다의 의미로 넓어졌다.

질문質問 질문을 받다.

문책問責 문책인사

聞 (문) 듣다

듣다 聞(문)은 사람과 큰 귀를 그렸다. 후에 門(문)과 귀 耳(이)의 조합으로 변했다. 여기서 듣다, 들리다의 의미가 되었다. 新聞(신문)은 문 밖의 새로운 소식을 듣는다는 의미다.

견문見聞 견문을 넓히다.

소문所聞 나쁜 소문이 퍼지다.

間 간 사이

사이 間(간)은 문 門(문)과 달 月(월)의 조합이었다. 후에 날 日(일)로 바뀌었다. 태양 빛이 문 사이로 새어나오는 것에서 의미가 나왔다. 두 쪽 문을 그린 이유는 두 조건 사이에서 일어난다는 의미를 내포하기 때문이다. 時刻(시각)과 시각의 사이를 時間(시간)이라 한다.

기간期間 시험 기간

간접間接 간접흡연

簡 간 죽간

죽간 簡(간)은 대나무 竹(죽)과 사이 間(간)을 더했다. 종이가 없던 시절에 대나무를 사용했다. 대나무가 두꺼우면 부피가 커서 불편하기 때문에 문 사이에 들어갈 만큼 얇게 만든 것에서 의미가 나왔다. 簡單(간단)은 죽간 하나에 쓸 만큼의 짧은 글 분량이다.

간이簡易 간이 화장실

關 관 빗장

빗장 關(관)은 문 가운데 있는 한 쌍의 둥근 빗장걸이 모양에서 의미가 나왔다. 빗장을 걸어 문을 잠그는 데서 닫는다는 의미로 넓어졌다. 이런 빗장이 달린 문을 중요한 길목에 설치해서 통행인들을 검문하는 역할을 한 데서 關門(관문)의 의미까지 넓어졌다.

관계關係 노사관계

관심關心 관심이 쓰이다.

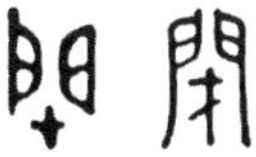

閉 **폐** 닫다

닫다 閉(폐)는 門(문)과 십자형 빗장 모양의 조합이다. 문을 걸어 잠그는 모양에서 의미가 나왔다. 문을 잠그면 들어갈 수가 없기 때문에 막다, 막히다의 의미로 넓어졌다.

밀폐密閉 밀폐 용기

폐쇄閉鎖 출입구 폐쇄

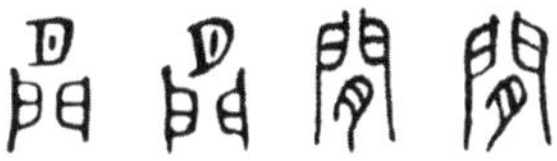

閑 **한** 한가하다

한가하다 閑(한)은 대문 모양인 門(문)과 달 月(월)의 조합이다. 문틈 사이로 달을 바라보고 있음을 의미한다. 한가로움에서 여유로움과 틈의 의미로 넓어졌다.

등한시等閑視 등한시할 문제가 아니다.

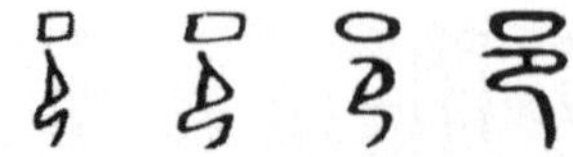

邑 읍 고을

고을 邑(읍)은 네모 아래 무릎 꿇은 사람 모양의 조합이다. 다른 글자와 조합할 때는 오른쪽에 위치하고 阝(읍)으로 모양이 변한다. 네모는 성곽을 나타내고, 그곳이 사람이 살고 있는 범위가 된 데서 의미가 나왔다.

읍내邑內 읍내로 외출하다.

郡 군 고을

고을 郡(군)은 임금 君(군)과 고을 阝(읍)의 조합이다. 임금으로부터 하사 받은 마을을 의미한다. 하사받은 마을의 명칭으로 쓰이다 행정 단위로 사용하게 되었다.

군민郡民 군민체육대회

군수郡守 군수 집무실

邦 방 나라

나라 邦(방)은 위쪽은 농작물의 줄기 모양이고 아래는 농경지 모양인 田(전)의 조합이었다. 고대 商(상)나라의 백성들은 이곳저곳 돌아다니면서 농작물을 재배하고, 동물을 길렀다. 정착해서 사는 마을의 의미였는데 후에 고을 阝(읍)을 더해서 나라의 의미로 넓어졌다.

우방友邦 우방을 방문하다.

연방聯邦 미연방공화국

4 생활과 도구

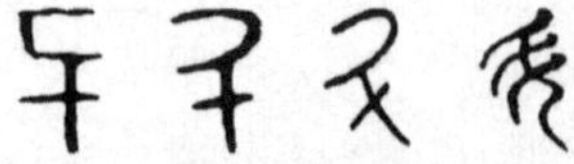

斗 두 말

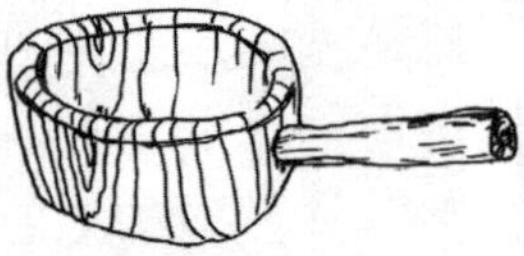

말 斗(두)는 고대에 곡식의 용량을 재던 국자 모양의 도구를 그렸다. 여기서 쌀을 헤아리는 단위로 사용하게 되었다. 북쪽에 있는 국자 모양의 일곱 개 별을 北斗七星(북두칠성)이라 한다.

북두北斗 북두칠성

料 료 헤아리다

헤아리다 料(료)는 쌀 米(미)와 말 斗(두)의 조합이다. 斗(두)를 사용해서 쌀의 양을 재는 데서 의미가 나왔다. 사용한 양을 계산해서 돈을 내는 것을 料金(요금)이라 한다. 물에 각종 첨가제를 넣어서 料理(요리)한 것을 飮料水(음료수)라 한다.

재료材料 음식 재료

시료試料 시료를 채취하다.

科 과 과정

과정 科(과)는 벼 禾(화)와 말 斗(두)의 조합이다. 농산물을 종류별로 헤아려 보관하는 데서 종류, 판별의 의미가 나왔다. 공부할 분야를 종류별로 구분한 것을 科目(과목)이라 한다.

과목科目 전공 과목

전과前科 전과자

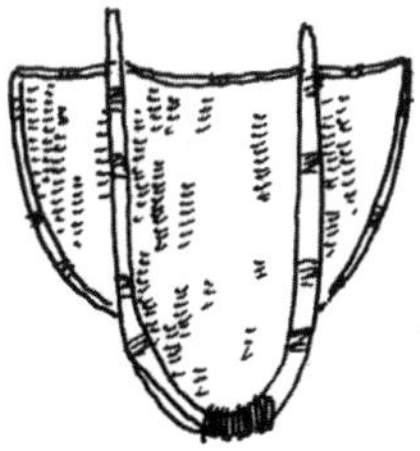

其 기 그

그 其(기)는 대나무로 만들어 곡식을 까불 때 쓰는 키 모양을 그렸다. 후에 아래쪽에 두 손 모양인 廾(공)을 더했다. 키는 농경사회에선 자주 사용하는 도구였다. 그것을 어디에 두었을까 하는 생각에서 그것을 의미하게 되었다. 키는 재료를 강조한 대나무 竹(죽)을 조합해서 箕(기)를 새로 만들어 의미를 보존했다.

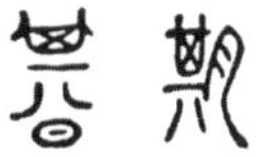

期 기 기약하다

기약하다 期(기)는 키의 의미인 其(기)에 날 日(일)의 조합이었으나, 후에 달 月(월)로 변했다. 거두어들인 농작물을 키질해서 보관하므로, 빌린 돈이나 곡식을 추수한 후에 갚는다는 약속의 의미가 나왔다. 일 년 주기로 농작물을 수확하기 때문에 주기의 의미까지 갖게 됐다.

임기任期 임기를 채우다.

基 기 터

터 基(기)는 키 其(기)의 안쪽에 흙 土(토)를 넣은 모양이다. 고대 중국인들은 집을 지을 때 양쪽에 판자를 대고 밑에서부터 흙을 다져 올려 벽을 쌓았다. 흙을 키로 담아서 집터를 닦는 데에서 집터의 의미가 나왔다. 다시 집터는 건물의 밑바탕이 되기 때문에 基礎(기초)의 의미로 넓어졌다.

기초基礎 기초를 닦다.

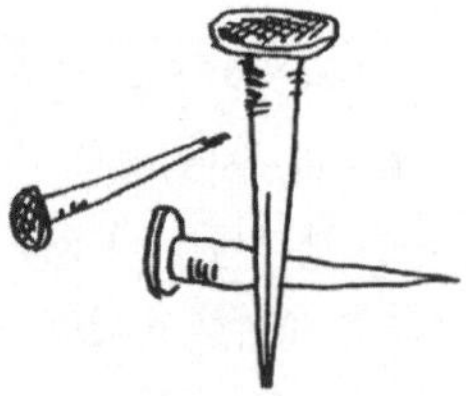

丁 정 못

못 丁(정)은 못의 네모진 머리나 못의 전체 모양을 그렸다. 못은 단단하고 꼿꼿해야 사용할 수 있기 때문에 강하다, 꼿꼿하다의 의미로 변했다. 구부러지지 않고 단단하게 서 있는, 나이가 젊고 기운이 좋은 사람을 壯丁(장정)이라 한다.

頂 정 정수리

정수리 頂(정)은 못 丁(정)과 머리 頁(혈)의 조합으로 못의 머리 부분을 의미했다. 못의 머리 부분에서 가장 높은 곳인 頂上(정상)을 의미하게 되었다.

산정山頂 산정호수

등정登頂 백두산 등정에 성공

訂 정 바로잡다

바로잡다 訂(정)은 말씀 言(언)과 못 丁(정)의 조합이다. 구부러진 못을 반듯하게 펴듯이 잘못된 말을 바로잡는 데서 의미가 나왔다. 잘못된 것을 고치는 일을 修訂(수정)이나 訂正(정정)이라 한다.

교정校訂 출판물의 교정을 보다

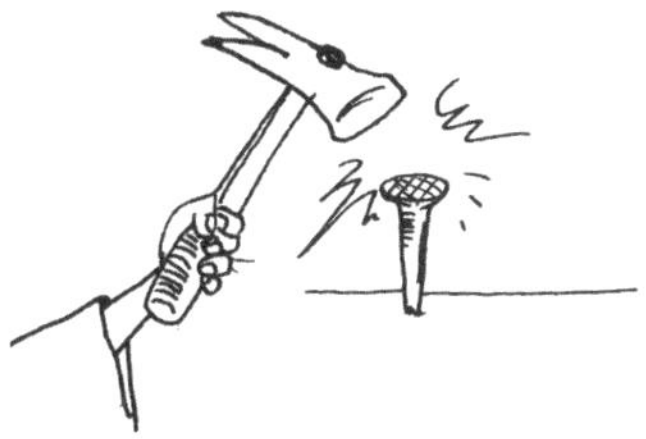

打 (타) 때리다

때리다 打(타)는 손 扌(수)와 못 丁(정)의 조합이다. 못은 망치로 쳐서 박기 때문에 의미가 나왔다. 손으로 두드려서 병세를 알아보는 것을 打診(타진)이라 한다. 남의 마음이나 사정을 알려고 미리 떠본다는 의미로도 사용한다.

타도打倒 외세를 타도하다

寧 (녕) 편하다

편하다 寧(녕)은 집에 음식을 가득 담은 그릇을 표현했다. 후에 오면서 음식 모양이 마음 心(심)으로 바뀌고, 다시 못 丁(정)이 더해졌다. 집안에 음식이 풍족하면 마음 편한 데서 의미가 나왔다. 고대 중국에서는 먹는 문제가 중요했기 때문에 밥을 먹었는지를 묻는 것이 중요한 화제였다. 여기서 안부를 묻다의 의미로 넓어졌다.

정녕丁寧 정녕 꿈은 아니겠지요?

貯 (저) 쌓다

쌓다 貯(저)는 상자 모양과 돈인 貝(패)의 조합이다. 상자 안에 돈을 모아 보관하는 데서 의미가 나왔다. 후에 상자 모양이 집 宀(면)과 못 丁(정)의 모양으로 변했다. 집 안에 돈을 넣고 못질하는 의미로 보인다.

저금貯金 돈을 저금하다

主 주 주인

주인 主(주)는 나무 木(목) 위에 불꽃을 그렸으며, 후에는 등잔불 모양으로 변했다. 어두워져 불을 켜면, 주위로 사람들이 몰려드는 데서 의미가 나왔다. 주인이 물건을 내보이면 손님이 몰려드는 모양과 유사하다. 밤에 횃불을 들고 가면 모든 사람들이 따르므로 主導(주도)한다는 의미로 넓어졌다.

住 주 살다

살다 住(주)는 사람 亻(인)과 등불 모양인 主(주)의 조합이다. 방에 들어와서 불을 켜는 행동은 그곳에 머물러 살고 있음을 나타낸다. 머물러 사는 곳을 住宅(주택), 머물러 사는 것을 住居(주거), 居住(거주)라 한다.

안주安住 현실에 안주하다.

주지住持 절에서 주지를 맡다.

柱 주 기둥

기둥 柱(주)는 나무 木(목)과 등불 모양인 主(주)의 조합이다. 나무에 걸어 놓은 등불 모양을 표현했다. 불은 이동하면 화재의 염려가 있어서 높은 곳인 기둥에 거는 데서 의미가 나왔다.

지주支柱 정신적 지주다.

전신주電信柱 바람에 전신주가 넘어졌다.

注 주 붓다

붓다 注(주)는 물 氵(수)와 등불 모양인 主(주)의 조합이다. 등잔불에 기름을 붓고 있는 모습이다. 기름을 물 水(수)로 표현했다. 등불의 기름은 항상 注意(주의)해서 봐야 하는데 그것을 注視(주시)라 한다.

주목注目 사람들의 주목을 받다.

주입注入 주입식 교육

駐 주 주둔하다

주둔하다 駐(주)는 말 馬(마)와 등불 모양인 主(주)의 조합이다. 마구간에서 불을 밝혀 말을 관리하는데, 불이 켜있는 마구간에는 말이 있다는 의미이다. 말을 타고 와서 마구간에 머물다가 떠나기 때문에 잠시 머물다의 의미가 나왔다.

주한駐韓 주한미군

午 오 일곱째지지

일곱째지지 午(오)는 쌀을 찧는 데 사용하는 절굿공이를 그렸다. 후에 地支(지지)의 일곱 번째를 의미하게 되었다. 이 글자와 결합하는 한자는 절굿공이하고 관련이 있다.

오전午前 오전근무

단오端午 음력 5월 5일은 단오절이다

許 허 허락하다

허락하다 許(허)는 말씀 言(언)과 절굿공이인 午(오)의 조합이다. 방아 찧을 순서를 정해주는 말이다. 이때 마을의 어른이 가구별로 시간을 정해 주는 데서 許諾(허락)의 의미가 나왔다. 다시 시간을 정확하게 정할 수 없기 때문에 가량, 쯤의 의미로 넓어졌다.

허용許容 동점골 허용

면허免許 자동차 운전 면허

缶 부 장군

장군 缶(부)는 절굿공이 모양인 午(오)와 위쪽이 터진 그릇 감(凵)의 조합이다. 반죽한 흙을 절굿공이(午)로 두드리면서 도자기를 만드는 모양이다. 이 글자와 결합하면 도자기와 관련되며, 장군은 입구가 작고 배 부분이 큰 액체를 담는 도자기이다.

陶 (도) 질그릇

질그릇 陶(도)는 언덕 부(阝)와 감쌀 포(勹)와 장군 부(缶)의 조합이다. 질그릇을 넣고 흙으로 언덕처럼 높게 덮어서 도자기를 굽는 모양에서 의미가 나왔다.

도야陶冶 인격을 도야한다.

도취陶醉 승리감에 도취하다.

謠 (요) 노래

노래 謠(요)는 말씀 言(언)과 손 모양인 爪(조)와 장군 缶(부)의 조합이다. 후에 爪(조)가 月(월)로 잘못 변하게 되었다. 손으로 도자기를 만들면서 부르는 노래인 勞動謠(노동요)에서 의미가 나왔다.

민요民謠 민요 작가

동요童謠 동요를 부른다.

鼎 정 솥

솥 鼎(정)은 고대 중국의 솥 모양을 그렸다. 솥은 둥근 모양에 세 개의 발과 두 개의 귀 모양을 붙여서 청동기로 제작했다. 이 솥을 제작할 때 칼로 법전의 내용을 새겨 주조해서 천하에 법을 공시했다. 솥이 법전 자체이며, 이 솥을 후계자에게 물려주어 전하게 했다. 여기서 솥이 국가 권력이나 권위를 상징하게 되었다. 다른 글자와 결합할 때는 貝(패)의 형태로 생략해서 사용한다.

則 칙 법칙

법칙 則(칙)은 법전을 상징하는 鼎(정)의 생략형인 貝(패)와 칼 刂(도)의 조합이다. 솥을 제작할 때 법전을 새긴 데서 의미가 나왔으며, 법전에서 법규와 본받다로 의미가 넓어졌다. 법은 바로 시행해야 하기 때문에 곧의 의미도 지니게 됐는데, 이때는 즉으로 읽는다.

원칙原則 원칙을 세우다.

敗 패 패하다

패하다 敗(패)는 국가의 상징인 鼎(정)의 생략형과 치다 攵(복)의 조합이다. 솥을 때려서 부수는 의미다. 상대 국가를 점령하면 국가의 상징인 솥을 부수는 데서 의미가 나왔다.

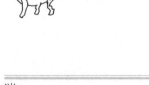

패배敗北 패배를 당하다.

승패勝敗 승패를 가르다.

貞 정 곧다

곧다 貞(정)은 위쪽에 점 卜(복)과 솥 모양인 鼎(정)의 조합이다. 점을 쳐서 나온 점괘와 솥에 새겨진 법전의 내용은 반드시 행한다는 의미에서 확고하게 지킨다는 뜻이 나왔다.

정숙貞淑 정숙한 여인

부정不貞 부정을 저지르다.

眞 진 참

참 眞(진)의 위쪽은 사람 모양이고, 아래쪽은 솥 鼎(정)의 생략형이다. 고대 중국에서 솥은 국가의 상징이었다. 이런 솥을 관리하는 사람의 행동에서 진실하다, 참되다의 의미가 나왔다.

사진寫眞 흑백 사진

진리眞理 영원불변의 진리

愼 신 삼가다

삼가다 愼(신)은 마음 忄(심)과 솥을 관리하는 사람인 眞(진)의 조합이다. 조심스럽게 솥을 관리하는 사람의 마음에서 의미가 나왔다.

신중愼重 신중한 태도

員 원 인원

인원 員(원)은 입 口(구)와 솥 모양인 鼎(정)의 생략형인 貝(패)의 조합이다. 솥에 따라 정해진 인원의 음식을 조리할 수 있는 데서 의미가 나왔다.

직원職員 직원 채용 공고
동원動員 전직원을 동원하다.

圓 원 둥그렇다

둥그렇다 圓(원)은 둘레 口(국)과 솥의 용량인 員(원)의 조합이다. 솥의 둥근 둘레에서 의미가 나왔다.

원만圓滿 성격이 원만하다.

원활圓滑 원활한 업무 처리

損 손 덜다

덜다 損(손)은 손 扌(수)와 솥의 용량인 員(원)의 조합이다. 솥에 있는 음식물을 손으로 떠내는 데서 의미가 나왔다. 음식을 덜어내는 데서 감소하다, 손해보다로 의미가 넓어졌다.

손상損傷 품위를 손상시키다.

파손破損 유리창이 파손되다.

質 질 바탕

바탕 質(질)은 도끼 斤(근) 두 개와 솥 鼎(정)의 생략형인 貝(패)의 조합이다. 청동으로 만든 솥에 맹세나 계약 내용을 새기는 의미다. 새겨진 글 내용을 바탕으로 행동하는 데서 의미가 나왔다.

물질物質 유래 물질

자질資質 음악적 자질

愼獨 신독

愼 삼가다 신 獨 혼자 독

신독이란 홀로 있을 때에도 道理(도리)에 어그러짐이 없도록 삼가하는 것을 말한다.

사람들이 보고 있으면 행동을 조심하는 것이 대부분이다. 그러나 남이 보지 못한 공간에 있으면 자기가 하고 싶은 모든 행동을 한다. 사람이 보나 안 보나 바른 행동을 할 수 있도록 노력하자는 의미다.

공자의 손자 자사는 공자의 말을 인용해『중용』에서 말했다.

"숨겨진 것보다 잘 나타나는 것이 없고, 작은 것보다 잘 드러나는 것이 없으니, 그러므로 군자란 그 홀로일 때에 조심한다."

者 자 사람

사람 者(자)는 솥에 콩 등의 음식을 넣고 삶는 모양을 그렸다. 후에 음식 삶는 사람을 강조해서 사람의 의미로 변했다. 그러자 아래에 불 灬(화)를 더해서 삶다 煮(자)를 만들어 대신했다.

노동자勞動者 노동자의 단체 행동권

都 도 도읍

도읍 都(도)는 삶다 者(자)와 고을 阝(읍)의 조합이다. 제사를 위해 음식을 요리하는 마을에서 의미가 나왔다. 제사를 지내는 마을은 통치자가 있는 곳이므로 수도의 의미를 갖게 되고, 다시 都市(도시)의 의미로 넓어졌다.

수도首都 행정수도

도심都心 도심에서 멀리 떨어진 곳

暑 서 덥다

덥다 暑(서)는 삶다 者(자)와 태양 모양인 日(일)의 조합이다. 태양이 내리 쬐는 곳에서 요리하는 모양에서 의미가 나왔다.

피서避暑 바다로 피서 가다.

처서處暑 더위가 물러간다는 처서 .

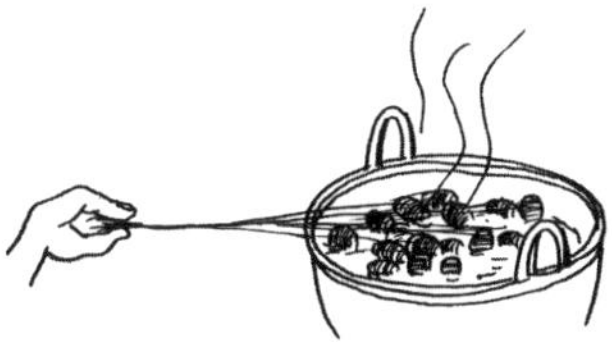

緒 (서) 실마리

실마리 緒(서)는 실 糸(사)의 생략형과 삶다 者(자)의 조합이다. 명주실을 생산하기 위해 먼저 삶고 실마리를 찾아 실을 뽑는 데서 의미가 나왔다. 모든 일을 해결하려면 시작을 찾아야 하기 때문에 端緒(단서)를 찾는다고 했다.

정서情緒 정서가 메말랐다.

두서頭緒 일의 두서가 없다.

者자와 女녀

남자는 우리말에서 그 놈, 한문식으로 표현하면 그 자라고 한다. 여자는 그 계집이고 그 녀다. 다 같은 말인데 보통 우리말로 호칭하면 상대를 비하하는 의미가 된다.

이것은 조선 시대에 우리말을 천시하던 풍습에서 굳어진 것이다.

『맹자(孟子)』「양혜왕장구상(梁惠王章句上)」 편에 '인자한 사람에게는 적이 없다'는 仁者無敵(인자무적)란 말이 나온다.

"저들(진(秦)과 초(楚))은 백성들이 일할 시기를 빼앗아 밭을 갈지 못하게 함으로써 부모는 추위에 떨며 굶주리고, 형제와 처자는 뿔뿔이 흩어지고 있습니다. 저들이 백성을 절망에 빠뜨리고 있는데, 왕께서 정벌한다면 누가 감히 맞서겠습니까? 그래서 말하기를 '인자한 사람에게는 적이 없다'고 하는 것입니다. 왕께서는 의심하지 마십시오."

曾 증 일찍

일찍 曾(증)의 아래쪽 田(전)자는 조리기구 모양이고, 위쪽은 김이 올라가는 모양을 그렸다. 시루에 음식을 조리하는 모습이다. 여러 층으로 겹쳐서 음식을 조리하는 시루에서 겹친다는 의미가 나왔다. 후에 조리 속도가 빠른 데서 일찍이라는 의미로 넓어졌다.

증조曾祖 증조할아버지

增 증 더하다

더하다 增(증)은 흙 土(토)와 시루에 음식을 조리하는 曾(증)의 조합이다. 흙을 시루 모양으로 겹겹이 쌓아 올리는 데서 의미가 나왔다. 더욱 더 많아지는 것을 增加(증가)라 한다.

급증急增 감기 환자가 급증

증원增員 모집 인원을 증원하다.

憎 증 미워하다

미워하다 憎(증)은 마음 忄(심)과 시루에 음식을 조리하는 모양인 曾(증)의 조합이다. 미운 마음을, 증기가 올라오듯이 뜨거운 기운이 상승하는 데에 빗댄 데서 의미가 나왔다.

증오憎惡 마음속이 증오로 가득하다.

애증愛憎 애증이 엇갈리다.

贈 증 보내다

보내다 贈(증)은 돈인 貝(패)와 시루에서 증기가 피어 올라오는 모양인 曾(증)의 조합이다. 돈과 음식을 만들어 주는 데서 의미가 나왔다.

기증寄贈 돈을 기증했다.

증여贈與 아들에게 재산을 증여했다.

腸器寄贈 장기기증

腸器寄贈장기기증은 건강한 삶을 살다가 이 세상을 떠날 때에, 자신의 소중한 장기를 사랑하는 가족이나 장기가 필요한 사람에게 대가없이 기증하는 것을 말한다.

생존 시 장기기증은 신장, 간, 췌장의 일부를 기증할 수 있다. 뇌사 시 장기기증은 각막(2개), 폐(2개), 간, 신장(2개), 심장, 췌장을 기증하는 것으로 총 9명에게 새 생명을 줄 수 있다.

사후 장기기증은 각막의 혼탁이나 손상, 혹은 질병 등으로 인해 앞을 보지 못하는 시각장애인들에게 건강한 각막을 기증할 수 있다.

장기기증 서약은 생명을 나누겠다는 아름다운 약속이다. 이 약속은 성인이라면 누구나 할 수 있다. 하지만 후생을 믿는 많은 사람들은 장기 기증 서약을 꺼린다. 의식의 전환이 있어야 할 부분이다.

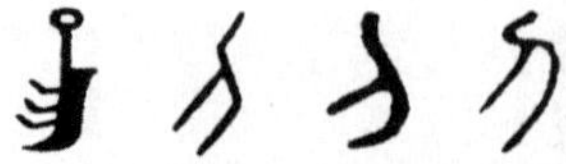

刀 도 칼

칼 刀(도)는 칼을 세워서 위쪽에 자루를, 아래쪽에 칼의 몸체를 그렸다. 부수로 사용할 때는 刂(도)의 모양으로 변한다.

면도面刀 아침마다 **면도**한다.

刃 인 칼날

칼날 刃(인)은 칼 刀(도)에 점을 찍어서 칼의 가장 예리한 부분을 표시한 데서 의미가 나왔다. 한자에서는 점을 찍어서 위치를 나타내는 경우가 많다.

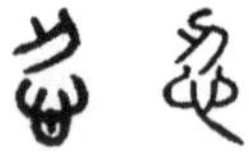

忍 인 참다

참을 忍(인)은 칼날 刃(인)과 심장 모양인 心(심)의 조합이다. 칼로 심장을 찌르는 모양으로 殘忍(잔인)하다는 의미다. 참는 것은 심장에 칼이 꽂히는 만큼 아프다는 데서 의미가 나왔다.

인내忍耐 역경을 **인내**로 극복하다.

認 인 알다

알다 認(인)은 말씀 言(언)과 칼 날 刃(인)과 심장 모양인 心(심)의 조합이다. 다른 사람의 말을 완전히 이해해 마음속에 새긴다는 의미다.

인식認識 교육환경에 대한 인식

추인追認 조직 결성 후에 추인받다.

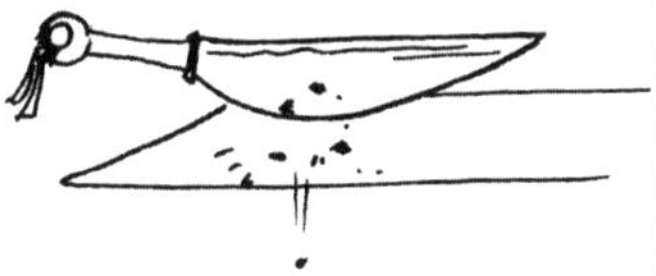

勿 물 말라

말라 勿(물)은 칼 刀(도)에 점 2개나 3개를 찍었다. 칼로 물건을 자를 때 칼 주위에 떨어지는 부스러기를 의미한다. 이런 물건은 필요 없는 부분이기 때문에 사용하지 말라는 의미가 나왔다.

물론勿論 물론 사실이 아니다.

巨 (거) 크다

크다 巨(거)는 굽은 자 모양으로, 측량하는 도구다. 현대의 T자형과 L자형이 합해진 자로, 고대 토목 공사 시 반드시 필요한 도구 중 하나다. 이런 자를 이용해서 큰 나무를 자르는 데서 크다는 의미로 넓어졌다.

거액巨額 거액의 사례비

거시적巨視的 거시적인 안목

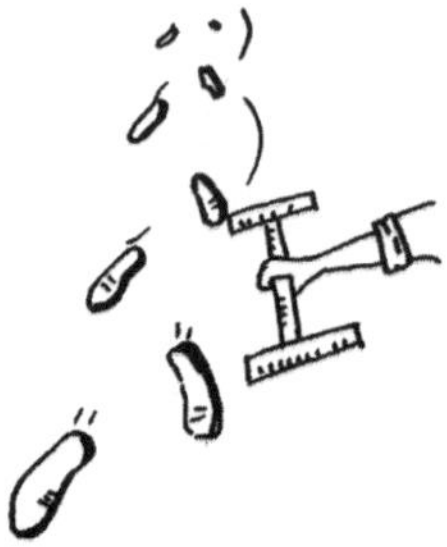

距 (거) 떨어지다

떨어지다 距(거)는 발 足(족)과 굽은 자 巨(거)의 조합이다. 굽은 자로 이동한 거리를 재는 데서 의미가 나왔다.

거리距離 거리가 멀리 떨어져있다.

사거리射距離 사거리를 벗어났다.

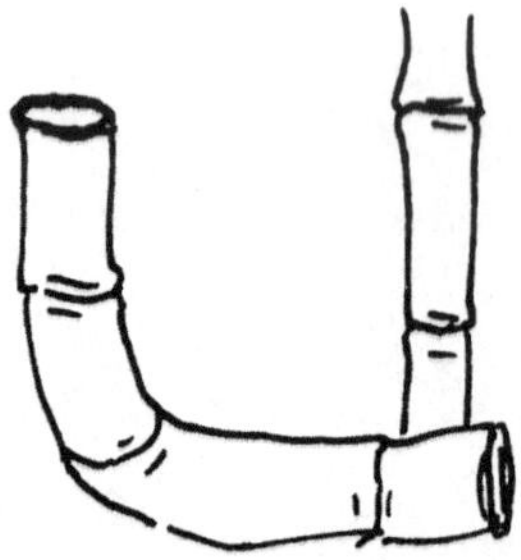

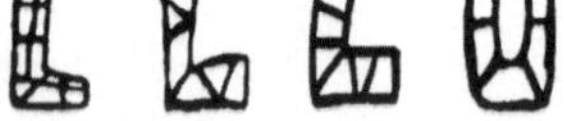

曲 (곡) 굽다

굽다 曲(곡)은 굽은 물건을 그렸고, 중간의 선은 문양을 나타낸다. 여기서 굽었다는 의미가 나왔다. 높낮이가 있는 모양이므로 음악의 의미로 넓어졌다.

곡선曲線 곡선을 그리다.

굴곡屈曲 굴곡이 많은 인생

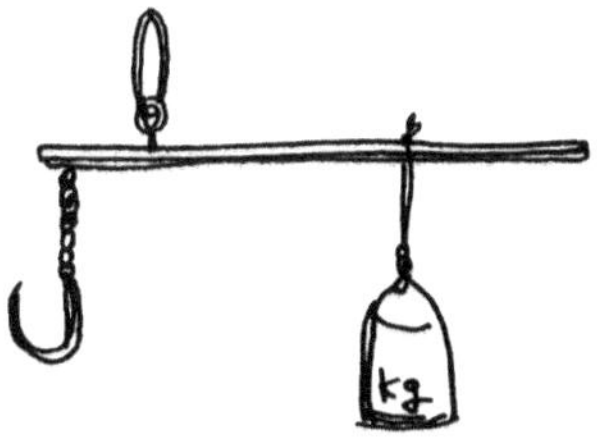

平 평 평평하다

평평하다 平(평)은 무게를 측정하는 대저울 모양을 그렸다. 대저울은 추를 이용해서 저울대가 수평을 이루어야 정확한 무게를 측정할 수 있다. 여기서 평평하다, 바로잡다의 의미가 나왔다.

평화平和 전세계의 평화를 위해

평범平凡 평범하게 사는 삶

評 평 논평하다

논평하다 評(평)은 말씀 言(언)과 대저울 平(평)의 조합이다. 대저울이 수평을 이루듯 치우치지 않게 말한다는 의미다. 여기서 잘잘못을 평가해서 말한다는 의미가 나왔다.

비평批評 작품을 비평하다.

평판評判 사람들의 평판이 나쁘다.

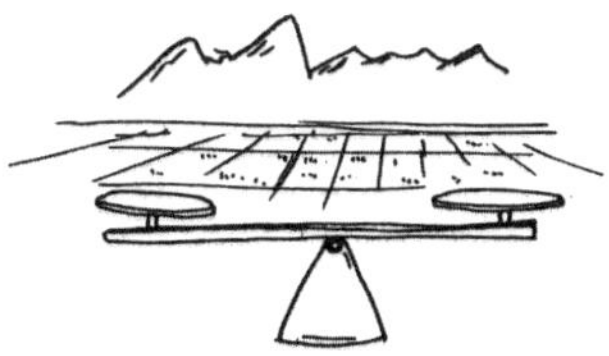

坪 평 평

평 坪(평)은 저울 모양인 平(평)과 흙 土(토)의 조합이다. 땅의 넓이를 저울질해 본다는 의미에서 땅의 넓이를 측정하는 단위로 사용하게 되었다.

건평建坪 건평 30평으로 짓다.

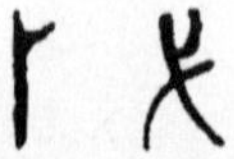

弋 (익) 주살

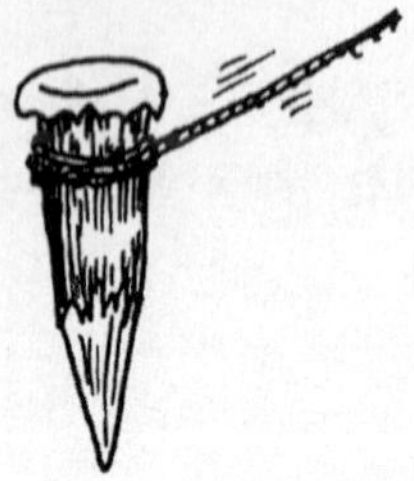

주살 弋(익)은 아래쪽이 뾰족한 나무 말뚝 모양을 그렸다. 고대엔 목축업을 하는 사람들이 일정한 지역에 말뚝을 박아 천막을 치고 반 정착 생활을 했다. 후에 화살에 줄을 달아 사냥하는 주살의 의미로 변했다.

式 (식) 법

법 式(식)은 뾰쪽한 나무 말뚝 모양인 弋(익)과 절굿공이 工(공)의 조합이다. 공구를 이용해서 말뚝을 박아 주거용 장막을 설치하는 의미다. 전통적인 方式(방식)대로 장막을 설치하는 데서 본받는다는 의미가 나왔다.

형식形式 문답 **형식**으로 회의 진행

試 (시) 시험하다

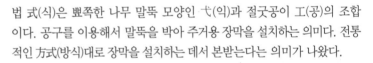

시험하다 試(시)는 말씀 言(언)과 뾰쪽한 나무 말뚝 모양인 式(식)의 조합이다. 주거용 장막을 설치하기 전에 먼저 장소를 살피고 의논하는 데서 살핀다는 의미가 나왔다. 먼저 영화를 살펴보는 것을 試寫會(시사회)라 한다. 수준을 알아보는 데서 試驗(시험)한다는 의미로 넓어졌다.

시안試案 **시안**을 검토하다.

시도試圖 일을 **시도**하다

代 (대) 대신하다

대신하다 代(대)는 사람 亻(인)과 뾰쪽한 나무 말뚝 모양인 弋(익)의 조합이다. 주거용 천막을 설치하고 반 정착 생활을 하는 모습이다. 이곳에서 사람이 태어나 일정기간 동안 성장한 데에서 세대의 의미가 나왔다. 생활을 하다가 다른 곳으로 이동하는 데서 바꾸다의 의미로, 다시 대신하다로 의미가 넓어졌다.

대체代替 새것과 대체하다.

世세와 代대

世세는 나뭇잎이 성장해서 3개로 자란 모양을 본뜬 한자다. 여기서 처음 나온 잎과 나중에 생긴 잎에 비유해 시조를 1세로 아들은 2세, 손자는 3세, 즉 선조로부터 이어진 후손을 말할 때 사용한다. 찰스 2세 3세로 표현하는 외국의 경우도 마찬가지다.

代대는 옮겨 다니며 살던 반 정착 생활의 의미로, 바로 前代(전대)의 아버지가 살던 곳이라 생각하면 쉽다. 여기서 본인으로부터 선조를 말할 때 사용한다. 즉 아버지는 1대, 할아버지 2대, 증조부를 3대로 표현하고 자신을 빼고 역으로 계산한다.

그러므로 후손을 말할 때에는 누구의 몇 세손(世孫), 그와 반대로 말할 때에는 누구의 몇 대손(代孫)이라 한다.

南 남 남쪽

남쪽 南(남)은 고대 중국의 타악기인 종 모양을 그렸다. 이 악기는 남쪽에서 만들어져 연주되다가 중원으로 들어왔기 때문에 의미가 변했다.

남극南極 남극에 기지를 세우다.

業 업 일

일 業(업)은 고대 중국의 타악기를 거는 나무 모양을 그렸다. 이런 나무 받침대를 만드는 것은 전문적인 기술이 필요한 일이다. 공부를 중점적으로 하는 것을 學業(학업), 물건 파는 일을 중점적으로 하는 것을 商業(상업)이라 한다.

취업就業 취업 전선에 뛰어들다.

졸업卒業 졸업식을 거행하다.

對 대 대하다

대하다 對(대)는 타악기 거는 나무인 業(업)과 손 모양인 寸(촌)의 조합이다. 타악기 앞에서 손으로 악기를 거는 데서 대하다, 걸어 올리다의 의미가 나왔다. 對角線(대각선)은 마주 보는 각을 이은 선(線)의 의미다.

반대反對 반대 방향

대처對處 강력히 대처하다.

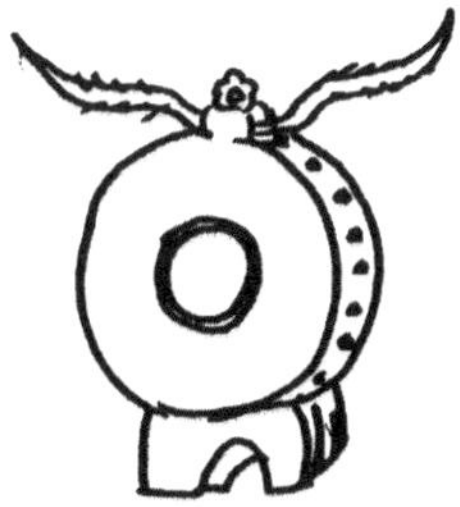

壴 주 북 모양

북 모양 壴(주)는, 위쪽에 북의 장식물을, 중간에 북을, 아래쪽에 북을 고정하는 받침대를 그렸다.

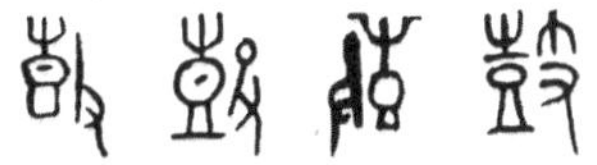

鼓 고 북

북 鼓(고)는 북 모양인 壴(주)와 손에 막대기를 든 모양인 支(지)의 조합이다. 여기서 북과 연주하다의 의미가 나왔다.

고무鼓舞 북소리에 분위기가 고무되다.

고취鼓吹 애국심을 고취시키다.

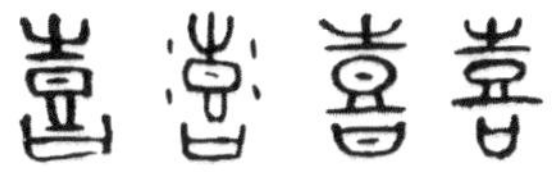

喜 희 기쁘다

기쁘다 喜(희)는 북 모양인 壴(주)와 입 口(구)의 조합이다. 북치며 입으로 노래하는 모양인 데서 의미가 나왔다.

희극喜劇 큰 희극이 벌어졌다.

희소식喜消息 희소식을 전하다.

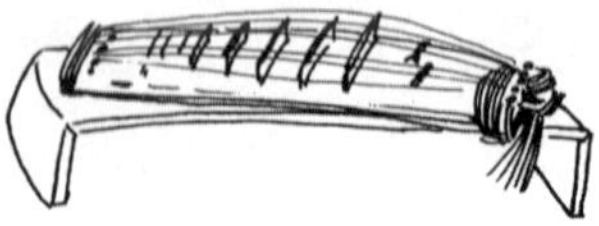

樂 악 음악

음악 樂(악)은 나무 木(목)과 실 絲(사)의 조합이다. 나무로 만든 틀 위에 현악기 줄을 걸어놓은 모양에서 음악 樂(악)의 의미가 나왔다. 다시 음악은 사람들이 좋아하기 때문에 좋아하다 樂(요)로 변했고, 음악을 들으며 즐거워하기 때문에 즐거울 樂(락)으로 다시 변했다.

낙관樂觀 형세를 낙관하다.

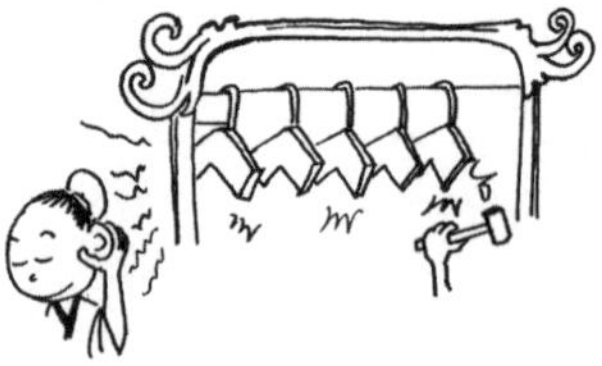

聲 성 소리

소리 聲(성)은 편경 모양인 声(성)과 귀 耳(이)와 손에 몽둥이 잡고 있는 殳(수)의 조합이다. 편경을 연주하는 소리를 귀로 듣는 상황을 표현했다.

명성名聲 대중적 명성을 얻다.

성원聲援 성원에 보답하다.

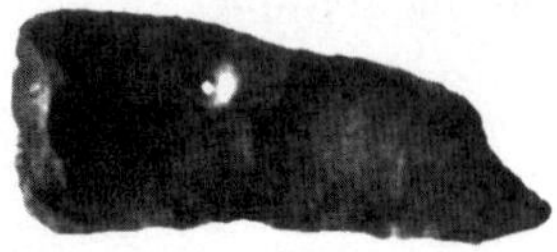

匹 필 짝

짝 匹(필)은 고대 악기인 돌로 만든 석경과 그것이 깨져 떨어져 나간 조각을 함께 그렸다. 떨어져 나간 조각을 맞추면 짝이 맞기 때문에 의미가 나왔다.

배필配匹 좋은 배필을 만났다.

필부匹夫 보잘 것 없는 필부로 살아가다.

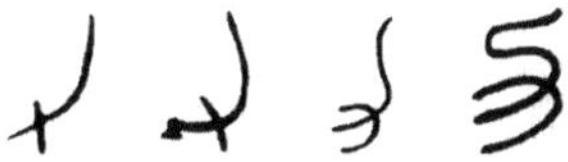

力 력 힘

힘 力(력)은 고대 중국의 농경지에서 사용했던 쟁기의 모양이다. 농경지에서 쟁기질할 때 많은 힘이 든 데서 의미가 나왔다. 어떤 일을 할 수 있는 힘의 정도를 力量(역량)이라 한다.

능력能力 능력 있는 사람

加 가 더하다

더하다 加(가)는 쟁기 모양인 力(력)과 입 口(구)의 조합이다. 쟁기질할 때 옆에서 입으로 응원하는 노동요를 의미한다. 쟁기질하는데 노래로써 힘을 더하는 상황을 표현했다.

첨가添加 첨가제

가해加害 가해자

男 남 사내

사내 男(남)은 농경지인 田(전)과 쟁기인 力(력)의 조합이다. 농사일은 매우 힘들어 남자에게 주어진 일이 되므로 사내라는 의미가 나왔다.

남매男妹 남매사이가 좋다.

장남長男 장남으로 태어났다.

賀 하 위로하다

위로하다 賀(하)는 노동의 노래인 加(가)와 돈인 貝(패)의 조합이다. 농사일처럼 힘든 일에 응원의 메시지와 재물을 보내는 의미다. 여기서 위로하다, 축하하다의 의미가 나왔다.

축하祝賀 생일 축하

하객賀客 결혼식 하객이 많다.

功 공 공로

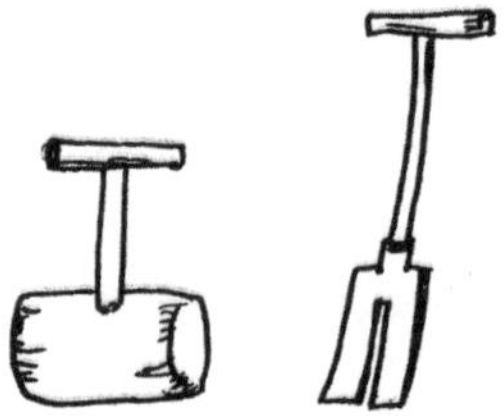

공로 功(공)은 집 짓는 도구인 工(공)과 쟁기 모양인 力(력)의 조합이다. 집 짓고 농사짓는 일을 의미한다. 농경 사회에서 가장 중요한 일을 처리하는 모습인 데서 일, 업적의 의미가 나왔다. 또한 처리한 업적에서 공, 공로로 의미가 넓어졌다.

공로功勞 공로가 매우 크다.

協 협 협동하다

협동하다 協(협)은 본래 쟁기 3개 모양이며, 후에 열 十(십)이 더해졌다. 十(십)은 숫자가 완성된 형태이므로 많다는 의미가 내포되어 있다. 쟁기질처럼 힘든 일에 이웃들이 쟁기를 들고 와서 도와주는 모습인 데서 화합하다, 협동하다의 의미가 나왔다.

협상協商 협상을 벌이다.

협의協議 모여 협의하다.

勞 로 일하다

일하다 勞(로)는 불 火(화)와 쟁기 모양 力(력)의 조합이다. 불을 켜고 늦은 밤까지 쟁기질하는 상황을 나타내므로 일하다, 힘쓰다의 의미가 나왔다. 일하는 것을 勞(로), 시키는 것을 使(사)라 하기 때문에 勞使(노사)라고 한다.

노조勞組 노조를 결성하다.

方 방 모

모 方(방)은 옆으로 자루가 두 개 달린 발달된 쟁기 모양이다. 고대 중국인들은 두 사람이 양쪽에 달린 자루를 잡고, 어깨를 나란히 하고 양쪽 방향에서 쟁기질을 했다. 양쪽 방향에서 방향의 의미가 나왔다. 밭갈이 하는 곳에서 특정한 장소나 서울에서 떨어진 곳인 地方(지방)의 의미가 나왔다. 땅은 네모라는 인식에서 네모의 의미로 넓어져, 모든 곳을 四方(사방)이라 한다.

방안方案 해결 방안

放 방 내치다

내치다 放(방)은 쟁기 모양인 方(방)과 치다 攵(복)의 조합이다. 농사일을 하고 사는 시골로, 곧 다른 땅으로 내친다는 의미이다. 일정한 곳이나 조직에서 쫓아내는 것을 追放(추방)이라 한다.

방치放置 길가에 방치하다.

방학放學 방학 숙제

防 방 막다

막다 防(방)은 언덕을 의미하는 阝(부)와 쟁기 모양인 方(방)의 조합이다. 쟁기질해서 언덕을 쌓아 황하의 범람을 막았던 데서 의미가 나왔다. 이렇게 쌓은 둑을 堤防(제방)이라 한다.

방역防役 전염병 방역 활동

국방國防 국방의무

訪 방 방문하다

방문하다 訪(방)은 말씀 言(언)과 쟁기 모양인 方(방)의 조합이다. 다른 지방까지 찾아가서 말하는 상황을 나타낸 데서 방문하다, 묻다의 의미가 나왔다.

순방巡訪 유럽 순방길에 올랐다.

탐방探訪 탐방 기사

妨 방 방해하다

방해하다 妨(방)은 여인인 女(녀)와 쟁기 모양인 方(방)의 조합이다. 다른 지방에서 온 여인의 의미다. 이런 여인은 정상적인 부부생활에 방해가 됐던 데서 의미가 나왔다.

방해妨害 수업을 방해하다.

網=网 망 그물

그물 网(망)은 양쪽에 나무를 세우고 실을 서로 교차해서 엮은 그물 모양이다. 부수로 사용할 때는 罒(망) 모양으로 변한다. 재료인 실 糸(사)와 없다 亡(망)을 더해서 현대에서는 網(망)을 사용하게 되었다. 法網(법망)은 법의 그물이라는 뜻이며, 죄지은 사람을 그물 쳐서 고기 잡듯이 잡아들인다는 의미다.

羅 라 벌리다

벌리다 羅(라)는 새를 그물로 잡는 모양이다. 후에 그물 罒(망)과 실 糸(사)와 새 隹(추)의 조합으로 복잡해졌다. 새 그물은 아주 가는 실로 짜기 때문에 비단의 의미로, 새 그물을 나무 사이에 설치하는 데서 벌리다의 의미로 넓어졌다.

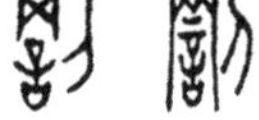

罰 벌 죄주다

죄주다 罰(벌)은 그물 罒(망)과 말씀 言(언)과 칼 刂(도)의 조합이다. 그물은 체포, 칼은 형벌, 言(언)은 판결을 의미한다. 죄인을 잡아서 죄를 조사하고 판결하는 데서 의미가 나왔다.

처벌處罰 처벌을 받다.

벌칙罰則 벌칙을 강화하다.

網羅망라

網羅망라는 고기 그물과 새 그물을 의미한다. 고대 중국인들은 바다와 하늘에서 그물로 새와 고기를 잡아들였다. 모든 것을 잡아서 모으는 데서 모든 것을 빠짐없이 모은다는 의미로 변했다.

• 이번 전시회는 모든 유명 작가들의 작품이 망라되어 있다.

• 범죄자를 일망타진(一網打盡)하여 모든 사람이 안전하게 생활할 수 있게 해야 한다.

• 총체주의란 인간에게 관련된 모든 사상을 망라한 것이다. 이는 하나의 거대담론으로 우주 · 역사 · 사회 · 경제 · 문화 등을 살핌으로써 인간을 총체적으로 담아 내려는 이론체계를 말한다. 이는 가장 좋은 것은 빠짐없이 두루 망라한다는 망라주의와도 통한다.

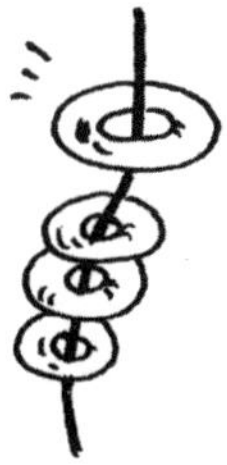

玉 옥 구슬

구슬 玉(옥)은 옥이 노끈에 끼워져 있는 모양을 그렸다. 후에 임금 王(왕)과 모양이 같아지자 점을 찍어 임금 王(왕)과 구별했다. 다른 글자와 결합 시 玉(옥)을 본래 모양인 王(왕)으로 사용한다.

백옥白玉 백옥같은 피부

王 왕 임금

임금 王(왕)은 고대 중국의 큰 도끼 모양이다. 위쪽에 가로로 자루 부분을 그렸다. 이런 도끼가 모든 사람을 제압하는 권위의 상징인 데서 의미가 나왔다.

왕조王朝 조선왕조실록

왕실王室 영국왕실

班 반 나누다

나누다 班(반)은 구슬 玉(옥) 두 개와 칼 刂(도)의 조합이다. 칼로 옥을 둘로 나누는 행동에서 의미가 나왔다. 학생을 나누어 班(반)을 편성하고, 대표하는 학생을 班長(반장)이라 한다.

반장班長 학급 반장

수반首班 행정부 수반

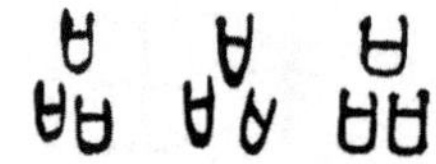

品 품 물건

물건 品(품)은 口(구) 모양 세 개를 그려, 모아 놓은 그릇을 표현했다. 좋은 그릇을 모아 놓은 데서 의미가 나왔다. 하자가 없는 물건을 팔 수 있기 때문에 商品(상품)이라 했다.

식품食品 불량식품

품질品質 품질 향상에 힘쓰다.

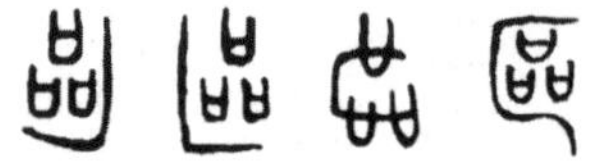

區 구 나누다

나누다 區(구)는 상자 모양인 匸(방)과 그릇 세 개를 모아 놓은 모양인 品(품)의 조합이다. 그릇을 종류별로 나누어 모아 놓은 것에서 의미가 나왔다. 종류별로 나누다에서 區別(구별)하다, 區分(구분)하다의 의미로 넓어졌다. 후에 지역을 나누어 놓은 것을 區域(구역)이라 했다.

구청區廳 종로구청

지구地區 택지 개발 지구

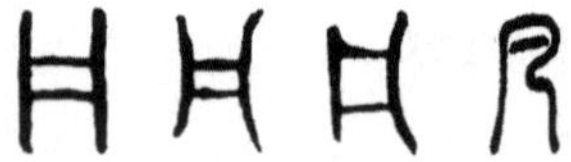

凡 범 무릇

무릇 凡(범)은 위쪽이 넓은 모양인 쟁반을 그렸다. 넓은 그릇이 많은 음식을 담을 수 있는 데서 모두의 의미로 변했다. 특별히 다른 점이 없는 모양을 平凡(평범)이라 한다.

비범非凡 비범한 인물

범상凡常 범상치 않다.

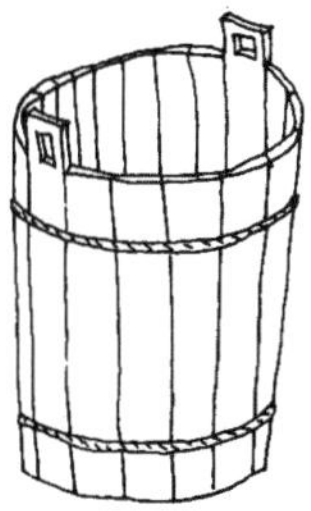

用 (용) 쓰다

쓰다 用(용)은 나무로 만든 통을 그렸으며, 가로 두 줄은 통을 고정시키는 줄이다. 나무로 만든 통은 생활에서 많이 使用(사용)하기 때문에 의미가 나왔다.

채용採用 직원 채용

신용信用 신용을 잃다.

甬 (용) 길

길 甬(용)은 나무통 위에 고리가 달려있는 모양으로 물건을 담는 용기다. 이런 용기는 줄을 달아서 우물을 팔 때 흙을 담아서 위로 올려 보내는데 사용했다. 우물물을 퍼 올리는 두레박 형태와 흡사하다.

勇 (용) 용기

용기 勇(용)은 용기인 甬(용)과 마음 心(심)의 조합이다. 후에 心(심)이 쟁기 모양인 力(력)으로 변했다. 우물을 팔 때 깊은 곳에서 도구를 사용하는 작업은 용기가 필요한 데서 의미가 나왔다.

용감勇敢 용감한 형제

용퇴勇退 후진을 위한 용퇴

通 통 통하다

통하다 通(통)은 쉬엄쉬엄 갈 辶(착)과 나무통인 甬(용)의 조합이다. 깊은 굴을 파고 들어가면 위쪽과 아래쪽이 통하게 된 데서 의미가 나왔다. 이렇게 뚫린 굴을 通路(통로)라 한다.

보통普通 보통수준

공통共通 공통과정

痛 통 아프다

아프다 痛(통)은 병들 疒(녁)과 나무통인 甬(용)의 조합이다. 깊은 곳에서 담아 올리듯이 몸속의 병이 밖으로 표출되는 것에서 의미가 나왔다.

통증痛症 통증이 심하다.

고통苦痛 고통을 참다.

亼 집 모으다

모으다 亼(집)은 뚜껑이나 모자 모양을 그렸다. 물건을 모아서 뚜껑을 덮어 놓은 데서 의미가 나왔다. 모자를 쓴 사람은 고대 중국에선 황제나 관리였다. 여기서 우두머리의 의미를 내포하게 되었다.

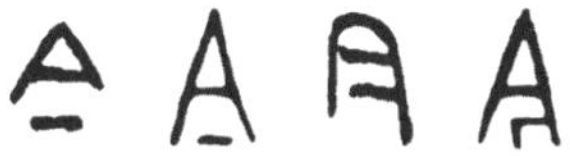

今 금 이제

이제 今(금)은 뚜껑 모양과 물건의 의미인 一(일)의 조합이다. 어떤 물건의 뚜껑을 덮는 행위를 나타내므로 위쪽에 덮다의 의미가 나온다. 물건을 덮는 행동의 시간적 개념에서 至今(지금)의 의미로 변했다.

고금古今 고금을 통해 가장 뛰어남

금주今週 금주의 일정

念 념 생각하다

생각하다 念(념)은 뚜껑을 덮는 모양인 今(금)과 마음 心(심)의 조합이다. 마음속에 넣고 덮는 데서 그리워하다의 의미다. 그리워하는 마음에서 생각하다의 의미로 넓어졌다.

염려念慮 너무 염려하지 마라.

전념專念 오직 학업에 전념하다.

含 함 머금다

머금다 含(함)은 뚜껑을 덮는 모양인 今(금)과 입 口(구)의 조합이다. 입에 음식을 넣고 다물고 있는 데서 의미가 나왔다. 입 안에 이것저것 들어가 있는 것처럼 함께 들어가 있는 것을 包含(포함)이라 한다.

함축含蓄 의미가 함축되어 있다.

함유含有 첨가물이 함유되어 있다.

合 합 합하다

합하다 合(합)은 뚜껑 모양인 亼(집)과 그릇 모양을 표현한 입 口(구)의 조합이다. 그릇에 음식을 담아서 뚜껑을 덮는 모양에서 의미가 나왔다.

합의合意 남북이 합의했다.

종합綜合 의견을 종합하다.

答 답 답하다

답하다 答(답)은 대나무 竹(죽)과 음식을 담은 모양인 合(합)의 조합이다. 쪼갠 대나무를 다시 합하면 딱 맞게 되므로 들어맞는다는 의미가 나온다. 물음에 알맞게 對答(대답)해야 하는 데서 의미가 넓어졌다.

문답問答 문답을 주고 받다.

즉답卽答 즉답을 피했다.

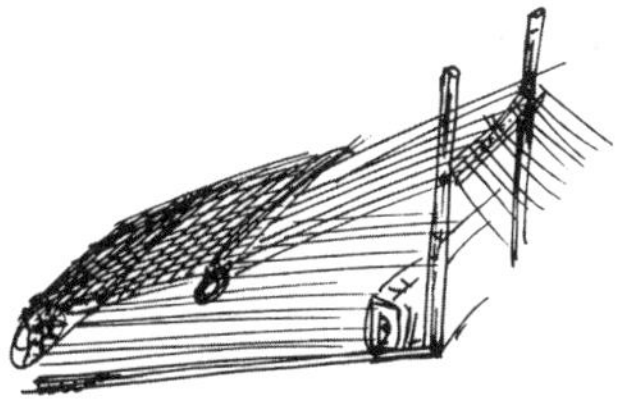

給 (급) 주다

주다 給(급)은 실 糸(사)와 합하다 合(합)의 조합이다. 실을 합한다는 의미는 베틀로 천을 짠다는 의미다. 천을 짤 때 날실에 씨실을 좌우로 넣어 주는 데서 의미가 나왔다.

공급供給 공급이 원활하다.

급여給與 급여를 받다.

會 (회) 모이다

모이다 會(회)는 뚜껑 모양인 亼(집)과 아래쪽에 여러 가지 물건을 나누어 넣어 놓은 모양의 조합이다. 여러 가지의 곡식을 모아 놓고 뚜껑을 덮어 놓은 데서 의미가 나왔다.

사회司會 모임의 사회를 맡다.

회원會員 회원 가입을 했다.

令 (령) 명령하다

명령하다 令(령)은 뚜껑 모양인 亼(집)과 무릎 꿇은 사람 모양인 卩(절)의 조합이다. 모자를 쓴 사람이, 즉 통치자나 관리가 사람에게 명령을 하달하는 데서 의미가 나왔다.

영장令狀 법원에서 영장이 발부되었다.

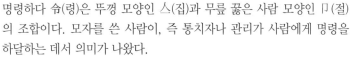

가령假令 내가 가령 대통령이 된다면

命 명 명령하다

명령하다 命(명)은 명령하다 令(령)에 입 口(구)를 더했다. 입으로 아래 사람에게 명령하는 것을 강조했다. 명령은 반드시 실행해야 하기에 運命(운명), 天命(천명)에 사용하게 되었다.

운명運命 운명에 맡기다.

임명任命 임명이 되었다.

領 령 옷깃

옷깃 領(령)은 명령하다 令(령)과 머리 모양인 頁(혈)의 조합이다. 명령을 받을 때는 옷깃을 단정하게 하는 데서 의미가 나왔다. 단정하게 바로 잡는 데서 다스린다는 의미로 넓어졌다.

요령要領 요령이 좋다.

영수領袖 국가간 영수회담

僉 첨 모두

모두 僉(첨)은 뚜껑 모양인 亼(집)과 제사 지내는 모양인 兄(형) 두 글자의 조합이다. 함께 제사 지내는 데서 의미가 나왔다.

險 험 험하다

험하다 險(험)은 언덕 阝(부)와 함께 제사를 올리는 모양인 僉(첨)의 조합이다. 제사는 높은 곳에서 지내기 때문에 높다는 의미다. 이런 높은 산은 위험한 데서 의미가 나왔다.

보험保險 생명보험에 가입

험난險難 길이 매우 험난하다.

劍 검 칼

칼 劍(검)은 함께 제사를 올리는 모양인 僉(첨)과 칼 刂(도)의 조합이다. 제사의 희생물을 죽이는 칼에서 의미가 나왔다.

검술劍術 검술의 명인

단검短劍 단검에 찔렸다.

儉 검 검소하다

검소하다 儉(검)은 사람 亻(인)과 함께 제사를 올리는 모양인 僉(첨)의 조합이다. 각자 제사를 지내지 않고, 함께 제사를 지내는 것에서 절약의 의미가 나왔다.

검소儉素 검소한 생활

근검勤儉 근검과 절약이 미덕이다.

皇 황 황제

황제 皇(황)은 화려한 장식이 달려있는 모자와 王(왕)의 조합이다. 화려한 장식의 왕관을 쓰고 있는 데서 의미가 나왔다.

교황敎皇 교황 선출

황후皇后 황후에 올랐다.

食 식 밥

밥 食(식)은 뚜껑과 굽다리가 달린 밥그릇 모양이다. 밥을 담아서 뚜껑을 덮어 놓은 모양에서 의미가 나왔다.

식사食事 점심 식사

간식間食 간식은 비만의 원인

飯 반 밥

밥 飯(반)은 밥 食(식)과 농사일을 하는 손 모양인 反(반)의 조합이다. 농경지에서 자신이 기른 농작물을 수확한 후 조리해서 먹는 데서 의미가 나왔다.

백반白飯 찌개 백반

반주飯酒 점심에 곁들여 반주를 먹었다.

皀 흡 고소하다

고소하다 皀(흡)은 그릇에 밥을 가득 담아 뚜껑을 닫지 않은 모양이다. 뚜껑을 덮어 놓은 모양인 밥 食(식)과 같은 맥락에서 기억해야 한다.

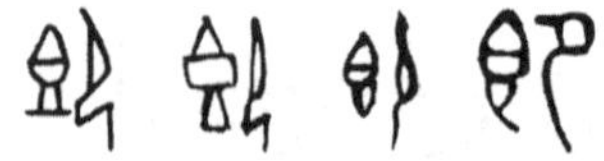

卽 즉 즉시

즉시 卽(즉)은 뚜껑 벗긴 밥인 皀(흡)과 무릎 꿇은 사람인 卩(절)의 조합이다. 무릎 꿇고 바로 밥을 먹는 모양이다. 시간적인 의미는 한자로 표현하기 어렵기 때문에, 흔히 하는 행동에서 의미를 빌렸다. 힘쓰는 일을 주로 하던 고대인들이 밥 앞에 가면 지체하지 않고 먹은 데서 의미가 나왔다.

즉각卽刻 즉각 대처하다.

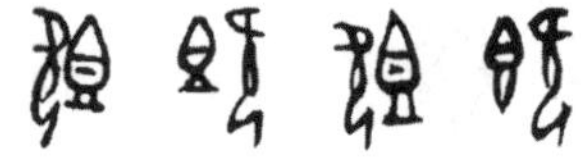

旣 기 이미

이미 旣(기)는 밥 모양인 皀(흡)과 머리 돌린 모양인 旡(기)의 조합이다. 밥을 이미 다 먹고 고개를 돌리는 데서 의미가 나왔다. 이미 법규에 의해서 얻어진 권리를 旣得權(기득권)이라 한다.

기존旣存 기존 질서

기득旣得 기득권 세력

鄕 향 시골

시골 鄕(향)은 두 사람이 서로 마주하고 음식을 먹는 모양이다. 여기서 대접하다의 의미였으나, 시골에서는 이웃과 모여서 같이 밥을 먹는 경우가 많았으므로 의미가 변했다. 다시 밥 食(식)을 더해서 대접하다 饗(향)을 만들었다.

고향故鄕 추석에 고향 가는 길

타향他鄕 타향에서 죽다.

火 화 불

불 火(화)는 불이 피어 올라오는 모양을 그려 의미를 표현했다. 불로 인한 재앙을 火災(화재)라 한다.

화산火山 화산이 폭발하다.

비화飛火 다른 방향으로 비화하다.

炎 염 불타다

불타다 炎(염)은 불 火(화)를 상하로 조합해서 불이 크게 타오르는 모양을 나타낸 데서 의미가 나왔다. 다시 큰 불에서 느끼는 더위의 의미로 넓어졌다. 炎症(염증)은 감염으로 붉게 붓거나 열이 나는 증상을 말한다.

간염肝炎 간염에 걸렸다.

폭염暴炎 올 여름 폭염

談 담 말씀

말씀 談(담)은 불타는 모양인 炎(염)과 말씀 言(언)의 구성으로, 불을 피우고 둘러앉아서 이야기하는 모양이다. 이렇게 한가롭게 이야기하는 데서 이야기하다, 雜談(잡담)하다의 의미가 나왔다.

회담會談 남북 정상 회담

장담壯談 성공을 장담하다.

淡 담 묽다

묽다 淡(담)은 물 水(수)와 큰 불 모양인 炎(염)의 조합이다. 물로 불을 끄는 모양에서, 세력이 약해진다는 의미다. 여기서 엷다. 희미한 모양의 의미가 나왔다. 淡淡(담담)은 욕심이 없고 마음이 깨끗한 상태를, 濃淡(농담)은 짙음과 옅음을 의미한다.

냉담冷淡 냉담한 반응

담담淡淡 담담한 마음

災 재 재앙

재앙 災(재)는 집에 불이 나고 있는 모양이었으나, 후에 물과 불의 조합으로 변했다. 중국인들의 대표적인 天災(천재)인 황하의 범람과 人災(인재)인 전쟁으로 당한 火災(화재)의 의미이다.

재해災害 산업 재해

재난災難 재난을 겪다.

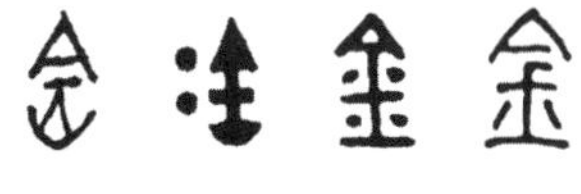

金 금 쇠

쇠 金(금)은 거푸집에 뚜껑을 덮어 놓은 모양이다. 후에 점을 찍어서 쇳물 방울을 표현했다. 거푸집에 쇳물을 흘려보내서 물건을 만드는 과정을 표현한 것으로, 본래는 청동을 나타냈다. 후에 쇠와 황금의 의미로 넓어졌다.

세금稅金 세금 계산서

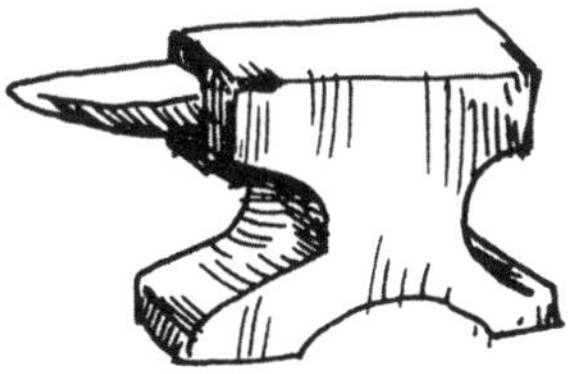

鐵 철 쇠

쇠 鐵(철)은 모루 모양을 呈(정)의 형태로 표현한 글자와 무기인 창 戈(과)의 조합이다. 모루 위에 쇠를 두드려 도구나 무기를 만드는 것에서 의미가 나왔다. 후에 재료를 강조해서 쇠 金(금)과 사람 모양의 변형인 土(토)을 더해서 모양이 복잡해졌다.

철강鐵鋼 철강 산업

철도鐵道 철도 위의 기차

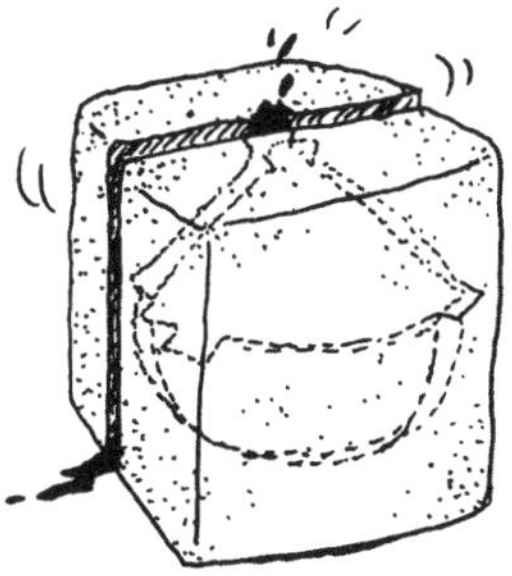

害 해 피해

피해 害(해)는쇠 金(금)처럼 거푸집과 뚜껑을 그렸다. 쇳물로 주물을 뜨는 작업이 실패했다는 것을, 위아래가 서로 어긋난 모양으로 표현했다. 이런 경우 피해가 나기 때문에 의미가 넓어졌다.

침해侵害 인권 침해

가해加害 가해자

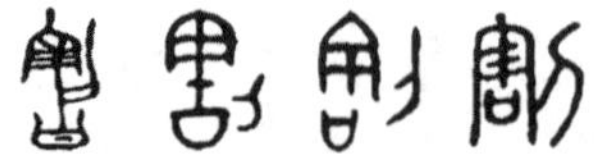

割 (할) 가르다

가르다 割(할)은 주물에 실패한 거푸집인 害(해)와 칼 刂(도)의 조합이다. 거푸집의 뚜껑과 연결된 줄을 칼로 잘라내는 데서 의미가 나왔다.

할인割引 할인판매

할당割當 일을 할당하다.

鎔 (용) 쇠 녹이다

쇠 녹이다 鎔(용)은 쇳물인 金(금)과 동굴 집 입구의 의미인 容(용)의 조합이다. 쇳물을 녹여서 거푸집에 붓는 것에서 의미가 나왔다. 쇳물이나 광석을 녹이는 가마를 鎔鑛爐(용광로)라 한다.

용암鎔巖 용암이 분출되었다.

滿 (만) 가득하다

가득하다 滿(만)은 물 氵(수)와 거푸집에 쇳물을 부어서 가득 차올라오는 모양의 조합이다. 쇳물이 넘치는 것에서 의미가 나왔으며, 가득차 넘치는 모양에서 오만하다의 의미로 넓어졌다.

만족滿足 모두가 만족하다.

비만肥滿 비만 치료

5-1 제사 지내는 제단 示 神 宗 崇 視 豊 禮 祭 察 祈 社 祀

5-2. 기도하는 사람 兄 祝 兌 說 脫 稅

5-3. 술병 酉 酒 配 醫

5-4. 제사용 술병 모양 畐 福 副 富

5-5. 제사에 사용하는 술 酋 猶 尊 遵

5-6. 제사 드리는 건물 亨 享 敦 熟

5-7. 거북점 龜 卜 占 点 店 外 兆 禍 過

5-8. 제사에 사용한 소 牛 件 告 造 物 特 牽 角 解

5-9. 희생물 나누기 八 分 半 伴 判 小 少 肖 消 妙 省 公 松 七 切

5-10. 제사에 사용하는 목이 들어간 그릇 皿 血 盟 益 孟 盜 溫 易 賜 錫

5-11. 무당 無 舞 夏 憂 優

5-12. 개 犬 伏 突 然 燃 蜀 獨 哭 器 犯 獄

5-13. 돼지 豕 豚 逐 隊 蒙

5-14. 양 羊 祥 美 我 義 儀 議 洋 群 善 養

5-15. 호랑이 虎 處 虛 慮

5-16. 사슴 鹿 麗 塵 慶

5-17. 말 馬 篤 丙 病 更 便 鞭

5-18. 벌레 蟲 風 萬

5 제사와 동물

5-19. 새 隹 集 雖 唯 進 推 維 隺 獲 護 舊 雚 觀 權 勸

5-20. 알 품은 새 乙 孔 乳 氣

5-21. 새 날개 飛 非 悲 輩 罪

5-22. 물고기 魚 漁 鮮

5-23. 조개 貝 貫 慣 實 寶 負 貴 遺 買 賣 資

5-24. 큰 조개 辰 農 辱 脣

5-25. 사냥 史 吏 事 使

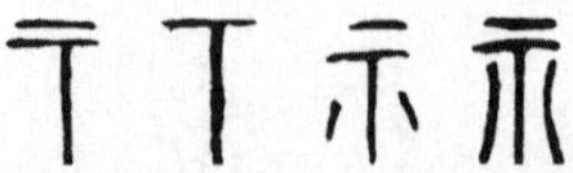

示 (시) 보이다

보이다 示(시)는 고대 중국인들이 제사 드리는 제단에 음식을 올려 놓은 모양이다. 제단에 음식을 가득 쌓아 놓고 조상신에게 보이는 데서 의미가 나왔다. 이 글자와 조합되는 한자는 神(신)과 祭祀(제사)의 의미를 포함한다.

제시提示 대안을 제시하다.

시위示威 촛불 시위

神 (신) 귀신

귀신 神(신)은 번개 모양인 申(신)과 제단인 示(시)의 조합이다. 고대 중국인들은 귀신이 자연 현상을 통해서 인간에게 뜻을 보여준다고 여겼다. 특히 두려움의 대상인 번개를 조합해서 의미를 나타냈다.

정신精神 정신 상태

실신失神 실신 상태

宗 (종) 우두머리

우두머리 宗(종)은 집 宀(면)과 제단인 示(시)의 조합이다. 조상에 제사 지내는 제단이 있는 집의 의미다. 맏아들인 장자가 제사를 모시기 때문에 의미가 나왔다.

종가宗家 종가에서 온가족이 모였다.

종교宗教 종교단체

崇 숭 높다

높다 崇(숭)은 뫼 山(산)과 사당 宗(종)의 조합이다. 높고 깊은 산에 올라 하늘에 제사를 지내는 풍습에서 높은 산의 의미가 나왔다. 崇拜(숭배)는 높은 산에서 절한다는 의미에서 확대돼 우러러 공경한다는 뜻으로 쓰인다.

숭상崇尙 학문을 숭상하다.

숭고崇高 숭고한 희생정신

視 시 보다

보다 視(시)는 제단인 示(시)와 보다 見(견)의 조합이다. 눈으로 제단을 꼼꼼하게 살펴보는 것에서 의미가 나왔다. 또한 제사 후에 신의 징후를 살피는 의미도 있다.

무시無視 의견을 무시하다.

중시重視 사람을 중시하는 기업

豊 풍 풍년

풍년 豊(풍)의 아래쪽 豆(두)는 굽다리가 길고 위쪽이 넓은 제기 모양이고, 위쪽은 옥으로 만든 물건을 올려 놓은 모양이다. 옥으로 만든 물건 등을 풍성하게 차려 놓은 모양에서 풍성하다란 의미가 나왔다. 풍성하다에서 풍년의 의미로 넓어졌다.

풍년豊年 올해는 풍년이다.

풍족豊足 풍족한 생활

禮 례 예절

예절 禮(례)는 豊(풍)이 풍성하다 의미로 사용하게 되자, 제단의 모양인 示(시)를 더했다. 제사를 거행하는 의식을 더욱 강조하여 의미를 나타냈다. 결혼하는 의식을 婚禮(혼례)라 하고, 장사를 지내는 의식을 葬禮(장례)라 했다.

차례茶禮 온 가족이 모여 차례를 지내다.

예우禮遇 전직 대통령 예우

祭 제 제사

제사 祭(제)는 고기의 의미인 月(월)과 손 모양인 又(우)와 제단 모양인 示(시)의 조합이다. 갑골문은 손에 피가 흐르는 고기를 들고 있는 모양이다. 살아있는 가축을 희생시켜서 제단에 올리는 상황에서 의미가 나왔다.

축제祝祭 기념 축제

察 찰 살피다

살피다 察(찰)은 집 宀(면)과 제사 지내는 상황을 연출한 祭(제)의 조합이다. 집 안에서 제사 용품의 준비 과정을 점검하는 데서 의미가 나왔다. 제사 용품에 잘못된 것을 살피는 모양에서 확장돼 오늘날 警察(경찰)에 사용하게 되었다.

검찰檢察 검찰청에서 소환하다.

관찰觀察 식물을 관찰하다.

祈 (기) 빌다

빌다 祈(기)는 깃발 모양과 사냥 도구인 單(단)과 도끼 斤(근)의 조합이다. 후에 제단 모양인 示(시)와 도끼 斤(근)의 조합으로 변했다. 사냥 도구를 들고 제단 앞에서 많은 짐승을 포획하기를 바라는 데서 의미가 나왔다.

기도祈禱 금식 기도

기우제祈雨祭 가뭄에 기우제를 지내다.

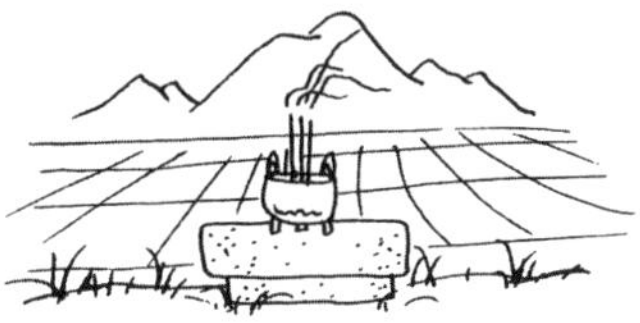

社 (사) 흙 신

흙 신 社(사)는 제단 모양인 示(시)와 흙 土(토)의 조합이며, 흙의 신이다. 토지는 인류가 먹고 사는 모든 것을 생산하는 어머니의 역할 때문에 신성시했다. 모든 백성들이 흙에서 나온 곡식을 먹고, 이곳에서 집단을 이루고 살기 때문에 社會(사회)라는 의미가 나왔다.

공사公社 주택공사

사설社說 신문 사설

祀 (사) 제사

제사 祀(사)는 제단 모양인 示(시)와 사람이 무릎 꿇고 있는 巳(사)의 조합이다. 제단 앞에서 제사를 지내는 모양에서 의미가 나왔다.

고사告祀 고사떡을 돌리다.

兄 형 맏

맏 兄(형)은 입 口(구)와 사람 모양인 儿(인)의 조합이다. 하늘을 향해서 입을 크게 벌리고 비는 모양으로 말하다의 의미다. 집안의 맏아들이 제사를 주관한 데서 우두머리, 형의 의미로 변했다. 다른 글자와 조합 시 말하다의 의미를 나타낸다.

형부兄夫 언니와 형부

의형제義兄弟 의형제를 맺다.

祝 축 빌다

빌다 祝(축)은 제단 모양인 示(시)와 입 口(구)와 사람 모양인 儿(인)의 조합이다. 제단에서 신에게 빌고 있는 상황이므로 축원드린다는 의미가 나왔다.

축문祝文 축문을 쓰다.

축복祝福 축복을 빌다.

兌 태 기쁘다

기쁘다 兌(태)는 나눈다는 의미인 八(팔)과 말하는 사람인 兄(형)의 조합이다. 종갓집에서 재산을 나누어서 分家(분가)하는 의미다. 독립하면 모든 생활환경이 변하므로 바꾸다의 의미로 넓어졌다. 새 출발을 즐거워하는 데서 기쁘다는 의미가 추가되었다.

說 설 말씀

말씀 說(설)은 말씀 言(언)과 분가의 의미인 兌(태)의 조합이다. 분가를 위해 형에게 설명하고 說得(설득)하는 말에서 의미가 나왔다. 說明(설명)은 내용을 알기 쉽게 말하는 것이다.

연설演說 대중연설

전설傳說 전설의 고향

脫 탈 벗다

벗다 脫(탈)은 인체의 의미인 月(월)과 분가의 의미인 兌(태)의 조합이다. 인체가 변한다는 의미로, 벌레가 껍질을 벗는 脫皮(탈피)의 의미다. 허물을 벗다에서 벗어나다의 의미로 넓어졌다.

탈출脫出 적진을 탈출하다.

탈수脫水 세탁 후 탈수하다.

稅 세 징수하다

징수하다 稅(세)는 벼 禾(화)와 분가의 의미인 兌(태)의 조합이다. 종갓집이 분가한 집에 농토를 빌려 주고, 곡식으로 받는 데서 의미가 나왔다. 후에 백성들에게 거두는 稅金(세금)의 의미로 넓어졌다.

혈세血稅 국민의 혈세

탈세脫稅 거액을 탈세하다.

酉 유 술병

술병 酉(유)는 술병과 문양을 그렸다. 다른 글자와 조합 시 술의 의미로 사용한다. 十二支(십이지)에서는 닭의 상징으로 사용했다.

酒 주 술

술 酒(주)는 술병 모양인 酉(유)와 물 氵(수)의 조합이다. 술병에서 술이 흘러나오는 모양을 그려서 의미를 나타냈다. 물 氵(수)는 술병에 담긴 술의 액체를 표현했다.

맥주麥酒 맥주를 마시다.

안주按酒 안주를 먹다.

配 배 짝

짝 配(배)는 술병 모양인 酉(유)와 무릎 꿇고 앉은 사람 모양의 조합이다. 술항아리 옆에서 술을 따라 나누어 주는 사람을 나타냈다. 分配(분배)의 의미다. 술을 서로 권하면서 즐기는 데서 어울리다, 配合(배합)하다의 의미로 넓어졌다. 다시 서로 어우러져 사는 의미에서 配偶者(배우자)의 의미가 되었다.

지배支配 지배세력

醫 의 의원

의원 醫(의)는 상자 匚(방)과 화살 矢(시)와 창을 든 손 모양인 殳(수)의 조합이다. 후에 술병 酉(유)가 더해졌다. 矢(시)와 殳(수)는 치료하는 도구고, 匚(방)은 가방 정도의 의미다. 그리고 술병은 마취제의 의미로 보인다. 여기서 병을 치료하는 사람의 의미가 나왔다.

의료醫療 의료 기구

의술醫術 의술이 발달하다.

酒주와 酎주

酒 술 주 酎 진한 술, 술 내리다 주 燒 불 태우다 소

소주병에는 한문으로 燒酎소주라 표기되어 있고 사전에는 燒酒소주로 표기되어 있다.

우리 선조들은 불로 증류시켜서 만든 술이라는 의미로 燒酒소주라 표현했다. 그러나 일제 강점기에 일본 사람들이 우리나라에 들어와 소주를 맛보았다. 너무 독했다. 그래서 여러 번 증류해서 만든 독한 술이라는 의미로 燒酎소주라 표현하였다. 결국 燒酎소주란 일본식 한자다.

언어는 사회성을 갖고 있다. 가람과 뫼는 강과 산의 옛날 말이다. 비록 燒酎소주란 말이 지금도 소주병에 표기되어 있지만, 이제는 燒酒소주로 표현해야 한다. 그리고 우리 소주는 주정과 첨가제를 물에 희석해서 만든 술이다. 이 때문에 稀釋式(희석식) 燒酒소주라 표현해야 맞다.

畐 복 가득하다

가득하다 畐(복)의 갑골문은 술 항아리 모양에 가로줄을 하나 그어 넣었다. 이는 술병에 술이 가득 찬 모양을 표시한 것이다.

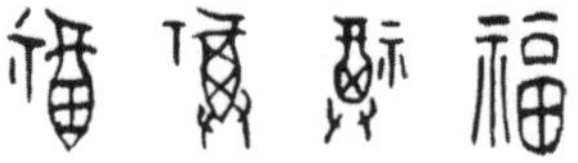

福 복 복

복 福(복)은 제단 모양인 示(시)와 술병 모양인 畐(복)의 조합이다. 제단에 술을 올려 제사를 지낸다는 의미다. 제사 후에 복이 내릴 것이라는 인식에서 의미가 나왔다. 두 손 모양을 첨가했으나 후에 생략되었다.

복지福祉 복지 사회

명복冥福 명복을 빌다.

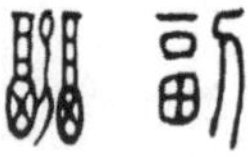

副 부 버금

버금 副(부)는 제사용 술병 모양인 畐(복)과 칼 刂(도)의 조합이다. 고대 周(주)나라에서는 제사 지낼 때 술을 올리고 칼로 동물을 희생하는 제사를 지냈다. 이 의식은 옆에서 보좌하는 사람이 있어야 했으므로, 둘째, 버금의 의미가 나왔다. 班長(반장)을 보좌하는 副班長(부반장)에서 근거를 볼 수 있다.

부작용副作用 약물 부작용

富 부 부유하다

부유하다 富(부)는 집 宀(면)과 술이 들어있는 병인 畐(복)의 조합이다. 고대 중국에서 부유한 집에서만 곡식으로 술을 담글 수 있었던 데서 의미가 나왔다.

빈부貧富 빈부격차

부자富者 성공해서 부자가 되었다.

知足者富 지족자부

知 알다 지 足 만족 족 者 사람 자 富 부자 부

분수를 지키고 적당한 선에서 만족할 줄 아는 사람이 부자다. 노자의 말이다.

사람들은 행복하게 살기 위해 노력하고 경쟁하고 싸우고 뺏고 빼앗기기도 한다. 상대적 빈곤감과 상대적 포만감으로 인해서 현대인의 삶은 결코 행복할 수 없다. 남보다 더 좋은 차를 타야 하고, 남보다 더 좋은 옷을 입고 맛난 것을 먹으며 더 큰 집에 살아야 하기 때문이다. 결국 끊임없는 경쟁을 하다가 인간은 왔던 때와 마찬가지로 빈손과 빈몸으로 죽는다. 이와 같은 이치를 알고 있던 선인들은 현실의 생활에 만족하며 살기를 권하고 있다.

행복은 추구의 대상이 아니고, 발견의 대상이다. 자신의 행복을 찾을 수 있는 삶의 지혜를 깨달아야 한다.

酋 추 우두머리

우두머리 酋(추)는 술병 위에 향기가 퍼지는 모양을 표시했다. 잘 익은 향기로운 술로 제사에 사용하는 최상의 술을 의미한다. 이 글자와 조합한 글자는 제사와 관련된 의미를 갖는다.

추장酋長 마을의 추장을 만나다.

猶 유 같다

같다 猶(유)는 개 犭(견)과 오래 묵은 술인 酋(추)의 조합이다. 중국의 상상 속에 나오는, 의심이 많고 원숭이 닮은 동물의 이름이다. 이 동물은 바스락 소리만 나도 나무 위로 올라가 숨는 습성이 있다. 그래서 결정을 못하고 머뭇거린다는 의미가 나왔다. 같은 동작을 종일 반복하는 데서 같다는 의미로 넓어졌다.

尊 존 공경하다

공경하다 尊(존)은 제사용 술인 酋(추)와 두 손 모양의 조합이다. 후에 손 모양이 마디 寸(촌)으로 변했다. 잘 익은 술로 높이 받들어 제사를 올리는 것에서 높인다는 의미가 나왔다. 제사는 공경스런 태도로 지내므로 尊敬(존경)의 의미로 넓어졌다.

존중尊重 인권 존중

존칭尊稱 존칭을 쓰다.

遵 준 준수하다

준수하다 遵(준)은 제사에 술을 올리는 尊(존)과 걸어가는 의미인 辶(착)의 조합이다. 정해진 과정대로 공손하게 제사를 시행하는 데서 遵守(준수)의 의미가 나왔다.

준법遵法 준법정신

猶豫 유예

猶(유)는 매우 의심이 많은, 원숭이와 유사한 상상의 동물이다. 하루 종일 조그만 소리에 놀라 나무 위로 오르락내리락 반복하다가 하루를 보낸다.

豫(예)는 상상의 동물로 매우 의심이 많은 큰 코끼리를 나타낸다. 象(상) 앞에 너 予(여)를 더해 미리 · 더하다는 의미를 나타냈다.

猶豫유예는 두 상상의 동물이 머뭇거리며 행동을 결정하지 못하는 상황을 암시한다. 여기에서 결정하지 않는다, 일을 미룬다는 유예의 의미가 나온다.

亨 형 형통하다

형통하다 亨(형)은 높은 건물 모양인 高(고)의 생략형과 네모 모양의 조합이다. 제사 지내는 높은 건물과 장소를 표현했다. 후에 네모 부분은 마치다 了(료)로 바뀌었다. 제사가 완료되어 모든 일이 생각대로 잘 풀릴 것으로 인식한 데서 의미가 나왔다.

형통亨通 만사가 형통하다.

享 향 누리다

누리다 享(향)은 고대에서는 亨(형)과 같은 글자였다. 많은 제물을 차려 놓고 제사를 드려서 신령들이 와서 음식을 흠향하는 데서 의미가 나왔다. 제사 드리는 주체를 강조하기 위해 아들 子(자)를 후에 더하게 되었다.

향락享樂 향락산업

향년享年 향년 80세로 돌아가셨다.

敦 돈 도탑다

도탑다 敦(돈)은 제사를 지내는 모양인 享(향)과 양 羊(양)과 치다 攵(복)의 조합이다. 양을 희생해서 제사를 드릴 때에는 사람이 성심성의를 다하는 데에서 의미가 나왔다. 후에 羊(양)이 아들 子(자)로 바뀌었다.

돈화문敦化門 창덕궁의 정문은 돈화문이다.

熟 숙 익히다

익히다 熟(숙)은 익힌 음식을 손에 들고 제단에 바치는 모양인 孰(숙)과 같다. 후에 孰(숙)이 누구의 의미로 변하자, 익히다의 의미를 강조하기 위해서 불 灬(화)를 더했다.

성숙成熟 곡식이 성숙하는 계절

숙고熟考 숙고 끝에 결정했다.

深思熟考 심사숙고

熟(숙)은 익다, 익히다의 의미고 考(고)는 곰곰이 생각한다는 뜻이다.

熟考(숙고)는 곰곰이 생각함, 깊이 고려함이란 의미다.

여기에 深思(심사)는 이미 설명한 한자처럼 깊이 생각한다는 의미다. 그래서 생각하고 또 생각하여 결정할 때 심사숙고深思熟考 끝에 결정한다는 말을 사용한다.

龜 귀 거북

거북 龜(귀)는 거북을 세워서 그렸다. 고대 중국인들은 거북의 등은 둥글어서 하늘 모양이고, 배는 평평하므로 대지의 모양이라 여겼다. 대지에 씨를 뿌리면 싹을 토해내듯, 땅을 닮은 거북 배 껍질에 글씨를 새기고 점을 치면 신이 응답을 한다고 여겼다. 이것이 바로 한자의 기원인 갑골문이다.

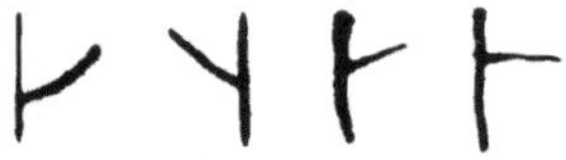

卜 복 점치다

점치다 卜(복)은 거북 배 껍질에 점을 친 흔적을 그렸다. 고대 중국에서 배 껍질에 점을 칠 때 글씨를 새기고 세로로 홈을 팠다. 그 홈에 불로 달군 송곳으로 중앙을 찔러 갈라지는 균열을 보고 길흉을 예측했다. 그래서 갈라진 균열의 모양을 그려 점친다는 의미를 표현했다.

복채卜債 복채를 주다.

占 점 점치다

점치다 占(점)은 배 껍질이 갈라진 모양인 卜(복)과 입 口(구)의 조합이다. 거북 배에 갈라진 균열을 보고 점괘를 풀어 말하는 데서 의미가 나왔다. 점괘를 보고 반드시 지켜야 하기 때문에 지키다, 수호하다의 의미로 넓어졌다. 장소를 차지하여 자리 잡는 것을 占據(점거), 占有(점유)라 한다.

点 점 점

점 点(점)은 점치다 占(점)과 불 灬(화)의 조합이다. 불로 달군 송곳으로 거북이 배 껍질에 지지는 행동이다. 그러다 가끔은 불이 붙은 데서 點火(점화)의 의미로 넓어졌다. 본래는 검다 黑(흑)을 더해서 검다는 의미를 강조해 點(점)으로 사용했으나 후에 点(점)으로 간략화해서 사용했다.

店 점 가게

가게 店(점)은 집 广(엄)과 점치다 占(점)의 조합이다. 점괘를 봐주고 돈을 받는 집을 의미했다. 후에 이런 집에서 물건까지 팔았기에 가게라는 의미가 나왔다.

상점商店 상점에서 물건을 사다.

매점賣店 매점에서 빵을 사다.

外 외 밖

밖 外(외)는 저녁 夕(석)과 점치다 卜(복)의 조합이다. 밤에 점을 친다는 의미다. 고대 중국에서는 아침에 점을 치는데, 밤에 점을 친다는 것은 일상 밖의 사건이 발생했다는 의미다. 여기서 일상 밖의 의미가, 일상 밖의 특별한 일에서 특별의 의미가 나왔다.

제외除外 조직에서 제외되다.

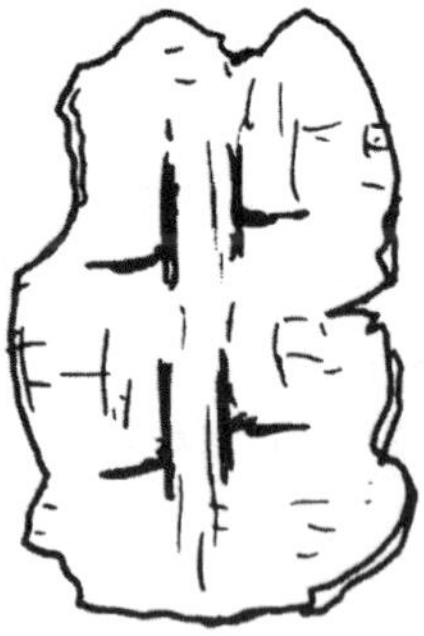

兆 조 징후

징후 兆(조)는 고대 중국인들이 점칠 때 떠진 균열 모양이다. 거북 배 껍질에 여러 번에 걸쳐 점을 쳤는데 양쪽이 서로 대칭이 되게 사용했다. 이러한 균열을 보고 길흉을 예측했으니, 여기서 徵兆(징조)의 의미가 나왔다. 점을 치는 횟수가 많은 데서, 많은 숫자인 兆(조)로 사용하게 되었다.

길조吉兆 돼지 꿈은 길조다.

禍 화 재앙

재앙 禍(화)는 뼈 모양에 점 卜(복)자가 있는 모양이다. 후에 뼈 骨(골)과 유사한 咼(괘)와 제단 모양인 示(시)의 조합으로 변했다. 짐승 뼈의 갈라진 모양이 나쁜 점괘를 의미했던 것으로 보인다.

화근禍根 화근을 남기다.

過 과 지나다

지나다 過(과)는 발 모양인 止(지)와 뼈 모양의 조합이다. 나중에 쉬엄쉬엄 갈 辶(착)과 뼈 骨(골)의 변형인 咼(괘)의 조합으로 변했다. 길거리에 매장하지 않고 버려진 뼈 모양이며, 이런 모습이 잘못된 행동을 암시하므로 잘못, 지나치다의 의미가 나왔다. 다시 지나치다에서 과거의 의미로 넓어졌다.

과실過失 과실을 덮어주다.

牛 우 소

소 牛(우)는 소머리 모양을 그렸으며, 소는 고대 중국에서 중요한 제사를 지낼 때 희생물로 사용했다. 犧牲(희생)에서 소 牛(우)가 부수로 사용된 데서 근거를 찾을 수 있다. 그래서 소 牛(우)와 조합하는 글자는 대부분 제사와 관련이 깊다.

우유牛乳 매일 우유를 먹는다.

件 건 사건

사건 件(건)은 사람 人(인)과 소 牛(우)의 조합이다. 제사에 사용할 소를 사람이 끌고 가는 모양이다. 제사에 사용할 소는 매우 중요한 物件(물건)이다. 소를 희생물로 하는 제사가 매우 큰일이기 때문에 事件(사건)의 의미로 넓어졌다.

조건條件 조건을 제시하다.

여건與件 여건이 나쁘다.

告 고 고하다

고하다 告(고)는 소 牛(우)와 입 口(구)의 조합이다. 희생물을 올려 제사를 신에게 고하는 데서 의미가 나왔다. 제사 지냄을 알리는 데서 告白(고백), 告解(고해)의 의미로 넓어졌다.

선고宣告 사형 선고

예고豫告 할 일을 예고하다.

造 조 짓다

짓다 造(조)는 소를 희생해서 고하는 告(고)와 쉬엄쉬엄 가다 辶(착)의 조합이다. 갑골문은 배 모양이나 집 모양이 첨가되어 있다. 집이나 배처럼 매우 큰일이나 전문적인 지식이 필요한 일을 성공시킨 후에 지내는 제사이다. 여기서 의미가 나왔으며, 天地創造(천지창조)와 같은 큰일에 사용하게 되었다.

제조製造 선박을 **제조**하다.

조작造作 **조작**된 사실

物 물 물건

물건 物(물)은 칼에서 떨어지는 부스러기 모양인 勿(물)과 소 牛(우)의 조합으로, 소를 잡는 모양이다. 고대 중국에서 제사를 지낼 때는 3년생 수소 중에서 튼튼하고 털색이 좋은 소를 골라서 희생물로 사용했다. 여기서 의미가 나왔으며, 좋은 물건이라는 의미도 내포하게 되었다. 物色(물색)은 제사를 지낼 때 선발 기준이 되는 털의 색을 의미한다. 제사 지낼 때 아름다운 털을 가진 소를 선택하는 데서 알맞은 물건이나 좋은 물건을 고른다는 뜻의 어원이 되었다.

特 특 특별하다

특별하다 特(특)은 소 牛(우)와 남성의 상징인 士(사)와 손 모양인 寸(촌)의 조합이다. 제사용인 수소를 특별하게 관리하는 모습이다. 또한 이런 소가 다른 소에 비해 特出(특출)난 자태를 지녔기에 특별하다는 의미가 나왔다. 特異(특이)는 제사용 소가 다른 소에 비해 뛰어나서 특별히 다르다는 의미가 있다.

특정特定 **특정**한 종목

牽 견 끌다

끌다 牽(견)은 소와 코뚜레와 노끈을 그렸다. 제사를 지내기 위해 소를 끌고 가는 상황에서 의미가 나왔다. 후에 검은 실을 의미하는 玄(현)과 멍에 모양과 소 牛(우)의 조합으로 변했다.

견인牽引 차량을 견인하다.

견제牽制 집권당을 견제하다.

角 각 뿔

뿔 角(각)은 소의 뿔 모양을 그렸다. 후에 위쪽에 더해진 모양은 노끈을 나타낸다. 소뿔은 나팔로도 사용했기에 노끈을 달아서 보관했다. 角度(각도)는 소뿔이 굽은 것처럼 굽은 정도를 의미하며, 사물을 바로 보지 않고 다른 쪽으로 바라본다는 의미로 넓어졌다.

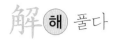

일각一角 빙산의 일각

다각적多角的 다각적 측면

解 해 풀다

풀다 解(해)는 두 손 모양과 뿔 모양인 角(각)과 소 牛(우)의 조합이다. 힘이 센 소를 잡을 때는 먼저 뿔을 잡고 넘어뜨려 칼을 사용해서 부위별로 분할한다. 여기서 풀다, 解剖(해부)하다의 의미가 나왔다.

해결解決 문제 해결

이해理解 원리를 이해하다.

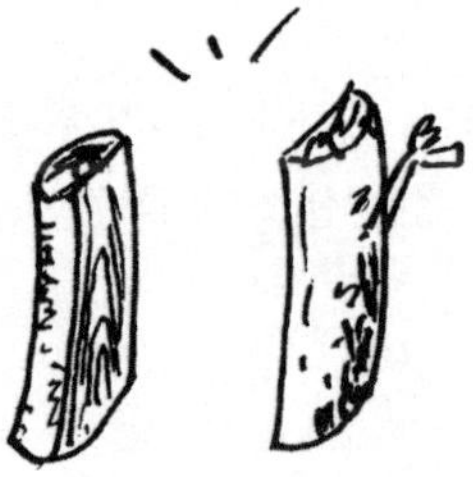

八 팔 여덟

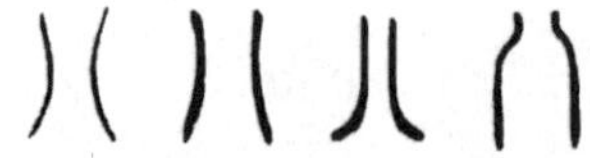

여덟 八(팔)은 한 개의 물건을 절반씩 나눈 모양으로 나누다가 본래 의미다. 후에 숫자 중에 계속 똑같이 나눌 수 있는 숫자인 여덟으로 전용되었다.

팔월八月 팔월은 매우 덥다.

分 분 나누다

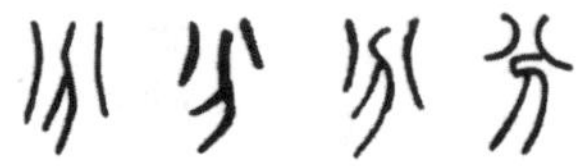

나누다 分(분)은 반씩 나눈 모양인 八(팔)과 칼 刀(도)의 조합이다. 八(팔)이 여덟이라는 의미로 전용되자 아래쪽에 칼 刀(도)를 더해서 의미를 보존했다. 똑같이 나누는 것에서 한 시간을 60分(분)으로 나눌 때 시간 단위로 사용하게 되었다.

충분充分 나누기에 충분하다.

부분部分 공통 부분

半 반 절반

절반 半(반)은 반씩 나눈 모양인 八(팔)과 소 牛(우)의 조합이다. 제사의 희생물인 소를 둘로 나누는 데서 의미가 나왔다. 다시 중간의 의미로 넓어졌다.

절반折半 종이를 절반으로 접다.

후반後半 후반으로 갈수록 힘이 떨어졌다.

伴 반 배우자

배우자 伴(반)은 사람 人(인)과 희생물을 반으로 자르는 모양인 半(반)의 조합이다. 제사 지낼 때는 곁에서 과정을 도와주는 사람이 있어야 하므로 함께하다의 의미가 나왔다. 나와 평생을 같이 하는 사람의 의미로 伴侶者(반려자)에 사용하였다.

동반同伴 가족 동반 등산 모임

判 판 판단하다

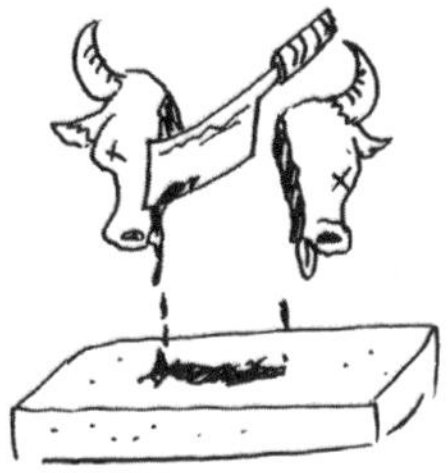

판단하다 判(판)은 절반으로 소를 나눈 모양인 半(반)과 칼 刂(도)의 조합이다. 소를 희생해서 제사 지내고 神(신)의 판단을 기대하는 데서 의미가 나왔다. 여기서 옳고 그름을 구별하는 判斷(판단)과 그 기준으로 구별하는 判別(판별)에 사용했다.

비판批判 비판을 받다.

재판裁判 재판에 회부되다.

小 소 작다

작다 小(소)는 세로로 길게 선을 그리고 양쪽으로 나누다 八(팔)을 조합했다. 물건을 두 쪽으로 나누었다는 의미다. 이렇게 쪼개진 물건은 작기 때문에 의미가 나왔다.

대소大小 집안의 대소사

중소中小 중소기업

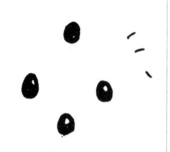

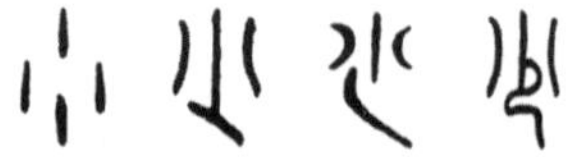

少 (소) 적다

적다 少(소)는 겨우 점 4개를 그려서 개수가 많지 않음을 표현했다. 살아온 삶이 적은 시절을 나타내는 젊다의 의미로 넓어졌다.

감소減少 인구 감소

소년少年 소년 시절

肖 (초) 닮다

닮다 肖(초)는 두 쪽으로 자른 의미인 小(소)와 고기 肉(육)의 조합이다. 고기를 두 쪽으로 자르면 서로 비슷한 모양이 되므로 의미가 나왔다.

초상肖像 초상화

불초不肖 불초 소자

消 (소) 사라지다

사라지다 消(소)는 물 水(수)와 두 쪽으로 자른 의미인 肖(초)의 조합이다. 반으로 줄어든 물의 의미로, 큰물이 사라져 수량이 적어진 물에서 의미가 나왔다. 즉 홍수가 소멸되었다는 의미다. 큰불이 작아져 사라지는 것을 消火(소화)라 한다.

해소解消 지역감정 해소

소비消費 물품을 소비하다.

妙 묘 묘하다

묘하다 妙(묘)는 여인인 女(녀)와 적다 少(소)의 조합이다. 나이가 젊은 여인의 의미다. 이 나이의 여인은 심정 변화가 심한 데서 의미가 나왔다. 또한 젊은 나이가 가장 예쁜 나이인 데서 예쁘다로 의미가 넓어졌다.

절묘絶妙 절묘한 아이디어

미묘微妙 미묘한 차이

省 성 살피다

살피다 省(성)은 풀이 올라오는 生(생)과 눈 目(목)의 조합이다. 후에 오면서 풀의 모양이 적다 少(소)로 변했다. 풀이 자라는 것을 살피는 데서 의미가 나왔다. 부모 묘소의 풀을 관리하는 것을 省墓(성묘)라 한다.

생략省略 설명을 생략하다.

성찰省察 자기 자신을 성찰하다.

公 공 공평하다

공평하다 公(공)은 똑같이 나눈 모양인 八(팔)과 口(구) 형태의 조합이다. 口(구)는 구역의 의미로, 땅을 나누어 준다는 의미다. 고대 중국에서 공에 따라 공평하게 땅을 하사하는 데서 의미가 나왔다. 아울러 벼슬까지 내리는 데서 벼슬의 의미로 넓어졌다.

공포公布 법령을 공포하다.

공정公正 공정한 선거 관리

松 송 소나무

소나무 松(송)은 나무 木(목)과 땅을 하사하는 의미인 公(공)의 조합이다. 진시황이 산을 오르다 갑자기 비를 만나서 피할 곳이 없었다. 곁에 있는 소나무가 가지를 뻗쳐서 비를 막아준 보답으로 소나무에게 벼슬을 내린 데서 의미가 나왔다.

송이松栮 송이버섯

해송海松 바닷가 해송 군락지

七 칠 일곱

일곱 七(칠)은 열 十(십)의 형태다. 가로와 세로로, 칼로 자르는 모양을 표현했다. 본래는 자르다의 의미였으나, 후에 일곱으로 가차되었다.

칠성당七星堂 칠성당에 무병장수를 빌었다.

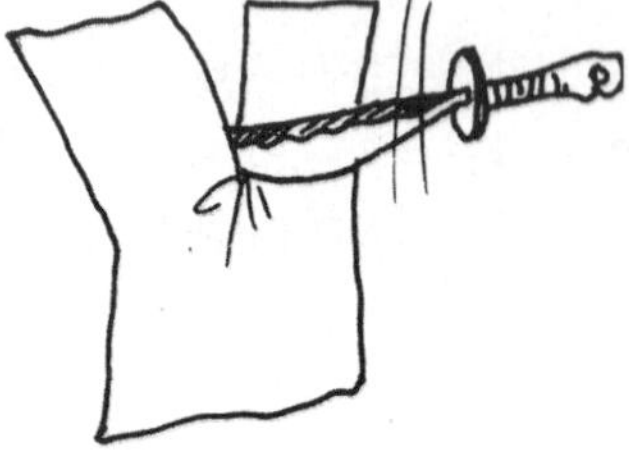

切 절 끊다

끊다 切(절)은 자르다 七(칠)과 칼 刀(도)의 조합이다. 七(칠)이 일곱이라는 뜻으로 변하자 칼 刀(도)를 더해서 의미를 보존했다.

절실切實 매우 절실하다.

적절適切 표현이 적절하다.

皿 (명) 그릇

그릇 皿(명)은 고대 중국에서 제사 지낼 때 사용한 귀가 달린 그릇 모양이다. 豆(두)처럼 목이 길고 가는 형태로 국물 있는 음식을 담는 그릇이다.

血 (혈) 피

피 血(혈)은 제사 그릇을 의미하는 皿(명)에 점을 찍은 모양이다. 짐승을 희생시켜서 피를 그릇에 담아 제사 지냈다. 피를 문자로 표현하기는 매우 어려웠을 것이다. 중국인들은 그릇에 담긴 피를 보고 글자를 만들어 냈다.

혈기血氣 젊은 혈기

혈안血眼 찾기 위해 혈안이 되다.

盟 (맹) 맹세하다

맹세하다 盟(맹)은 날 日(일)과 달 月(월)과 피 血(혈)의 생략형의 조합이다. 고대 중국의 결맹 의식은 歃血(삽혈) 행사였다. 歃血(삽혈)은 해와 달을 향해서 짐승의 피를 마시고 손가락으로 입 주위에 바르는 의식을 말한다.

가맹점加盟店 카드 가맹점

동맹同盟 동맹을 맺다.

益 익 이롭다

이롭다 益(익)은 그릇 皿(명) 위에 물방울 모양을 더했다. 후에 물 水(수)를 가로로 쓴 형태로 변했다. 그릇의 물이 넘치는 모양이다. 물이 넘치는 것에서 물건이나 재물이 늘어난다는 의미로 변했다.

수익收益 많은 수익을 올렸다.

유익有益 유익한 정보

孟 맹 우두머리

우두머리 孟(맹)은 아들 子(자)와 그릇 皿(명)의 조합이다. 아이가 태어나서 욕조에 넣고 목욕시키는 것이다. 이런 일은 무엇보다 먼저 해야 한데서 처음의 의미로 변했다. 맨 처음에서 맏의 의미로 넓어졌다.

맹랑孟浪 맹랑하게 행동하다.

盜 도 훔치다

훔치다 盜(도)는 침을 흘리는 사람 모양인 次(차)와 배 모양의 조합이다. 후에 배 모양이 그릇 皿(명)으로 변했다. 그릇에 담긴 음식을 보고 침을 흘리고 있는 상황에서 의미가 나왔다.

강도强盜 노상 강도

도용盜用 상표 도용

溫 온 따뜻하다

따뜻하다 溫(온)은 그릇 위의 사람에다 수증기 표시로 점 4개를 조합했다. 따뜻한 물에서 목욕하고 있는 사람에서 의미가 나왔다. 후에 네모 안쪽의 사람과 물 氵(수)와 그릇 皿(명)으로 변했다.

기온氣溫 기온이 높다.

체온體溫 병원에서 체온을 재다.

易 역 바꾸다

바꾸다 易(역)은 그릇에서 그릇으로 물을 부어주는 모양이었으나, 후에 한쪽 그릇이 생략되었다. 물을 나누어 주다가 본래 의미다. 물을 옮겨 담는 데서 바꾸다의 의미가 나왔다. 쉽다는 의미로 사용할 때는 이로 읽는다.

무역貿易 외국과 무역하다.

안이安易 안이하게 대처하다.

賜 사 내리다

내리다 賜(사)는 돈인 貝(패)와 물을 나누어 주는 모양인 易(역)의 조합이다. 돈을 나누어 주는 모양으로 윗사람이 아랫사람에게 금품을 下賜(하사)한다는 의미다.

사약賜藥 죄인에게 사약을 내리다.

錫 석 주석

주석錫(석)은 쇠 金(금)과 물을 부어 주는 모양인 易(역)의 조합이다. 쇠를 녹여 거푸집에 붓는 모양이다. 이런 쇳물은 녹이 슬지 않게 하기 위해 합금한 주석을 사용했다.

溫床 온상

溫 따뜻하다 온 床 평상 상

溫床온상은 인공적으로 따뜻하게 해서 식물을 기르는 시설을 말한다. 범죄의 온상이란, 온상의 의미가 확장되어 사용한 말이다. 범죄를 단속하기보다는 범죄가 더 잘 자랄 수 있도록 하는 장소나 상황을 말한다.

無 무 없다

없다 無(무)는 양손에 댕기처럼 생긴 소품을 들고 춤을 추고 있는 모양이다. 살풀이하는 무당의 춤추는 모습을 그렸다, 이 과정을 통해서 재앙이 없어진다는 의미가 나왔다. 無事(무사)하다는 굿을 했기 때문에 나쁜 일이 없다는 의미가 내포되어 있다. 종종 한자에서 불 灬(화)가 다리 모양을 의미한다. 말 馬(마)나 새 鳥(조)에서 흔적을 볼 수 있다.

무시無視 의견을 무시하다.

舞 무 춤추다

춤추다 舞(무)는 무당이 춤을 추고 있는 모양인 無(무)에 두 발 모양인 舛(천)을 더했다. 無(무)가 없다로 사용되자 새로 한자를 만들어 의미를 보존했다.

가무歌舞 음주 가무

안무按舞 노래에 어울리는 안무를 만들다.

夏 하 여름

여름 夏(하)는 태양 아래서 사람이 춤추는 모양을 그렸다. 날 日(일)과 머리 頁(혈)과 두 손과 발 모양의 조합이다. 후에 머리와 발 모양인 夊(치)의 조합으로 변했다. 여름날 태양을 향해서 기우제를 지내는 무당을 표현했다. 여기서 여름의 의미가 나왔으며, 태양신을 모시는 고대 중국의 나라 이름으로도 사용하였다.

하복夏服 동복과 하복

憂 우 근심

근심 憂(우)는 무당이 춤추는 모양인 夏(하)의 변형과 마음 心(심)의 조합이다. 기우제를 지내는 무당을 보고, 마음으로 가뭄을 근심하는 데서 의미가 나왔다.

우려憂慮 우려의 목소리

우환憂患 우환을 부른다.

優 우 우수하다

우수하다 優(우)는 사람 人(인)과 기우제 지내는 무당을 보는 마음인 憂(우)의 조합이다. 무당의 기우제를 보고, 비 내리게 하는 무당을 매우 뛰어나다고 여긴 데서 의미가 나왔다.

우선優先 능력을 우선시하는 사회

우위優位 남보다 우위를 차지하다.

犬 견 개

개 犬(견)은 개를 새워서 측면에서 그렸다. 후에 大(대)에 점을 찍은 형태로 변했다. 다른 글자와 결합할 때는 대부분 犭(견)의 형태로 변한다. 개는 사납기 때문에 혼자, 사납다, 범하다, 험하다, 거칠다의 의미를 나타낸다.

맹견猛犬 맹견 주의

애완견愛玩犬 애완견을 기르다.

伏 복 엎드리다

엎드리다 伏(복)은 사람 人(인)과 개 犬(견)의 조합이다. 사람과 개가 사냥을 위해서 매복해 있는 모습에서 의미가 나왔다. 이렇게 매복해 있는 병사를 伏兵(복병)이라 한다.

복선伏線 넌지시 복선을 깔다.

기복起伏 감정의 기복이 심하다.

突 돌 갑자기

갑자기 突(돌)은 동굴 집 穴(혈)과 개 犬(견)의 조합이다. 개가 집에 들어가 있다가 사람이 지나가면 갑자기 뛰어나온 데서 의미가 나왔다. 突出(돌출)은 갑자기 튀어나오거나 쑥 나오는 것을 말한다.

돌파突破 목표량이 돌파되다.

돌풍突風 돌풍을 일으키다.

然 연 그러하다

그러하다 然(연)은 고기인 月(월)과 개 犬(견)과 불 灬(화)의 조합이다. 肰(연)은 개고기를 의미한다. 고대 중국에서 개를 잡을 때, 불로 태워서 털을 제거했다. 불태우다가 본래 의미였다. 이런 방법으로 개를 잡는 것을 긍정적으로 여겨서 그러하다는 의미로 변했다. 然(연)의 의미가 변하게 되자 불 火(화)를 더해 불태우다 燃(연)을 만들어 의미를 보존했다.

당연當然 당연하다.

蜀 촉 촉나라

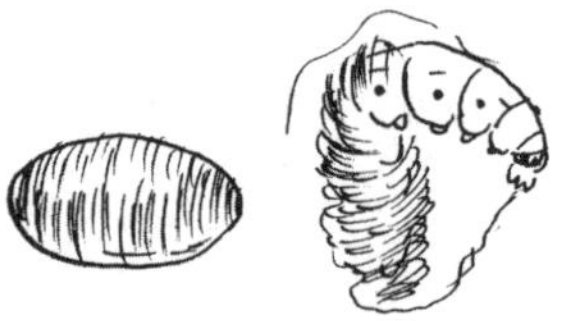

촉나라 蜀(촉)은 야생 누에가 눈 밑 입에서 실을 토해 자신을 감는 모양이다. 후에 벌레 虫(충)을 더했다. 四川(사천)의 서부 지역을 장악한 최초의 두목 이름이 蠶叢(잠총)이었다. 이 때문에 누에 蠶(잠)과 의미가 같은 蜀(촉)을 지방 이름으로 사용하게 되었다.

獨 독 홀로

홀로 獨(독)은 개 犭(견)과 야생 누에인 蜀(촉)의 조합이다. 누에는 단독으로 고치를 만들고, 개 역시 사나워 독자 생활을 하는 데서 의미가 나왔다. 두 마리 누에가 만든 고치는 실이 엉키어 풀 수 없기 때문에 명주솜으로 사용한다.

단독單獨 단독 선두

독재獨裁 독재국가

哭 곡 울다

울다 哭(곡)은 개 犬(견)과 입 口(구)자 두 개의 조합이다. 개끼리 으르렁거리며 싸우는 소리에서 의미가 나왔다.

통곡痛哭 통곡 소리

器 기 그릇

그릇 器(기)는 개와 口(구) 네 개의 조합으로, 口(구)는 그릇을 의미한다. 개가 물건이 들어있는 그릇을 지키는 모습으로 용기의 의미다.

기관器官 소화기관

흉기凶器 흉기로 찌르다.

犯 범 범하다

범하다 犯(범)은 개 犭(견)과 무릎 꿇은 사람 모양인 㔾(절)의 조합이다. 개가 사람을 물어 넘어뜨린 데서 의미가 나왔다. 사람을 해치다의 의미에서 죄를 저지르다의 의미로 넓어졌다.

주범主犯 사건의 주범이 체포되다.

범인犯人 범인을 추격하다.

獄 옥 감옥

감옥 獄(옥)은 양 쪽 개 犬(견)사이에 죄인의 의미인 辛(신)과 口(구)가 놓인 조합이다. 후에 가운데 부분이 말씀 言(언)으로 변했다. 법정에서 죄진 사람이 개 싸우듯 서로 다투다 결국은 가는 곳, 감옥의 의미가 나왔다.

지옥地獄 지옥에 떨어지다.

옥고獄苦 옥고를 치르다.

孤獨 고독

孤獨고독이란 단어에서, 孤(고)는 子(자)와 오이 瓜(과)의 조합이다. 오이는 줄기 하나에 하나씩 열린다. 그 모양에서 외롭다는 의미를 내포하고 있다. 참외는 참 외롭다는 의미다. 孤(고)는 혼자 사는 孤兒(고아)의 의미다. 獨(독)은 성질이 사나워 단독 생활하는 개와 야생 누에인 蜀(촉)의 조합이다. 누에 역시 단독으로 고치를 짖기 때문에 고독의 의미가 생겼다.

四顧無親(사고무친)은 사방을 둘러보아도 친한 사람이 없다는 말이다. 고아, 과부, 홀아비, 돌보는 이 없는 노인을 일반적으로 외로운 사람, 사고무친의 사람이라 한다.

豕 (시) 돼지

돼지 豕(시)는 큰 배가 나온 돼지를 세워서 그렸다. 돼지는 중국인들이 기르는 가축 중에 대표적인 동물이다.

豚 (돈) 돼지

돼지 豚(돈)은 돼지와 칼을 들고 있는 손의 모양이다. 후에 고기인 月(월)과 돼지 豕(시)의 조합으로 변했다. 칼 잡고 돼지를 잡는 모양에서 의미가 나왔다.

양돈養豚 양돈 농가의 피해

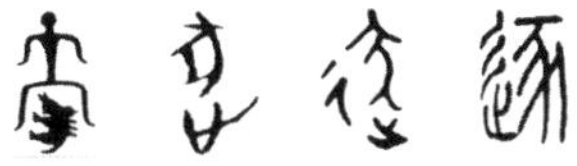

逐 (축) 쫓다

쫓다 逐(축)은 발 모양인 止(지)와 돼지 豕(시)의 조합이다. 후에 쉬엄쉬엄 갈 辶(착)으로 바뀌었으며, 농경지에 가서 짐승을 내쫓는 데서 의미가 나왔다.

축출逐出 강제 축출

구축함驅逐艦 잠수함 잡는 구축함

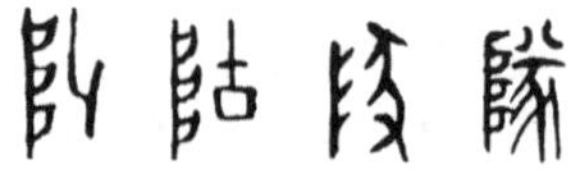

隊 대 무리

무리 隊(대)는 언덕 阝(부)와 떨어지는 사람 모양의 조합이다. 후에 사람 부분이 돼지 모양으로 변했다. 본래는 사람이 언덕에서 떨어지다의 의미였으나, 돼지들이 무리를 지어 언덕으로 올라가는 모습이 되어 의미가 변했다. 떨어진다는 뜻은 흙 土(토)를 더한 墜(추)를 만들어 의미를 보존했다.

부대部隊 박수부대

蒙 몽 덮다

덮다 蒙(몽)은 덮을 冖(멱)과 돼지 豕(시)의 조합이나, 후에 풀 艹(초)가 더해졌다. 돼지가 풀을 덮고 있는 모양이다. 야생에서 돼지는 새끼를 낳으면 풀로 덮어 보호한다. 어린 새끼 돼지의 행동에서 어리석다, 어둡다의 의미로 넓어졌다.

계몽啓蒙 계몽 활동

몽매蒙昧 무지몽매한 행동

羊 양 양

양 羊(양)은 양의 큰 뿔과 머리 부분을 정면에서 그렸다. 양은 온순하여 무리 생활을 하기 때문에 무리, 착하다의 뜻으로 다른 글자와 조합된다. 제사를 지낼 때 희생물로 사용했기 때문에 의식과 관련한 의미를 갖는다.

祥 상 상서롭다

상서롭다 祥(상)은 제단 모양인 示(시)와 羊(양)의 조합이다. 양을 희생물로 써서 제사를 올리면 좋은 일이 있을 것으로 인식한 데서 의미가 나왔다.

상서祥瑞 상서로운 징후

美 미 아름답다

아름답다 美(미)는 양 羊(양)과 사람 모양인 大(대)의 조합이다. 양의 머리와 가죽으로 장식한 장대한 남자의 모양이다. 이렇게 치장하고 잔치에 참여하는 데서 의미가 나왔다.

미관美觀 도시의 미관

불미不美 불미스러운 행동

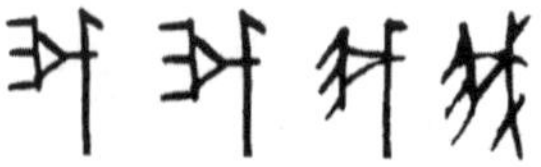

我 (아) 나

나 我(아)는 창날에 3개의 이빨 모양의 날이 있는 고대의 병기 모양이다. 희생물을 죽이거나 의전 행사에 사용한 창은 위엄이 있고 화려한 장식이 있었다. 부족이 참가하는 제사의 구성원을 나타내서 동족의 의미였으나, 다시 우리, 나의 의미로 전용되었다.

아집我執 아집을 버리다.

義 (의) 옳다

옳다 義(의)는 양 羊(양)과 세 개의 날이 달린 창 모양인 我(아)의 조합이다. 희생물인 양을 창으로 베어서 제사를 지내는 상황을 표현했다. 사람을 대신하여 양을 희생하는 일은 옳다는 것에서 의미가 나왔다.

의무義務 국방의무

儀 (의) 의식

의식 儀(의)는 사람 亻(인)과 양을 희생하는 제사인 義(의)의 조합이다. 양을 희생해서 제사를 지내는 사람의 행동에서 의미가 나왔다. 國民儀禮(국민의례)에서 근거를 볼 수 있다.

의례적儀禮的 의례적인 인사를 나누다.

의식儀式 결혼 의식을 거행하다.

議 (의) 의논하다

의논하다 議(의)는 말씀 言(언)과 양을 희생해서 지내는 제사인 義(의)의 조합이다. 양을 희생하는 제사는 비교적 규모가 큰 제사이다. 이런 제사에서 서로 절차를 의논하고 토론하는 데서 의미가 나왔다. 여기서 討議(토의)의 의미로 넓어졌다.

의원議員 국회의원

협의協議 남북간 협의사항

洋 (양) 큰 바다

큰 바다 洋(양)은 물 氵(수)와 양 羊(양)의 조합으로, 양은 온순하여 무리 짓는 습성이 있다. 여러 물들이 모여 있다는 데서 의미가 나왔다.

해양海洋 일본 방사능 오염수 해양 유출

원양遠洋 원양어업

群 (군) 무리

무리 群(군)은 임금 君(군)과 무리의 의미인 羊(양)의 조합이다. 임금 밑에 신하와 백성들이 양의 무리처럼 모여 있는 데서 의미가 나왔다.

군상群像 인간의 군상들

군락群落 잣나무 군락지

善 선 착하다

착하다 善(선)은 羊(양)과 말씀 言(언) 두 개의 조합이다. 사람들이 다투어 양의 온순함과 양의 좋은 품성을 말하는 데서 의미가 나왔다.

선린善隣 주변국과 선린외교

차선次善 차선책

養 양 봉양하다

봉양하다 養(양)은 양 羊(양)과 손에 회초리를 든 모양의 조합이다. 후에 회초리 모양이 밥 食(식)으로 변했다. 양을 기른다는 의미였으나, 후에 웃어른을 봉양한다는 의미로 넓어졌다.

虎 호 호랑이

호랑이 虎(호)는 큰 입과 발과 꼬리를 세워 측면에서 그렸다. 다른 글자와 결합 시 虍(호)로 생략해서 사용한다.

호구虎口 그를 호구로 여기다.

맹호猛虎 맹호와 같은 기세

處 처 살다

살다 處(처)는 호랑이 虎(호)와 뒤집힌 발 모양인 夂(치)의 조합이다. 호랑이가 돌아가는 곳에서, 사는 곳이란 의미로 넓어졌다. 호랑이 사는 곳, 사람이 사는 곳을 處所(처소)라고 한다. 호랑이 굴에 사람을 넣는 형벌이, 處刑(처형)의 본래 의미이다.

처리處理 사무를 처리하다.

처사處事 부당한 처사

虛 허 비다

비다 虛(허)는 호랑이 虎(호)의 생략형과 언덕 丘(구)의 조합이다. 사나운 호랑이가 사는 언덕에는 사람이 살지 않기 때문에 空虛(공허)의 의미가 나왔다.

허위虛僞 허위 사실 유포

허세虛勢 허세를 부리다.

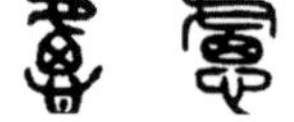

慮 려 생각하다

생각하다 慮(려)는 호랑이 虎(호)의 생략형과 생각하다 思(사)의 조합이다. 호랑이가 사람을 해친다는 생각에서 근심하다, 憂慮(우려)하다의 의미가 나왔다. 다시 호랑이를 대처할 방법을 연구하는 데서 생각하다로 의미가 넓어졌다.

고려考慮 환경을 고려했다.

배려配慮 세심한 배려

配慮 배려

인간의 배려는 어디서부터 오는가에 대해서 맹자가 한 유명한 말이 있다. 그건 윤리와 도덕을 알기 위해선 일차적으로 백성들이 배부르고 등 따뜻해야 한다는 것이다. 춥고 배고프게 되면, 생존을 위해서 사람들이 싸우게 되고, 이런 싸움 속에서는 법마저도 제대로 집행할 수 없다고 하였다. 그래서 왕의 임무는 백성을 굶기거나 추위에 떨지 않게 하는 것이고, 이를 위해서는 백성들이 안심하고 경제생활을 할 수 있도록 해야 한다고 하였다. 윤리와 도덕은 그 다음이다. 이것이 바로 맹자의 有恒産有恒心(유항산유항심)이다. 백성들에게 일정한 재산이 있어야 그 마음이 변하지 않는다.

鹿 록 사슴

사슴 鹿(록)은 사슴의 뿔과 몸통과 긴 다리 모양을 그렸다.

백록담白鹿潭 제주도 백록담

녹용鹿茸 보약에 녹용을 넣었다.

麗 려 화려하다

화려하다 麗(려)는 사슴에서 뿔 모양을 특히 강조해서 그렸다. 사슴의 뿔은 아름답다. 美麗(미려)는 양의 모습과 사슴뿔의 아름다움을 보고 표현한 말이다.

화려華麗 화려강산

고려高麗 고려 시대

塵 진 티끌

티끌 塵(진)은 사슴 鹿(록)과 흙 土(토)의 조합이다. 사슴은 천적을 피하기 위해 무리지어 생활한다. 경계심이 많아서 이상한 기운만 있으면 먼지를 일으키며 도망가는 데서 의미가 나왔다.

분진粉塵 차가 배출하는 분진과 매연

慶 경 경사

경사 慶(경)은 사슴 鹿(록)과 죽은 사람인 文(문)의 조합이다. 후에 사슴 鹿(록)의 생략형과 마음 心(심)과 뒤집힌 발 모양인 夊(치)의 조합으로 변했다. 고대 중국에서 결혼식에 갈 때 예물로 사슴 가죽을 가지고 가는 풍습에서 慶事(경사)의 의미가 나왔다.

경축慶祝 경축행사

국경일國慶日 개천절은 국경일이다.

婚禮 혼례

고대 중국 신화에 나오는 이야기이다.

대홍수가 일어나 남매인 여와와 복희씨만 살아남았다. 후손을 위해서 두 사람은 결혼을 할 수밖에 없었으나, 남매 간이기 때문에 사슴 가죽에 구멍을 뚫어서 부부생활을 했다고 한다. 이 때문에 사슴 가죽은 혼례품으로 사용하게 되었다.

婚禮혼례는 종족 보존을 위한 인간의 대행사이다. 족외혼이 되면서 부족과 부족들끼리 모여 축제를 하며 인간의 역사는 발전하였다.

혼인하다, 아내의 친정, 아내의 친정 살붙이를 의미하는 婚혼이라는 한자에는 女(계집 녀)가 붙어 있는데, 인류 발전의 초기 단계는 여성 중심의 母系(모계) 사회였다는 것을 문자를 통해서도 확인할 수 있다.

馬 마 말

말 馬(마)는 말의 머리와 눈과 갈기와 몸통 꼬리를 측면에서 그렸다. 폭이 좁고 긴 죽간 때문에 말을 세워서 그렸다.

출마出馬 국회의원 선거 출마

낙마落馬 장관 자리에서 낙마했다.

篤 독 두텁다

두텁다 篤(독)은 말 馬(마)와 대나무 竹(죽)의 조합이다. 대나무 회초리로 달리는 말을 더욱 독려하는 데서 의미가 나왔다.

독실篤實 믿음이 독실하다.

위독危篤 생명이 위독하다.

丙 병 남녘

남녘 丙(병)은 말의 궁둥이 부분을 그렸다. 후에 天干(천간)의 3번째를 의미하게 되었다.

병자호란丙子胡亂 병자호란 때 삼전도에서 항복했다.

病 병 병들다

병들다 病(병)은 침대와 누워있는 사람 모양을 세워서 그렸다. 후에 丙(병)이 추가되어 소리 부분을 나타냈다. 침대에 누워있는 데서 의미가 나왔으며, 다른 글자와 조합 시 疒(녁)의 모양으로 생략해서 사용한다.

병원病院 대학병원

발병發病 전염병이 발병하다.

更 경 고치다

고치다 更(경)은 말의 궁둥이 모양인 丙(병)과 손에 막대기를 들고 있는 치다 攵(복)의 조합이다. 채찍으로 바로잡는 데서 의미가 나왔다. 말은 반복적으로 바로잡아 주어야 하기 때문에 다시 更(갱)으로 사용하게 되었다.

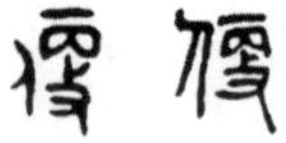

便 편 편리하다

편리하다 便(편)은 사람 亻(인)과 말을 때리는 更(경)의 조합이다. 사람이 말을 부리는 의미다. 이때 채찍이 가장 便利(편리)하다. 便(편)이 편리하다의 의미로 변하자, 가죽 革(혁)을 더해서 채찍 鞭(편)으로 의미를 보존했다.

형편形便 성적이 형편없다.

남편男便 아내와 남편

蟲 **중** 벌레

벌레 蟲(충)은 벌레의 모양을 그렸다. 벌레는 많은 개체가 우글거리며 살기 때문에 세 개를 그렸다. 부수로 사용할 때는 하나만 사용한 虫(충)으로 다른 글자와 결합한다.

기생충寄生蟲 기생충 예방

해충害蟲 해충을 박멸하다.

風 **풍** 바람

바람 風(풍)은 큰 새인 봉새와 凡(범)의 형태를 그렸다. 고대 중국인들은 큰 새인 봉황새가 날갯짓을 해서 바람을 일으킨다고 여겼다. 후에 凡(범)과 벌레 虫(충)의 조합으로 변했다.

풍경風景 한가로운 풍경

풍조風潮 과소비 풍조

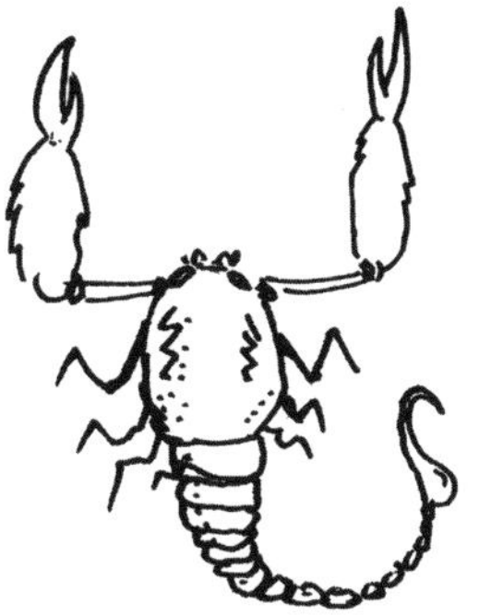

萬 **만** 일만

일 만 萬(만)은 두 개의 집게발과 전갈의 구부러진 꼬리를 그렸다. 전갈은 사막에서 살기 때문에 알을 많이 낳아야 종족을 보전할 수 있다. 전갈이 많은 알을 낳는다는 믿음에서 많다의 뜻으로, 다시 많은 숫자인 일만의 의미로 변했다.

만일萬一 만일 비가 온다면

만사萬事 만사가 귀찮다.

隹 (추) 새

새 隹(추)는 꼬리가 짧은 새를 그렸다. 이 글자와 조합하면 새와 관련된 의미를 나타낸다.

集 (집) 모으다

모으다 集(집)은 나무 木(목)과 새 隹(추)의 조합이다. 3마리 새를 그려, 새들이 나무 위에 모여 있는 모양을 그렸다.

집중集中 시선이 집중되다.

밀집密集 가게가 밀집되어 있다.

雖 (수) 비록

비록 雖(수)는 입 口(구)와 벌레 虫(충)과 새 隹(추)의 조합이다. 새가 입에 벌레를 물고 있는 모양을 표현했다. 이렇게 먹이를 물고 있다고 해서 모두 먹을 수 있는 것은 아니다. 여기서 비록의 의미가 나왔다.

唯 유 오직

오직 唯(유)는 입 口(구)와 새 隹(추)의 조합으로, 새의 입에서 나오는 소리를 의미했다. 새는 오직 한 소리만 낼 수 있다고 여긴 데서 의미가 나왔다.

유일唯一 유일한 인물

유독唯獨 유독 너만 싫어하지

進 진 나아가다

나아가다 進(진)은 새 隹(추)와 발 모양을 그렸다. 후에 발 모양이 쉬엄쉬엄 가다 辶(착)으로 변했다. 새는 앞으로만 나가고 뒤로 후퇴하지 못한다. 여기서 앞으로 前進(전진)한다는 의미가 나왔다.

진행進行 일이 진행되다.

진보進步 과학 기술의 진보

推 추 밀다

밀다 推(추)는 새 隹(추)와 손 扌(수)의 조합이다. 새는 날아가기 위해서 날개로 공기를 밀쳐낸다. 推仰(추앙)은 새가 날개를 밀쳐서 위로 날아오르는 것처럼, 밀어 받들어 우러러본다는 의미다.

추진推進 추진 장치

추산推算 수억 원으로 추산된다.

維 유 매다

매다 維(유)는 실 糸(사)와 새 隹(추)와 손 모양의 조합이었다. 후에 손 모양이 생략되었다. 실로 새를 묶어 놓은 모양에서 의미가 나왔다. 維持(유지)는 묶여 있는 상태를 지속한다는 의미다.

유지維持 현상 유지

섬유纖維 섬유 공장

萑 환 부엉이

부엉이 萑(환)은 새 隹(추)에 머리 위로 털이 양쪽으로 뿔처럼 난 모양을 그렸다. 후에 풀 艹(초)의 형태로 변했다. 새 중에 맹금류를 의미하게 되었다.

獲 획 잡다

잡다 獲(획)은 개 犭(견)과 부엉이 萑(환)과 손 모양인 又(우)의 조합이다. 손으로 매를 잡고 사냥하는 모양에서 의미가 나왔다. 매로 사냥할 때는 반드시 사냥개와 함께 했다는 의미다.

포획捕獲 무분별한 포획

어획漁獲 어획량의 감소

護 (호) 보호하다

보호하다 護(호)는 말씀 言(언)과 부엉이 萑(환)과 손 모양인 又(우)의 조합이다. 매는 사냥 시 가장 중요한 역할을 한다. 그래서 집에 있는 사람들에게 항상 잘 보호할 것을 말하는 데서 의미가 나왔다.

수호守護 민족문화의 수호

구호救護 난민 구호 활동

舊 (구) 오래다

오래다 舊(구)는 부엉이 萑(환)과 둥지 모양인 절구 臼(구)의 조합이다. 부엉이는 야행성이기 때문에 낮엔 늘 둥지에 앉아있는 데서 의미가 나왔다. 중국인들은 부엉이는 둥지에 오래 앉아서 논다고 여겨서 쉬다 休(휴)와 새 鳥(조)를 조합해서 부엉이 鵂(휴)를 만들었다.

복구復舊 파일 복구

수구守舊 수구와 진보

雚 (관) 황새

황새 雚(관)은 위쪽에 길게 드리운 털과 중간에 큰 두 눈과 새 隹(추)의 조합이다. 두 눈을 부릅뜨고 사냥감을 찾는 모양이다. 눈 모양을 그려서 먹잇감을 구하기 위해 자세히 살핌을 강조했다

觀 관 보다

보다 觀(관)은 황새 雚(관)과 보다 見(견)의 조합이다. 먹잇감을 구하는 황새처럼 눈으로 주위를 자세하게 살피는 데서 의미가 나왔다.

관측觀測 희망적인 관측

객관客觀 객관적인 시각

權 권 권세

권세 權(권)은 나무 木(목)과 황새 雚(관)의 조합이다. 나무로 만든 저울을 황새처럼 자세히 살펴본다는 의미다. 무게의 경중을 따지는 모양으로 저울, 저울질하다가 본래 의미다. 권력도 마찬가지로 저울질하듯이 힘의 균형에 따라 옮겨 가기 때문에 의미가 변했다.

정권政權 정권을 잡다.

권리權利 권리를 누리다.

勸 권 권하다

권하다 勸(권)은 황새 雚(관)과 쟁기 모양인 力(력)의 조합이다. 황새가 먹이 활동을 하듯이 농사일을 권장하는 데서 의미가 나왔다. 勸農(권농)은 농사를 장려하는 것을 말한다.

권고勸告 윗사람의 권고에 따르다.

권유勸誘 가입을 권유하다.

乙 을 새

새 乙(을)은 알을 품고 있는 철새의 모양을 옆에서 그렸다. 지금은 그 의미가 소멸되었으며, 天干(천간)의 두 번째 자리라는 의미로 사용한다.

을미사변乙未事變 일본이 을미사변을 일으켰다.

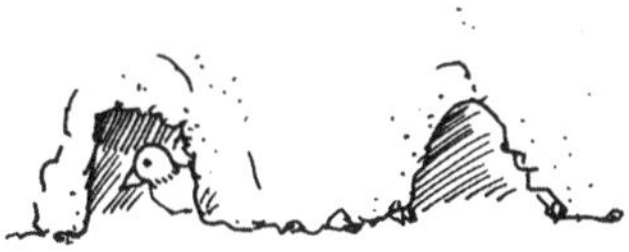

孔 공 구멍

구멍 孔(공)은 아들 子(자)와 알을 품은 새인 乙(을)의 조합이다. 알을 품고 기르는 보금자리인 동굴의 의미다. 동굴에서 다시 구멍의 의미로 넓어졌다.

골다공骨多孔 운동 부족으로 골다공증이 생겼다.

모공毛孔 모공이 넓어지다.

乳 유 젖

젖 乳(유)는 여인이 아이를 품고서 젖을 먹이는 모양이다. 후에 손 모양인 爪(조)와 아들 子(자)와 알을 품은 새 乙(을)의 조합으로 변했다. 아이에게 젖을 물려 기르는 데서 의미가 나왔다. 乳兒(유아)는 젖을 먹는 아이를, 幼兒(유아)는 학교에 다니기 전의 아이를 말한다.

우유牛乳 우유를 마시다.

모유母乳 모유를 먹이다.

氣 기 기운

기운 氣(기)는 세 개의 가로선으로 허공에 떠다니는 옆게 흐르는 구름을 그렸다. 석 三(삼)과 구별하기 위해 가운데 선을 짧게 표현했다. 후에 아래쪽 가로선이 새 乙(을)로 변했으며, 쌀 米(미)를 더해서 복잡한 모양으로 변했다. 흐르는 구름에서 기운의 의미로 변했다. 天氣(천기)는 하늘에 나타난 기운이나 날씨를 의미한다.

공기空氣 공기가 탁하다.

氣기와 밥심

기氣는 쌀을 먹어서 생기는 힘이다. 흔히 밥심으로 산다고들 한다. 우리 풍습에 죽은 사람 입에 쌀을 넣어 주는 풍습이 있다. 이것은 저승갈 때 배고프지 않게 氣를 넣어 주는 의미다.

죽은 이를 살아 있는 사람처럼 섬기기 때문에 죽은 자를 목욕시키고, 새옷을 입히고, 힘내라고 입에 쌀을 넣어 주고, 노자 돈으로 동전도 챙겨 준다.

이때 망자의 입에 쌀을 집어넣을 때, "천 석이요, 이천 석이요, 삼천 석이요."라고 외치는 풍습도 있다. 이는 쌀을 먹고 기운 내서 저승길 잘 가라는 의미이기도 하다.

飛 비 날다

날다 飛(비)는 새의 머리털과 몸통과 양쪽으로 펼친 날개를 그렸다. 머리털을 날리면서 새가 날개를 펴고 날아가는 모양을 그렸다.

비약飛躍 선진국으로 비약하다.

비상飛上 비상하는 새

非 비 아니다

아니다 非(비)는 새가 날아가는 모양을 등 쪽에서 날개만 그렸다. 날개를 나란하게 편 모양에서 나란하다의 의미로, 등지고 날아가는 데서 등지다, 잘못되다의 의미가 나왔다.

비리非理 비리 공무원

비난非難 비난을 받다.

悲 비 슬프다

슬프다 悲(비)는 새가 등지고 날아가는 모양인 非(비)와 마음 心(심)의 조합이다. 등지고 날아가는 마음을 나타내는 데서 상심하다, 슬프다의 의미가 나왔으며, 불쌍하게 여기다는 의미까지 넓어졌다.

비관悲觀 세상을 비관하다.

비통悲痛 비통한 표정

輩 (배) 무리

무리 輩(배)는수레 車(거)와 나란하다의 의미인 非(비)의 조합이다. 나란하게 줄지어 무리를 이룬 수레 대열에서 의미가 나왔다. 같은 형태의 물건이 나란하게 늘어선 모양처럼, 나이가 비슷한 사람을 年輩(연배)라 한다.

배출輩出 졸업생을 배출하다.

선배先輩 직장 선배

罪 (죄) 죄주다

죄주다 罪(죄)는 그물 罒(망)과 등지고 날아가는 날개 모양인 非(비)의 조합이다. 사리에 어긋난 사람을 그물로 잡아들이다는 것에서 의미가 나왔다.

사죄謝罪 잘못을 사죄하다.

면죄免罪 면죄를 받다.

魚 어 물고기

물고기 魚(어)는 물고기를 세워서 머리와 몸통과 비늘과 꼬리를 그렸다. 영어의 W모양 같은 꼬리는 불 灬(화)로 표현했다.제비 燕(연)에서도 마찬가지다. 그러나 불과는 관계가 없다.

활어活魚 활어회를 먹다.

漁 어 물고기 잡다

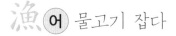

물고기 잡다 漁(어)는 물속에 있는 물고기 모양을 그렸다. 후에 물 氵(수)와 물고기 모양인 魚(어)의 조합으로 변했다. 잡은 고기를 물에서 꺼내야 먹을 수 있는 데서 의미가 나왔다.

어장漁場 근해 어장에서 고기 잡다.

농어촌農漁村 농어촌을 개발하다.

鮮 선 신선하다

신선하다 鮮(선)은 물고기 魚(어)와 羊(양)의 조합으로, 고기 이름이다. 물고기가 신선해야 먹을 수 있는 데서 의미가 나왔다. 신선한 물고기에서 아름답다의 의미로 넓어졌다.

선명鮮明 색깔이 선명하다.

신선新鮮 신선한 고기

貝 (패) 조개

조개 貝(패)는 조개를 정면에서 그렸다. 고대 중국에서 자줏빛이 나고 둥근 모양인 마노조개를 돈으로 사용했다. 깊은 바다에서만 채취할 수 있는 마노조개는 희소성이 있어서 돈으로 사용할 수 있었다. 貝(패)는 다른 글자와 결합할 때 돈의 의미를 나타낸다.

패총貝塚 석기시대 패총

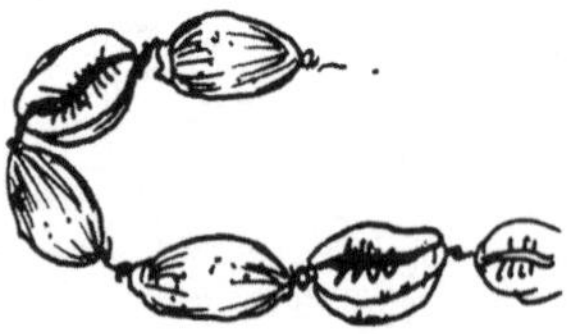

貫 (관) 꿰다

꿰다 貫(관)은 조개를 실로 꿰어 놓은 모양을 그렸다. 마노조개는 전체적으로 둥글고 위에서 아래로 구멍이 있어서 실로 꿰어서 보관했다. 여기서 貫通(관통)의 의미가 나왔으며, 후에 화폐도 꾸러미로 소지하는 풍습이 생겼다..

본관本貫 나의 본관은 김해다.

관철貫徹 주장을 관철하다.

慣 (관) 버릇

버릇 慣(관)은 마음 忄(심)과 조개를 꿰어 놓은 모양인 貫(관)의 조합이다. 조개를 꿰듯이 쭉 이어져온 마음을 나타내서 익숙하다의 의미다. 이런 마음에서 나오는 행동으로부터 버릇의 의미로 넓어졌다.

관성慣性 관성의 법칙

습관習慣 나쁜 습관

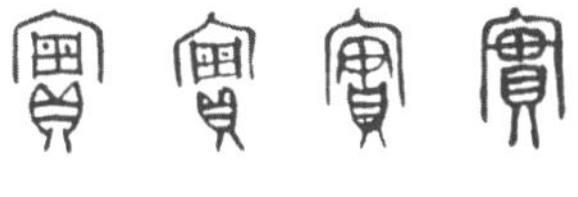

實 실 가득 차다

가득 차다 實(실)은 집 宀(면)과 조개를 꿰어 놓은 모양인 貫(관)의 조합이다. 집안에 돈이 가득한 데서 의미가 나왔으며, 다시 일을 하고 돈을 가득 모은 데서 결실, 열매의 의미로 넓어졌다.

사실事實 확인된 사실

실현實現 꿈의 실현

寶 보 보물

보물 寶(보)는 집안에 조개와 옥을 줄에 이어 놓은 모양의 그림이다. 후에 오면서 그릇 모양인 장군 缶(부)를 더했다. 집안에 돈과 玉(옥)을 그릇에 담아 보관한 데에서 의미가 나왔다.

보석寶石 금은 보석

가보家寶 가보로 물려주다.

負 부 짐 지다

짐 지다 負(부)는 위쪽 사람 모양 아래에 돈인 貝(패)를 조합했다. 사람이 돈을 들고 있는 모양이므로 타인에게 돈을 빌려가는 負債(부채)의 의미를 갖게 됐다. 없던 돈이 생기면 自負心(자부심)이 생기는 데서 믿다의 의미로 넓어졌다.

부담負擔 심적 부담

포부抱負 포부가 크다.

貴 귀 귀하다

귀하다 貴(귀)는 흙 모양인 土(토)와 두 손 모양의 조합이다. 손으로 흙덩어리를 만지는 모양으로 후에 아래쪽에 조개 貝(패)를 더했다. 농경지를 농경 사회에서 목숨과도 같은, 매우 중요한 소유물로 여겼던 데서 의미가 나왔다.

희귀稀貴 희귀한 동물

귀천貴賤 직업에 귀천이 없다.

遺 유 남기다

남기다 遺(유)는 쉬엄쉬엄 갈 辶(착)과 농경지와 돈인 貴(귀)의 조합이다. 농경지와 돈을 후손에게 물려주는 遺産(유산)의 의미다.

후유증後遺症 수술 후유증

유적遺跡 유적을 발굴하다.

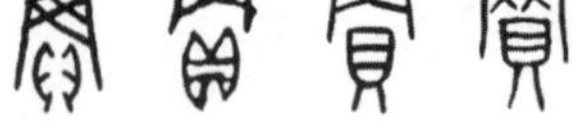

買 매 사다

사다 買(매)는 그물 罒(망)과 돈의 의미인 貝(패)의 조합이다. 그물로 조개를 잡는 모습이므로 얻었다는 의미다. 고대 중국에서 조개 화폐로 물건을 구입할 수 있었던 데서 의미가 나왔다.

구매購買 물건을 구매하다.

예매豫買 입장권을 예매하다.

賣 (매) 팔다

팔다 賣(매)는 나가다 出(출)과 사다 買(매)의 조합이다. 사들인 물건을 다시 팔아 치우는 의미를 표현했다. 후에 出(출)이 士(사) 모양으로 변했다. 물건을 내다 팔다는 의미인 賣出(매출)에 사용했다.

매도賣渡 아파트를 매도하다.

매진賣盡 입장권이 매진되다.

資 (자) 자본

자본 資(자)는 침 흘리는 사람 모양인 次(차)와 돈의 의미인 貝(패)의 조합이다. 침을 흘리면서 탐을 내는 물건으로 의미를 표현했다. 자본이 있으면 재물을 사들일 수 있는 능력을 얻게 되므로 資格(자격)의 의미로 넓어졌다.

자본資本 자본을 투자하다

자재資材 자재를 구하다.

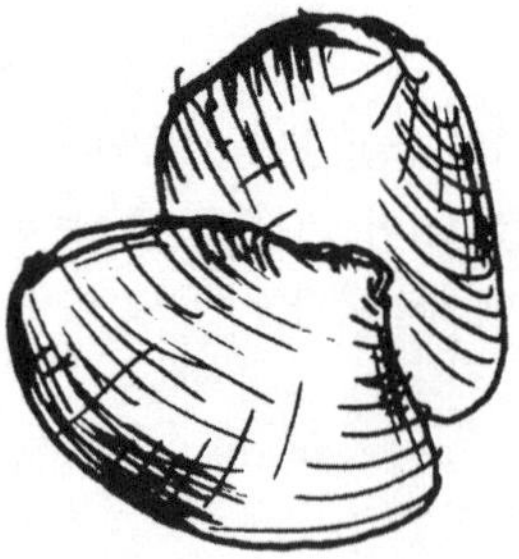

辰 신 낳다

낳다 辰(신)은 큰 조개 모양을 그렸으며, 큰 조개 蜃(신)의 초기 글자다. 후에 다섯 번째 地支(지지)로 사용하게 되었으며 이때는 진으로 읽는다. 큰 조개껍질은 농기구로 사용했기 때문에 농사와 관련이 깊다.

생신生辰 어머님 생신

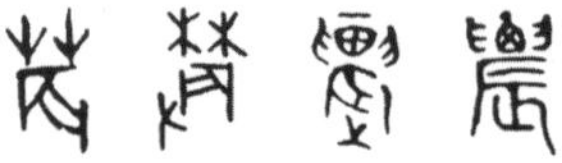

農 농 농사

농사 農(농)은 수풀 林(림)과 큰 조개 辰(신)의 조합이다. 후에 밭 모양과 손 모양이 더해졌다. 지금은 글자의 모양이 많이 변했다. 농지에 나가서 큰 조개껍질을 이용해서 농작물을 수확하는 데서 의미가 나왔다.

소작농小作農 소작농의 아들로 태어났다.

농촌農村 농촌 생활

辱 욕 욕되다

욕되다 辱(욕)은 손 모양이나 발 모양을 큰 조개 辰(신)의 아래에 놓았다. 조개껍질로 만든 농기구로 벼를 베는 모양이다. 이 일은 힘들고 고되다. 잡혀온 노예들이나 벼슬에서 쫓겨난 귀족들이 농사일을 할 때 생기는 마음에서 의미가 나왔다.

모욕侮辱 모욕을 주다.

욕설辱說 심한 욕설을 하다.

脣 순 입술

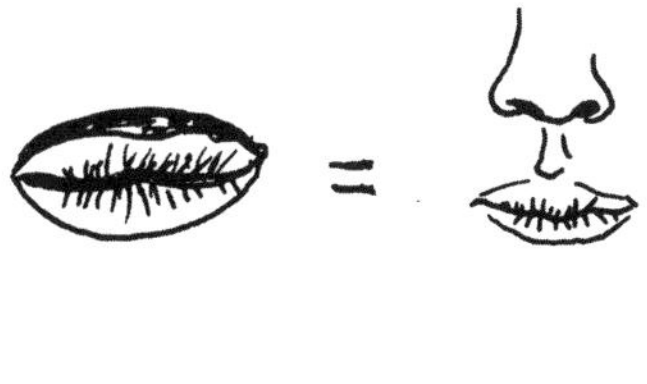

입술 脣(순)은 큰 조개 모양인 辰(신)과 인체의 의미인 月(월)의 조합이다. 인체 중에서 조개와 유사한 기관이 입술인 데서 의미가 나왔다.

순치음脣齒音 아랫입술과 윗니 사이에서 나는 소리가 순치음이다.

脣亡齒寒 순망치한

盾 입술 순 亡 없다 망 齒 이 치 寒 춥다 한

脣亡齒寒순망치한은 서로 떨어질 수 없는 긴밀한 관계를 말할 때 사용한다. 입술과 이빨은 각각의 역할이 있다. 하지만 이 둘은 서로가 서로를 필요로 한다. 입술이 있어 이빨을 보호하고 이빨이 있어 음식을 소화시켜 생활할 수 있게 한다. 이 둘의 관계와 역할이 별개라고 생각하면 신체의 건강은 탈 나기 시작한다. 이 세상 모든 사물은 유기적으로 연관되어 있다. 특히 생명체 각각의 모두는 신비스러울 만큼 유기적인 연관관계로 되어 있다. 입술이 없으면 이빨이 시리고, 이가 시리면 이는 병나고 탈 난다. 이가 병나고 탈 나면 음식을 제대로 먹을 수 없게 되고, 위의 장애가 발생한다.

脣亡齒寒은 입술이 없으면 이가 차다는 의미다. 이웃이 망하면 나도 위태롭게 된다는 의미다. 중소기업이 약해지면 대기업도 경쟁력을 갖출 수 없다.

史 사 역사

역사 史(사)는 사냥 도구 모양과 손 모양인 又(우)의 조합이다. 고대에서 사냥은 황제와 귀족들의 전유물이었다. 그래서 사냥하는 날짜와 포획물들을 반드시 기록했다. 이러한 사냥 기록물에서 역사라는 의미가 나왔다.

여사女史 김여사 운전법

사관史觀 식민 사관

吏 리 관리

관리 吏(리)는 史(사)와 모양이 거의 같다. 역시 사냥 도구를 잡고 있는 사람인데 후에 사냥을 기록하는 사람의 의미로 변했다. 관리들은 황제나 귀족들의 활동을 기록했다.

관리官吏 하급 관리

청백리淸白吏 조선 시대의 청백리

事 사 일

일 事(사)도 史(사)와 같은 모양이다. 손에 자루가 길고 그물 모양의 사냥 도구를 잡고 있는 모양이다. 고대엔 사냥 활동을 事(사)라 했다. 사냥은 관리들의 활동이므로 관리의 의미가 내포되어 있다.

사고事故 대형사고

형사刑事 형사기동대

使 (사) 시키다

시키다 使(사)는 사람 亻(인)과 사냥을 기록한 관리인 吏(리)의 조합이다. 특정한 일을 맡겨서 처리하게 하는 사람에서 의미가 나왔다. 후에 왕의 명을 받아 다른 나라에 가서 일을 처리하는 使臣(사신)에 사용하게 되었다.

노사勞使 노사분규

사역使役 사역에 차출되다.

士사와 事사

검사는 공무원이고 변호사는 회사원이다.

檢事(검사)와 辯護士(변호사)의 한자어를 보면 일하다, 전념하다 사事와 선비 일을 하다 사士로 한 자가 다르다.

事는 나라의 일을 하는 관리의 의미가 내포되어 있다. 공무원인 判事(판사), 檢事(검사), 刑事(형사), 道知事(도지사), 總領事(총영사)에 사용한다. 士는 나라를 대신해서 일하지는 않지만, 전문가 집단을 나타낼 때 사용한다. 공무원이 아닌 辯護士(변호사), 博士(박사), 司法書士(사법서사), 武士(무사), 操縱士(조종사), 整備士(정비사) 등에 쓰인다.

6-1. 손 모양 手 又 右 左 友 有 若

6-2. 위쪽에 놓인 손 爪 受 授 爲 妥 浮 采 採 菜 彩

6-3. 물건을 잡은 손 爭 淨 君

6-4. 빗자루 잡은 손 帚 掃 婦 歸 雪 盡 侵 浸

6-5. 붓을 잡은 손 聿 筆 書 畵 晝 劃 建 妻

6-6. 아래쪽이나 오른쪽에 놓이는 손 寸 守 付 府 腐 符

6-7. 아래쪽에 놓이는 두 손 廾 共 供 恭 具 開 弄 算 奉

6-8. 위쪽에 놓이는 두 손 學 覺 與 擧 興 輿

6-9. 팔 九 究 丸 幸 執 報 服 藝 勢

6-10. 막대기 잡은 손 攵 改 數 牧 修 條 敎 敬

6-11. 손에 들려진 나뭇 가지 支 枝 技

6-12. 창을 들고 있는 손 殳 投 設 役 殺

6 손모양

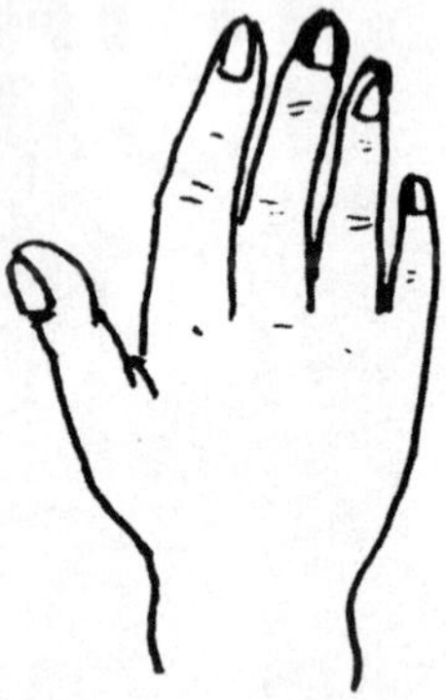

手 수 손

손 手(수)는 손 모양을 그렸으며, 다섯 개의 손가락 중 두 개를 생략하고 세 개만 그렸다. 이런 손 모양은 위치에 따라 여러 모양으로 변했다.

수당手當 야근 수당

수배手配 범인을 수배하다.

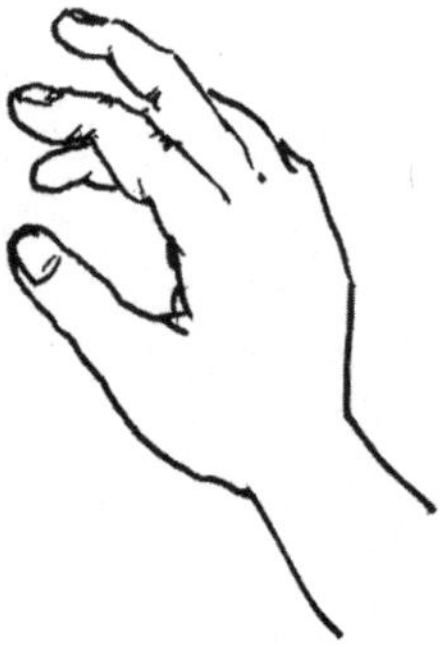

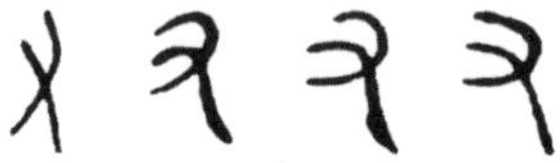

又 우 또

또 又(우)는 오른손의 두 손가락을 생략해서 그렸다. 손은 오른쪽에도, 또 왼쪽에도 있기 때문에 의미가 나왔다. 그러나 다른 자와 결합할 때는 손의 의미를 갖는다.

右 우 오른쪽

오른쪽 右(우)는 오른쪽 손을 본뜬 又(우)가 또라는 의미로 바뀌자 아래쪽에 口(구)의 부호를 첨가해서 의미를 보존했다.

우익右翼 우익정당

우의정右議政 우의정에 제수되다.

左 좌 왼쪽

왼쪽 左(좌)는 왼손을 생략해서 그렸다. 한자가 변천하는 과정에서 右(우)와 구별하기 위해서 工(공)을 첨가하게 되었다. 고대에서는 오른쪽을 숭상하여 왼쪽을 낮게 여겼다. 그래서 왼쪽으로 옮긴다는 뜻의 左遷(좌천)을 벼슬이 낮은 자리로 옮긴다는 의미로 썼다.

좌경左傾 좌경 사상

友 우 벗

벗 友(우)는 손 두 개를 나란히 그려, 손을 잡는다는 의미다. 친한 사이끼리 악수하는 풍습에서 의미가 나왔다.

우정友情 우정의 선물

우호友好 우호관계를 유지하다.

有 유 있다

있다 有(유)는 손 모양인 又(우)와 고기를 나타내는 月(월)의 조합이다. 손에 고기를 가지고 있는 모양에서 의미가 나왔다. 保有(보유)에서 본래의 의미를 찾을 수 있다.

소유所有 많이 소유하다.

고유固有 고유 상표

若 약 같다

갈다 若(약)은 한 여인이 무릎을 꿇고 앉아서 머리를 풀어 헤치고 있는 모양이다. 여자가 남자에게 사랑을 허락했을 때는 머리를 풀었다고 한다. 허락은 상대방과 의견을 같이 하는 것이므로 같다는 의미가 나왔다. 이런 과정에서 상대를 한번 의심해 보는 심리에서 만약으로 의미가 넓어졌다.

만약萬若 만약 일이 없다면

許諾 허락

許諾허락은 상대방의 뜻을 이해하고 공감하기에 말로써 인정하고 수용하는 것을 말한다. 하지만 수없이 많은 일 가운데 한 가지라도 틀리거나 의견의 일치가 되지 않는다면 그 관계의 긴밀성은 깨지고 만다.

남녀가 사랑해서 서로가 서로를 믿고 몸과 마음을 허락한 사이인데, 그 사랑이 자기만 보고 듣고 느끼고 말하는 일방적인 통행이 되기 시작하면, 그 관계는 만약이란 말처럼 깨지거나 일방적인 관계만 강화될 것이다.

"萬若(만약), 우리 둘 사이에 일이 생긴다면 그건 우리의 관계를 시샘하는 운명의 장난일 것이요, 우리에게 일이 생기지 않는다면 그건 우리의 사랑을 하늘과 땅도 인정한다는 뜻이요."

이처럼 萬若은 혹시 있을지도 모르는 상황을 가정할 때 쓴다.

爪 조 손톱

손톱 爪(조)는 위쪽에서 아래로 향한 손 모양으로, 다른 글자와 조합 시에 위쪽에 놓이며, 손을 의미한다. 그 모양이 마치 새의 발톱과 흡사해서 단독으로 사용할 때는 손톱을 의미한다.

受 수 받다

받다 受(수)는 위아래의 손 모양과 가운데 배 모양의 조합이다. 후에 배 舟(주)가 간략화되었다. 배 위에서 손으로 주고받는 모양에서 의미가 나왔다.

수용受容 조건을 수용하다.

인수引受 권리를 인수하다.

授 수 주다

주다 授(수)는 초기 한자에서는 주다와 받다의 뜻을 함께 지녔던 受(수)로 사용했다. 후에 受(수) 왼쪽에 손 수(扌)를 더해서 손을 사용해서 주다는 의미로 구분했다.

수업授業 정규수업

수여授與 상장을 수여하다.

爲 위 하다

하다 爲(위)는 손 모양인 爪(조)와 코끼리 象(상)의 조합이다. 코끼리를 부려서 큰 힘이 필요한 일을 하는 데서 의미가 나왔다. 象(상)의 모양이 많이 변했다. 코끼리가 사람을 위해서 일했기 때문에 위하다로 의미가 넓어졌다.

행위行爲 행위예술

위주爲主 입시 위주 교육

妥 타 온당하다

온당하다 妥(타)는 여인 위에 손 모양인 爪(조)를 올려놓은 모양이다. 여인을 손으로 어루만지며 위로해서 妥協(타협)한다는 의미다. 양보해서 물리적인 충돌이나 논쟁을 피하는 것에서 의미가 나왔다. 가정이 안정되어 평온한 분위기를 옳다고 여겨서 妥當(타당)의 의미로 넓어졌다.

타결妥結 교섭이 타결되다.

浮 부 뜨다

뜨다 浮(부)는 물 氵(수)와 손 모양인 爪(조)와 아들인 子(자)의 조합이다. 물에 있는 아이를 손으로 안아서 빠지지 않게 하는 데서 의미가 나왔다.

부양浮揚 경기를 부양하다.

부상浮上 수면으로 부상하다.

采 채 따다

따다 采(채)는 나무 木(목)과 손 모양인 爪(조)의 조합이다. 나무에 열린 과일을 따내는 동작에서 의미가 나왔다. 후에 동작을 강조하기 위해서 손 扌(수)를 더해서 採(채)로 사용했다. 열매는 익은 것을 가려서 따내기 때문에 採擇(채택), 採取(채취), 採用(채용)에 사용하였다.

갈채喝采 박수갈채

풍채風采 풍채가 당당하다.

菜 채 채소

채소 菜(채)는 采(채)와 같이 사용하다가, 후에 풀 艹(초)를 더했다. 채취해서 먹을 수 있는 풀이란 의미이다.

채식菜食 채식은 건강에 좋다.

야채野菜 야채 주스

彩 채 채색

채색 彩(채)는 采(채)와 함께 사용했으며, 후에 터럭 彡(삼)을 추가했다. 彡(삼)은 빛의 의미로, 햇빛이 비추어 과일이 각종 색깔로 익는 데서 의미가 나왔다.

색채色彩 강렬한 색채

다채多彩 다채로운 행사

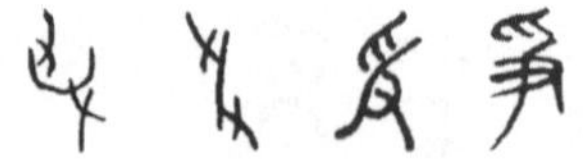

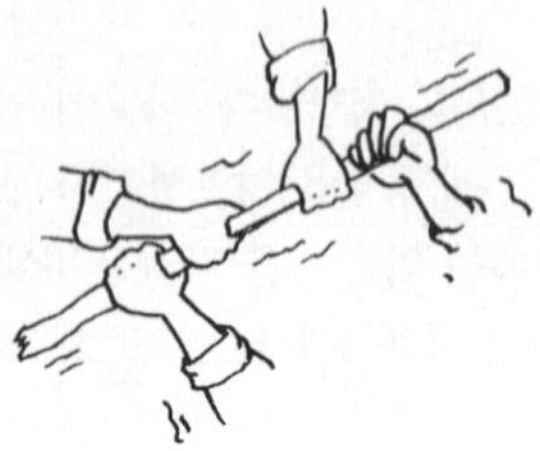

爭 쟁 다투다

다투다 爭(쟁)은 위아래쪽 손 모양과 가운데 막대기 모양의 조합이다. 손으로 서로 빼앗으려고 다투는 데서 의미가 나왔다.

분쟁紛爭 영토분쟁

쟁점爭點 정치적 쟁점

淨 정 깨끗하다

깨끗하다 淨(정)은 물 氵(수)와 다투다 爭(쟁)의 조합이다. 물이 서로 부딪치고 싸우듯 흘러가면 깨끗해지는 데서 의미가 나왔다.

자정自淨 하천의 자정 작용

정화淨化 폐수 정화

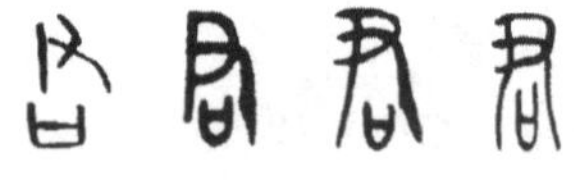

君 군 임금

임금 君(군)은 손에 권력을 상징하는 지팡이를 잡고 있는 벼슬 尹(윤)과 입 口(구)의 조합이다. 모든 사람에게 명령하는 군주를 의미하게 되었다. 사회의 도덕적인 모범이 되는 君子(군자)에 사용하게 되었다.

군림君臨 일인자로 군림하다.

폭군暴君 성군과 폭군

帚 (추) 빗자루

빗자루 帚(추)는 손 모양과 빗자루 모양의 조합이다. 손에 빗자루를 잡고 있는 데서 의미가 나왔다.

掃 (소) 쓸다

쓸다 掃(소)는 손 扌(수)와 빗자루 帚(추)의 조합이다. 빗자루를 들고 하는 행동을 강조한 데서 의미가 나왔다. 더러움을 쓸어내듯이 없애는 것을 掃蕩(소탕)이라 한다.

일소一掃 부정부패 일소

청소淸掃 청소시간

婦 (부) 부인

부인 婦(부)는 여인 女(녀)와 빗자루 帚(추)의 조합이다. 빗자루를 들고 있는 결혼한 여인의 의미다. 고대에 남자는 밖에서 농사와 사냥을 하고, 여인은 집안에서 베 짜고, 청소하고, 요리했다.

부인婦人 산부인과

주부主婦 주부를 대상으로 조사하다.

歸 귀 돌아오다

돌아오다 歸(귀)는 엉덩이 모양과 빗자루 모양의 조합이다. 청소하고 머문다는 의미에서 시집가다가 본래 의미다. 친정 나들이에서 돌아오다, 돌아가다의 의미로 넓어졌다.

복귀復歸 원상복귀

회귀回歸 과거로의 회기

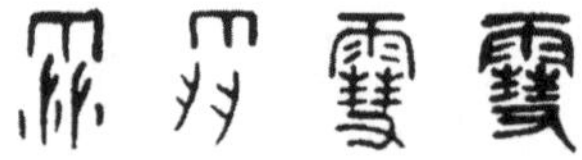

雪 설 눈

눈 雪(설)은 비 雨(우)와 손에 빗자루를 잡은 모양인 彗(혜)의 조합이다. 후에 빗자루 부분은 생략되고 손 모양만 남게 되었다. 눈이 내리면 더러운 것들을 모두 덮어버리는 데서 덮다, 씻다의 의미로 넓어져 雪辱(설욕)에 사용한다.

설경雪景 아름다운 설경

폭설暴雪 폭설로 교통이 마비되다.

盡 진 다하다

다하다 盡(진)은 손으로 빗자루 잡고 있는 모양과 그릇 皿(명)의 조합이다. 이는 솔 모양의 도구로 그릇을 닦는 모양이다. 제사를 끝내고 그릇을 씻는 데서 완료의 의미가 나왔다.

미진未盡 활동이 미진하다.

매진賣盡 입장권이 매진되다.

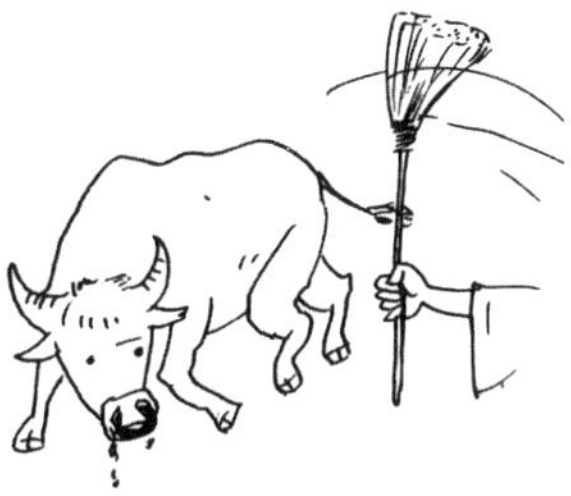

侵 침 습격하다

습격하다 侵(침)은 소 牛(우)와 빗자루를 손에 들고 있는 모양의 조합이다. 후에 牛(우)는 사람 人(인)으로 변했다. 다른 부족을 침략해서 소를 약탈해 오는 데서 의미가 나왔다.

침공侵攻 무력침공

침입侵入 남의 집에 침입하다.

浸 침 스며들다

스며들다 浸(침)은 물 氵(수)와 손에 빗자루 잡은 모양의 조합이다. 소를 약탈해서 몰고 들어오듯이 물이 밀려드는 모양에서 의미가 나왔다.

침례교浸禮敎 장로교와 침례교

침투浸透 침투 작전

聿 율 붓

붓 聿(율)은 손으로 붓을 잡고 있는 모양을 그렸으며, 다른 글자와 조합 시 붓을 의미한다.

筆 필 붓

붓 筆(필)은 聿(율)의 초기 글자로 같은 의미다. 진나라 때부터 붓의 재료인 대나무를 강조해서 대나무 竹(죽)을 첨가해서 사용했다.

필기筆記 꼼꼼히 필기하다.

필두筆頭 대기업을 필두로 중소기업과 세계로

書 서 글

글 書(서)는 붓 聿(율)과 입 口(구) 모양의 조합이다. 口(구)는 오늘날 종이에 해당한 것으로, 초기에는 거기에 모래를 담아서 나뭇가지로 글씨를 썼다. 후에 오면서 聿(율)자 아래에 젓가락을 의미하는 者(자)가 첨가되었다가 생략되었다. 글 쓰는 재료인 죽간의 모양을 표현한 것으로 보인다.

서신書信 서신을 받다.

畵 화 그림

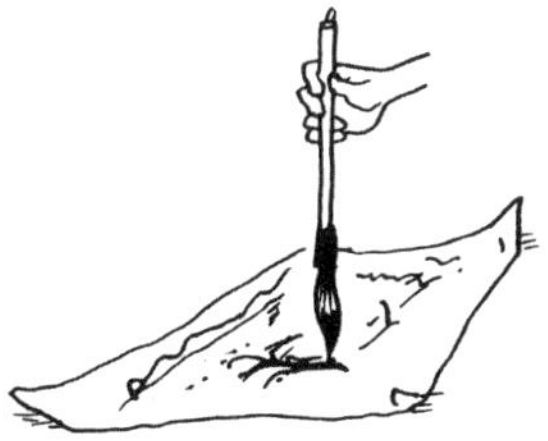

그림 畵(화)는 붓을 잡고 있는 손의 의미인 聿(율)과 곡선을 그려서 농경지의 경계선을 나타낸 것의 조합이다. 본래는 농경지를 구분하기 위한, 현대의 농지 대장인 셈이다. 여기서 그리다, 그림의 의미로 변했다. 후에 밭 田(전)과 한 一(일)의 형태로 변했고, 一(일)은 종이를 나타낸다.

영화映畵 영화관람

화실畵室 화실에서 그림을 그리다.

晝 주 낮

낮 晝(주)는 붓을 잡은 모양과 종이의 의미인 一(일)과 해인 日(일)의 조합이다. 글쓰기는 주로 낮에 행해진 일이기 때문에 의미가 나왔다.

주간晝間 주간 근무

백주白晝 백주대로

劃 획 나누다

나누다 劃(획)은 농경지를 그린 畵(화)와 칼 刂(도)의 조합이다. 농지 대장을 보고 경계를 그어서 나누는 데서 의미가 나왔다. 이런 농지에 무엇을 심을지 미리 생각하는 데서 計劃(계획)하다의 의미로 넓어졌다.

기획企劃 기획 상품

획책劃策 반란을 획책하다.

建 건 세우다

세우다 建(건)은 사람이 도구를 잡고 흙을 다지는 모양이다. 후에 붓 聿(율)과 길게 걷다 廴(인)의 조합으로 변했다. 흙을 다져서 건물 짓는 모양을 나타낸 데서 의미가 나왔다.

건물建物 고층 건물

건의建議 건의 사항

妻 처 아내

아내 妻(처)의 맨 위 一(일)자는 비녀 모양을, 중간은 손 모양을, 아래쪽은 무릎 꿇은 여인을 나타내는 女(녀)의 조합이다. 여인이 머리 손질을 하고 비녀를 꼽는 모양을 나타낸 데서 결혼한 여인의 의미가 나왔다.

처가妻家 처갓집에 인사가다.

공처가恐妻家 그 남자는 공처가다.

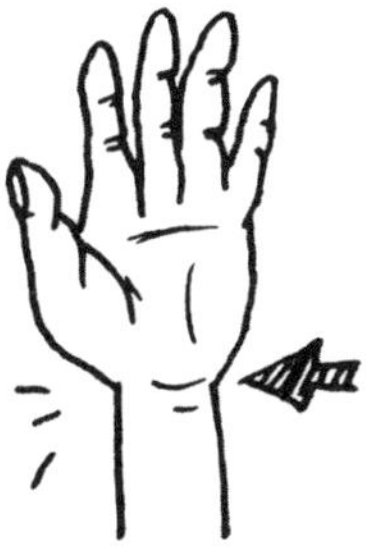

寸 촌 마디

마디 寸(촌)은 손목 부분에 점을 찍어서 위치를 표시했다. 손을 그렸기 때문에 다른 글자와 결합 시 손을 의미하고, 아래쪽이나 오른쪽에 위치한다. 단독으로 쓰일 때만 마디의 의미로 사용한다.

사촌四寸 사촌 오빠

촌각寸刻 촌각을 다투다.

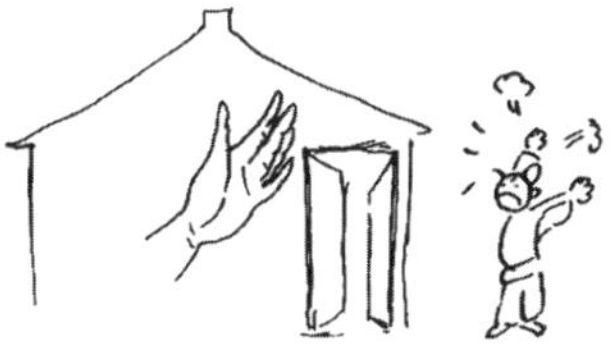

守 수 지키다

지키다 守(수)는 집 모양인 宀(면)과 손 모양인 寸(촌)의 조합이다. 손으로, 집으로 들어오는 것을 저지하는 데서 의미가 나왔다.

수비守備 철통같은 수비

수세守勢 수세에 몰리다.

付 부 주다

주다 付(부)는 사람 亻(인)과 손 모양인 寸(촌)의 조합이다. 사람에게 손으로 물건을 나누어 주는 데서 의미가 나왔다.

발부發付 면허증 발부

당부當付 당부의 말씀

府 부 창고

창고 府(부)는 집 广(엄)과 사람 亻(인)과 손 모양인 寸(촌)의 조합이다. 초기에는 돈인 貝(패)가 아래쪽에 있었으나 생략되었다. 사람들이 곡식이나 돈을 저장하는 데서 의미가 나왔다. 다시 세금을 거두어 보관하는 관청의 의미로 넓어졌다.

정부政府 정부 정책

腐 부 썩다

썩다 腐(부)는 창고 府(부)와 고기 肉(육)의 조합이다. 창고에 저장한 고기는 쉽게 썩는 데서 의미가 나왔다.

부패腐敗 부패한 세력

방부防腐 방부제를 첨가한 식품

符 부 신표

신표 符(부)는 대나무 竹(죽)과 주다 付(부)의 조합이다. 고대 중국에서 대나무에 무늬나 글자를 적어 증표로 삼는 데서 의미가 나왔다. 신표는 성문을 출입할 때나 황제의 명을 받아 병사를 움직일 때 사용하는 증표이다. 符合(부합)은 신표처럼 딱 들어맞는 경우를 말한다.

부호符號 문장 부호

廾 공 손으로 받들다

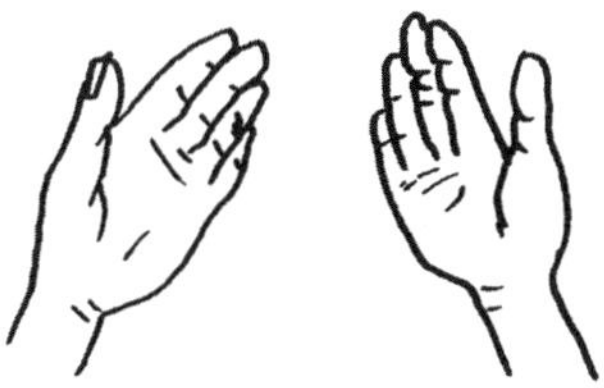

손으로 받들다 廾(공)은 두 손을 그려서 손으로 하는 동작을 의미한다. 다른 글자와 결합해서 사용하며, 한자 아래에 위치한다.

共 공 함께

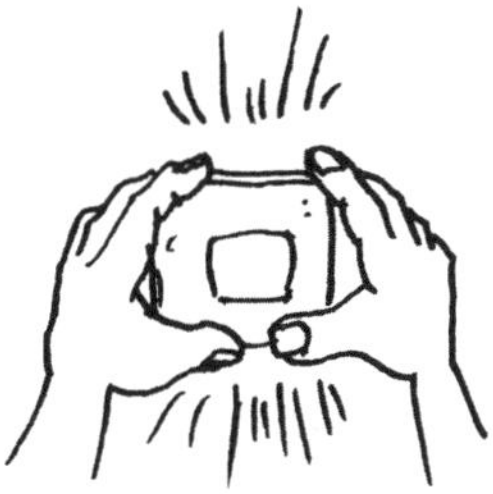

함께 共(공)은 두 손 모양과 네모난 물건 모양의 조합이다. 여러 사람이 함께 제사에서 제물을 올리는 데서 의미가 나왔다.

공존共存 평화 공존

공모共謀 공모에 가담하다.

供 공 이바지하다

이바지하다 供(공)은 함께 共(공)과 사람 亻(인)의 조합이다. 사람이 제물을 바치는 행동에서 의미가 나왔다. 남의 요구나 필요에 따라 주는 것을 提供(제공), 供給(공급)이라 한다.

공람供覽 선거인 명부 공람

공여供與 무상 공여

恭 (공) 공손하다

공손하다 恭(공)은 제사를 받드는 共(공)과 마음 忄(심)의 조합이다. 여러 사람들이 함께 제사를 받드는 마음에서 의미가 나왔다. 제사 지내는 마음에서 조심하다의 의미로 넓어졌다.

공손恭遜 공손한 태도

공경恭敬 부모 공경

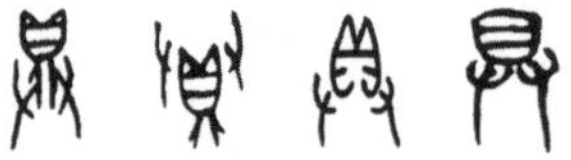

具 (구) 갖추다

갖추다 具(구)는 솥 鼎(정)의 생략형과 두 손 모양의 조합이다. 솥은 국가를 상징하는 물건이기 때문에 새로운 국가가 설립되면 반드시 솥을 만들어 보관해야 했던 데서 의미가 나왔다.

구비具備 서류를 구비하다.

도구道具 취사도구

開 (개) 열다

열다 開(개)는 대문인 門(문)과 문빗장을 표현한 一(일)과 두 손인 廾(공)의 조합이다. 두 손으로 빗장을 여는 모양에서 의미가 나왔다.

공개公開 공개방송

개시開始 공격 개시

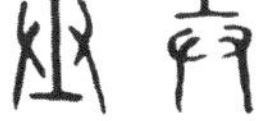

弄 롱 가지고 놀다

가지고 놀다 弄(롱)은 구슬 玉(옥)과 두 손 모양인 廾(공)의 조합이다. 두 손에 옥으로 만든 장난감을 들고 노는 모양에서 의미가 나왔다. 예전에는 옥으로 노리개를 만들었다.

농담弄談 농담 반 진담 반

재롱才弄 어린아이의 재롱

算 산 세다

세다 算(산)은 대나무 竹(죽)과 눈 目(목)과 두 손 모양인 廾(공)의 조합이다. 눈으로 보고 두 손으로 대나무 가지를 옮기면서 계산하는 데서 의미가 나왔다. 고대 중국에서는 대나무 가지인 산가지를 계산하는 도구로 사용했다.

예산豫算 국가 예산을 짜다.

청산淸算 빚을 청산하다.

奉 봉 받들다

받들다 奉(봉)은 사람이 무릎을 꿇고 옥을 받들고 있는 모양이다. 후에 아래쪽에 손 手(수)가 하나 더 첨가되었다. 고대엔 옥을 받들고 제사 지내는 풍습이 있었다. 奉仕(봉사)는 남을 위해 헌신하는 일이다.

신봉信奉 민주주의를 신봉하다.

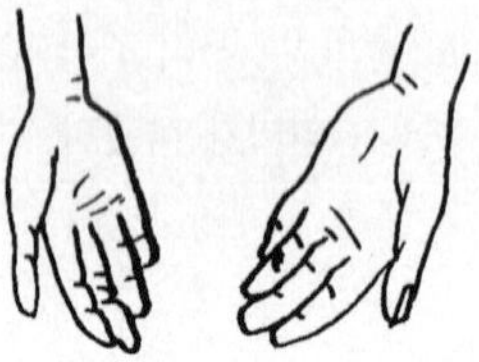

위쪽에 놓이는 두 손 모양이다. 단독으로 사용하지 않고 다른 글자와 결합하여 손동작을 나타낸다.

學 학 배우다

배우다 學(학)은 두 손 모양과 숫자를 계산하는 나뭇가지를 교차시킨 爻(효)와 집 宀(면)과 아들 子(자)의 조합이다. 아이가 나뭇가지를 두 손에 들고 계산하는 법을 배우는 데서 의미가 나왔다.

학교學校 학교에 간다.

학문學問 학문이 깊다.

覺 각 깨닫다

깨닫다 覺(각)은 두 손으로 나뭇가지를 잡고 집 안에서 계산하는 모양과 보다 見(견)의 조합이다. 손으로 산가지를 이용해서 계산하는 법을 보고 있는 데서 의미가 나왔다. 이런 배움은 머리로 느끼게 되는 데서 느끼다의 의미로 넓어졌다.

각오覺悟 비장한 각오

대오각성大悟覺醒 그는 스님의 설법을 듣고 대오각성하였다.

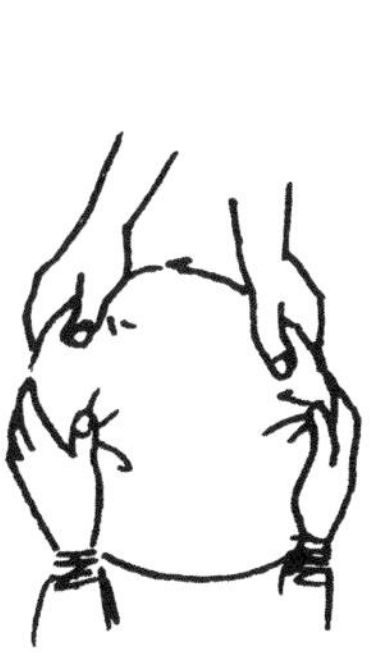

與 여 함께

함께 與(여)는 네 개의 손과 물건 모양인 与(여)의 조합이다. 네 개의 손이므로 여러 사람이 함께 한다는 의미다. 서로 함께 물건을 주고받는 데서 주다의 의미로 넓어졌다.

참여參與 다 함께 참여하다.

간여干與 일에 간여하다.

擧 거 들다

들다 擧(거)는 함께 與(여)와 손 手(수) 변형의 조합이다. 모두 손이 다섯 개가 들어있다. 손을 모아서 어떤 물건을 드는 데서 의미가 나왔다. 모든 사람들이 모두 같이 하는 것을 擧國(거국)이라 한다.

거론擧論 특정인을 거론하다.

쾌거快擧 우승이라는 쾌거를 이루다.

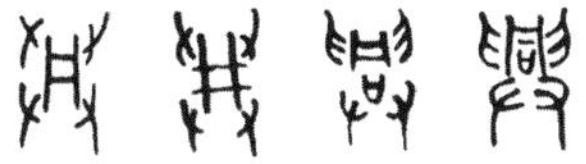

興 흥 일어나다

일어나다 興(흥)은 손 네 개 모양과 벽돌을 찍는 모양의 조합이다. 함께 벽돌의 틀을 위로 올리는 모양이므로 들어 올리다가 본래 의미다. 함께 들어 올리는 모양에서 일어나다의 의미로 넓어졌다.

흥망興亡 국가의 흥망이 지도자의 의식에 달렸다.

輿 여 수레

수레 輿(여)는 수레 車(거)와 사방을 둘러싼 네 개 손의 조합이다. 가마를 네 사람이 들고 가는 모양을 나타낸 데서 의미가 나왔다. 사람이나 물건을 수레로 운반하는 데서 싣다의 의미로 넓어졌다.

여론輿論 국민 여론

大東輿地圖 대동여지도

中國(중국)은 세계의 중심에 위치한 나라라는 의미다. 우리나라는 東國(동국)이라 불렸는데, 이는 중국의 동쪽에 위치했다는 뜻이다. 동국이라는 표현에는 우리나라를 비하하는, 중국 중심의 사고가 내포되어 있다.

우리나라를 표현하는 말에는 그 외에도 靑邱(청구)가 있다. 오행에서 동쪽은 청색을 나타내기 때문에 靑邱(청구)라 칭했다. 靑邱圖(청구도)는 김정호가 1834년(순조 34년)에 만든 우리나라 지도이고, 靑丘永言(청구영언)은 1728년(영조 4년)에 김천택이 편찬한 시조집이다.

大東輿地圖대동여지도에서 輿(여)는 물건을 싣는다는 의미이다. 과거에는 지구나 대지를, 만물을 싣는 수레라 여겨서 땅을 지칭할 때 輿地여지라는 표현을 흔하게 썼다. 大東대동은 우리나라를 의미한다. 따라서 대동여지도는 우리나라 땅의 지도라는 의미다.

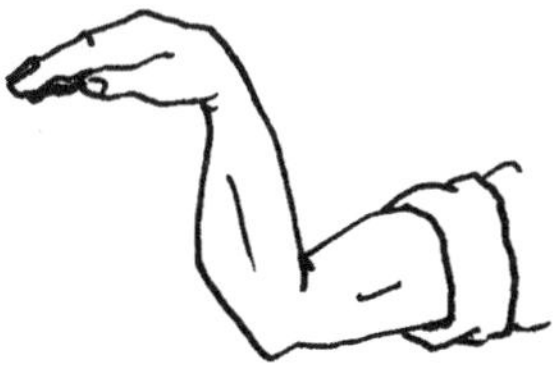

九 구 아홉

아홉 九(구)는 팔 모양을 그리고 끝에 손가락 3개를 더했다. 손 끝 부분을 가리키다 숫자의 끝인 아홉으로 차용되었다. 사람이 죽어서 가는 곳인 九泉(구천)은 땅의 밑바닥을 의미한다.

究 구 연구하다

연구하다 究(구)는 동굴 집 모양인 穴(혈)과 팔 모양인 九(구)의 조합이다. 먼저 생각하고 연구해서 황토벽을 파고 들어가 주거지를 만드는 데서 의미가 나왔다.

추구追究 진리의 추구

강구講究 비상대책을 강구하다.

丸 환 둥글다

둥글다 丸(환)은 사람의 팔 모양에 점을 더했다. 사람이 손에 둥근 옥을 들고 있는 모양에서 의미가 나왔다. 다른 한자와 조합할 때는 두 손으로 물건을 잡는다는 의미다.

탄환彈丸 탄환을 장전하다.

환약丸藥 환약은 먹기 편하다.

幸 행 다행

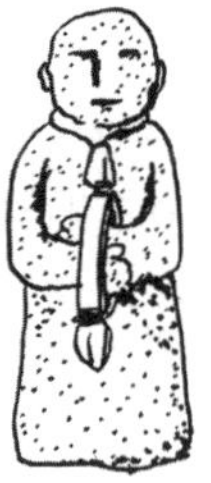

다행 幸(행)은 고대 중국에서 사용하던 수갑 모양을 그렸다. 죄인을 체포해서 수갑을 채우게 되면 모두 다행스럽게 여기는 데서 의미가 나왔다. 죄인이 없는 세상을 행복으로 여겨서 행복의 의미로 넓어졌다.

다행多幸 다행한 일이다.

행운幸運 행운의 사나이

執 집 잡다

잡다 執(집)은 수갑을 차고 무릎 꿇고 있는 사람 모양이다. 후에 수갑 모양인 幸(행)과 옥을 든 사람 모양인 丸(환)의 조합으로 변했다. 범인을 체포해서 수갑을 채워 놓은 모양에서 의미가 나왔다. 범인을 잡아서 재판하고 처분하는 것을 執行(집행)이라 한다.

집권執權 집권세력

집착執着 집착이 심하다.

報 보 알리다

알리다 報(보)는 수갑을 차고 무릎 꿇고 있는 사람의 뒤에 손 모양을 조합했다. 수갑 모양인 幸(행)과 무릎 꿇은 사람인 卩(절)과 손 모양인 又(우)의 조합이다. 죄인을 잡아 무릎 꿇려 놓고 재판관에게 죄상을 보고하는 데서 의미가 나왔다. 報告(보고)는 상급 기관에 알린다는 의미다.

보도報道 신문 보도

홍보弘報 홍보 활동

服 (복) 굴복하다

굴복하다 服(복)은 배 舟(주)와 무릎 꿇은 사람 모양인 卩(절)과 손 모양인 又(우)의 조합이다. 후에 舟(주)가 月(월)로 변했다. 손으로 무릎을 꿇리는 모양에서 의미가 나왔다.

극복克服 위기 극복

항복降服 적에게 항복하다.

藝 (예) 심다

심다 藝(예)는 나무를 손으로 잡고 있는 모양이다. 후에 풀 艹(초)와 손으로 나무 잡고 있는 모양 埶(예)와 구름 云(운)의 조합으로 변했다. 나무를 땅에 심고 있는 모양에서 의미가 나왔다. 고대 중국에서 모든 식물을 기르는 것을 신이 내린 중요한 기술로 여긴 데서 藝術(예술)의 의미로 넓어졌다.

예능藝能 예능 프로그램

원예園藝 원예 농업

勢 (세) 세력

세력 勢(세)는 나무 심는 모양인 埶(예)와 쟁기 모양인 力(력)의 조합이다. 쟁기질하고 농작물을 심어 농작물이 자라는 기세를 나타낸 데서 의미가 나왔다. 자라는 모양에서 形勢(형세), 勢力(세력)으로 넓어졌다.

자세姿勢 자세가 바르다.

공세攻勢 공세를 취하다.

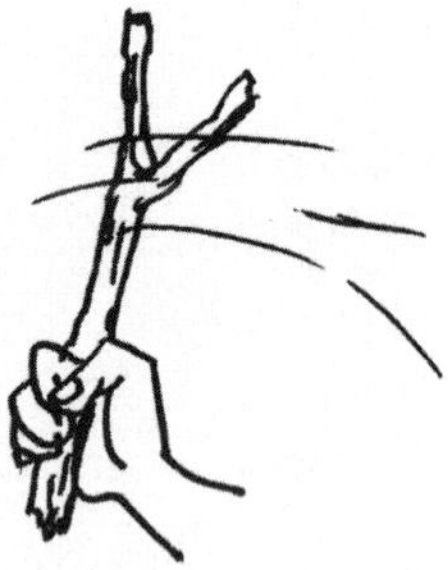

攵 복 치다

치다 攵(복)은 손에 나뭇가지를 들고 있는 모양에서 의미가 나왔다.

改 개 고치다

고치다 改(개)는 무릎 꿇은 아이인 己(기)와 치다 攵(복)의 조합이다. 자녀의 잘못된 행동을 때려서 바로잡는 데서 의미가 나왔다.

개선改善 생활을 개선하다.

개정改定 맞춤법이 개정되다.

數 수 세다

세다 數(수)는 婁(루)와 치다 攵(복)의 조합이다. 婁(루)는 여인이 여러 가닥의 실을 한 곳으로 감는 모양이다. 여인이 방직기 앞에서 실을 헤아려 연결하는 모양에서 의미가 나왔다.

액수額數 많은 액수의 돈을 받다.

다수多數 다수가결의 원칙

牧 목 치다

치다 牧(목)은 소 牛(우)와 치다 攵(복)의 조합이다. 손에 회초리를 들고 소를 모는 모양에서 의미가 나왔다.

목장牧場 소가 목장 안에 가득하다.

유목민遊牧民 몽골 유목민

修 수 닦다

닦다 修(수)는 사람을 때린다는 의미인 攸(유)와 햇빛 모양인 彡(삼)의 조합이다. 회초리를 맞아 가면서 학문의 깊이가 빛이 나도록 연마하는 데서 의미가 나왔다.

연수硏修 교직원 연수

수교修交 한미수교

條 조 가지

가지 條(조)는 사람을 때리는 의미인 攸(유)와 나무 木(목)의 조합이다. 회초리로 사용하는 가는 나뭇가지를 나타낸 데서 의미가 나왔다, 나무 줄기에서 갈라져 나온 가지 모양이므로 條目(조목)의 의미로 넓어졌다.

조항條項 법률 조항

조리條理 조리 없는 말투

教 교 가르치다

가르치다 教(교)는 셈하는데 사용한 대나무 모양인 爻(효)와 아들 子(자)와 치다 攵(복)의 조합이다. 아이에게 회초리질 해서 셈하는 방법을 가르치는 데서 의미가 나왔다.

교사教師 초등교사

교사教唆 살인 교사 혐의

敬 경 공경하다

공경하다 敬(경)은 입 口(구)와 치다 攵(복)의 조합이며, 후에 양 모양이 더해졌다. 양을 기르는 사람이 채찍을 잡고 소리치며 양들이 흩어지는 것을 방지하는 데서 경계한다는 의미다. 자꾸 잘못을 경계하게 되면 공경하는 마음이 생기는 데서 의미가 넓어졌다.

경로敬老 경로잔치

支 (지) 지탱하다

지탱하다 支(지)는 손에 나뭇가지를 잡고 있는 모양이다. 나무 木(목)에서 뿌리 부분을 제거하고 윗부분을 사용해서 나뭇가지를 표현했다. 나무 지팡이로 사람들이 몸을 지탱하기 때문에 지탱하다의 의미로 넓어졌다.

지지支持 지지세력

지배支配 지배세력

枝 (지) 가지

가지 枝(지)는 支(지)가 지탱의 의미로 사용되자 나무 木(목)을 더해서 의미를 보존했다. 나무 중에서 중요하지 않은 부분은 나뭇가지와 잎이다. 枝葉(지엽)은 중요하지 않은 부분을 말한다.

삼지창三枝槍 삼지창을 손에 들다.

技 (기) 재주

재주 技(기)는 손 扌(수)와 나뭇가지를 잡고 있는 支(지)의 조합이다. 나뭇가지를 잡고 동물에게 재주를 가르치는 데서 의미가 나왔다.

기능技能 기능을 시험하다.

연기演技 연기력이 뛰어나다.

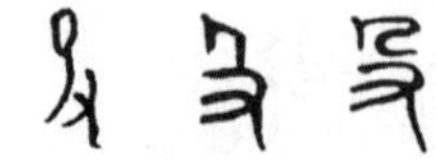

殳 수 창

창 殳(수)의 위쪽은 창이나 몽둥이고, 아래쪽은 손을 그렸다. 손에 창을 들고 있는 모양인 데서 의미가 나왔다.

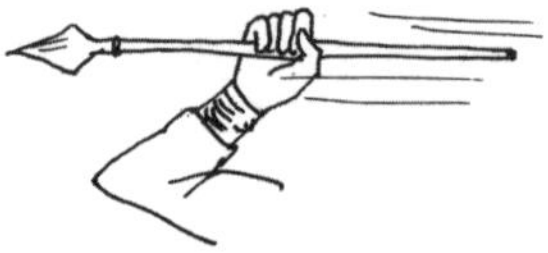

投 투 던지다

던지다 投(투)는 손에 몽둥이를 잡고 북 치는 모양을 그렸다. 후에 손 扌(수)와 창 殳(수)의 조합으로 변했다. 고대 전쟁에서 북소리 신호로 창을 던지면서 공격하는 데서 의미가 나왔다.

투기投機 부동산 투기

투구投球 다양한 투구

設 설 세우다

세우다 設(설)은 말씀 言(언)과 창 殳(수)의 조합이다. 창을 들고 보초를 세워 경계를 명령하는 데서 의미가 나왔다. 여기 저기 보초를 세워 놓은 데서 베풀다, 진열하다의 의미로 넓어졌다.

시설施設 공공 시설

설정設定 방향을 설정하다.

役 역 부리다

부리다 役(역)은 사람 뒤에서 창을 들고 있는 모양으로, 후에 갈림길 모양인 彳(척)과 창 殳(수)의 조합으로 변했다. 창을 들고 사람에게 일을 시키는 데서 의미가 나왔다. 교통 요지를 창 들고 지키는 모양이다. 군대 역시 사람을 부리는 일이기 때문에 兵役(병역)이라 한다.

역할役割 중요한 역할

용역用役 용역에 맡기다.

殺 살 죽이다

죽이다 殺(살)은 나무 木(목) 위에 엑스 표시를 해서 나무를 꺾는 모양이다. 후에 긴 머리를 하고 왼쪽으로 보고 있는 사람과 창 殳(수)의 조합으로 바뀌었다. 사람을 창이나 몽둥이로 때려서 죽인다는 의미다.

자살自殺 자살 예방 교육

학살虐殺 양민 학살

7-1. 나가는 발 止 正 政 定 步 涉 歲 齒 出 前 此 企 是

7-2. 들어오는 발 夂 各 客 落 路 格 露 降

7-3. 士(사)나 土(토)의 모양으로 변한 발 之 志 寺 時 待 詩 持

7-4. 좌우로 향한 발 모양 韋 衛 偉 圍 違

7-5. 거리를 걷는 발 辶 道 連 運 逢

7-6. 위로 향한 두 발 모양 癶 登 燈 發 廢

7-7. 반대 방향으로 놓은 두 발 舛 桀 傑 隣

7-8. 짐승 발자국 釆 番 審 播

7

발 모양

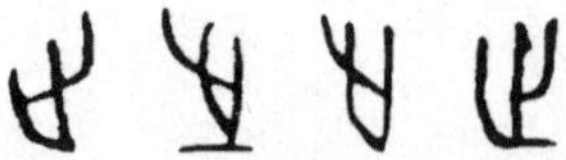

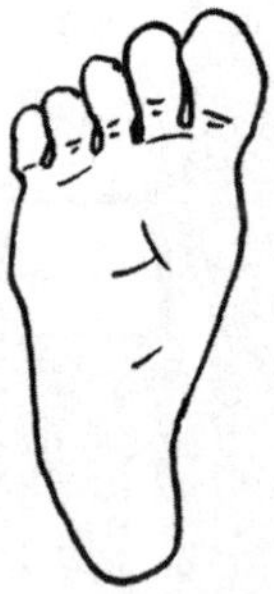

止 지 그치다

그치다 止(지)는 발이 위쪽을 향한 모양을 그렸다. 止(지)와 결합한 한자는 나아가거나, 행동하는 것을 의미한다. 단독으로 사용할 때만 그치다의 의미다. 손가락처럼 발가락도 3개만 그려서 일정한 법칙을 유지했다.

저지沮止 공격을 저지하다.

정지停止 열차가 정지하다.

正 정 바르다

바르다 正(정)은 네모는 국경이나 담을 의미하고, 아래쪽은 발 모양이다. 국경을 넘어서 다른 나라로 정벌 나가는 의미다. 정벌해서 그 나라를 자기 뜻에 맞게 바로잡는 데서 바르다는 의미로 넓어졌다. 정벌하다 征(정)의 초기 글자이다.

공정公正 공정 보도

정확正確 정확한 판단

政 정 다스리다

다스리다 政(정)은 정벌하다 正(정)과 치다 攵(복)의 조합이다. 다른 나라를 정벌해서 그곳을 자기 뜻대로 다스리는 데서 의미가 나왔다. 다스리는 데서 권력기관으로 의미가 넓어져서 政權(정권), 政府(정부)에 사용했다.

정책政策 외교정책

재정財政 국가 재정 위기

定 정 정하다

정하다 定(정)은 집 宀(면)과 다른 구역으로 들어가는 의미인 正(정)의 조합이다. 후에 正(정)이 발 疋(필)자 모양으로 변했다. 집 안으로 들어온 것을 나타내므로 安定(안정)의 의미가 나왔으며, 정착 생활에서 정하다의 의미로 넓어졌다.

긍정肯定 긍정적 사고 방식

추정推定 원인으로 추정된다.

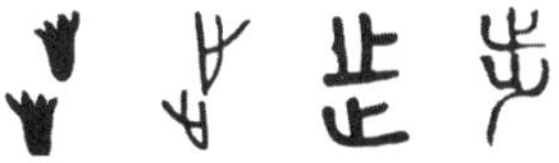

步 보 걸음

걸음 步(보)는 두 개의 발을 위아래로 그려서, 사람이 길 위를 걸어가는 동작을 나타냈다.

초보初步 초보운전

답보踏步 아직 답보 상태이다.

涉 섭 건너다

건너다 涉(섭)은 두 발 사이의 물을 그린 것이며, 후에 물 氵(수)와 걸음 步(보)의 조합으로 변했다. 물을 건너가는 모양에서 의미가 나왔다. 交涉(교섭)은 건너가서 외부와 연락하고 사귀는 것을 말하고, 이와 같은 행동을 涉外(섭외)라 한다.

간섭干涉 서로 간섭하다.

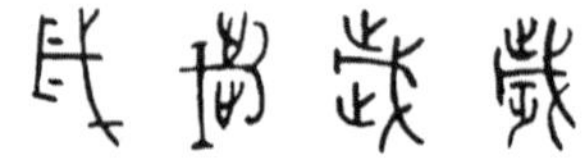

歲 세 해

해 歲(세)는 걸음 步(보)와 창 모양인 戊(무)의 조합이다. 戊(무)의 상하로 발 모양을 배치한 구조다. 갑골문은 큰 도끼 주위에 점을 찍은 모양으로 제사 지낼 때 소를 죽인 피의 흔적을 표시했다. 고대 夏(하)나라가 일 년을 주기로 소를 희생해서 제사를 지냈던 데에서 의미가 나왔다.

세월歲月 세월이 빠르다.

齒 치 이

이 齒(치)의 갑골문은 입과 앞니 2개씩을 그렸다가 후에 위쪽에 발 모양인 止(지)를 더했다. 止(지)는 활동성을 강조하고 소리 부분을 담당한다. 고대에서는 앞니를 齒(치)라 하고 어금니를 牙(아)로 구분했다. 오늘날 齒牙(치아)의 어원이다.

치과齒科 치과 치료

충치蟲齒 충치를 뽑다.

出 출 나가다

나가다 出(출)의 갑골문은 위쪽이 밖으로 나가는 발 모양이고 아래쪽이 고대인들의 주거 형태인 반 지하식 집의 입구 모양이다. 여기서 집 밖으로 나간다는 의미가 나왔다.

창출創出 고용 창출

출신出身 양반 출신

前 전 앞

앞 前(전)은 위쪽에 발 모양인 止(지)와 아래쪽에 배 모양인 舟(주)의 조합이며, 후에 칼 刂(도)가 더해졌다. 배를 타고 나가는 모양으로 前進(전진)하다가 본래의 의미이며, 다시 앞으로 나아가는 데서 앞쪽을 의미하게 되었다.

이전以前 중세 이전

전조前兆 성공의 전조가 보인다.

此 차 이

이 此(차)는 발 모양과 사람 모양의 조합이다. 서 있는 지점을 강조한 것으로 이곳을 의미했으나, 지금은 대명사로 사용한다.

차제此際 차제에 분명히 하겠다.

차후此後 차후에 거론하자.

企 기 꾀하다

꾀하다 企(기)는 사람 모양과 발 모양의 조합이다. 사람이 발을 움직여 행동하려는 데서 의미가 나왔다. 행동하려고 할 때 목표를 정하는 데서 바라다의 의미로 넓어졌다.

기도企圖 자살 기도

공기업公企業 공기업公企業의 민영화

是 (시) 이

이 是(시)는 날 日(일)과 발 모양인 止(지)의 조합이다. 태양이 머리 위 정면에 위치한 것에서 바르다는 의미로, 다시 옳다는 의미로 넓어졌다. 어느 것이 옳은가에 대한 지시에서 이것, 이다의 의미로 변했다.

시인是認 범행을 시인하다.

시비是非 시비를 가리다.

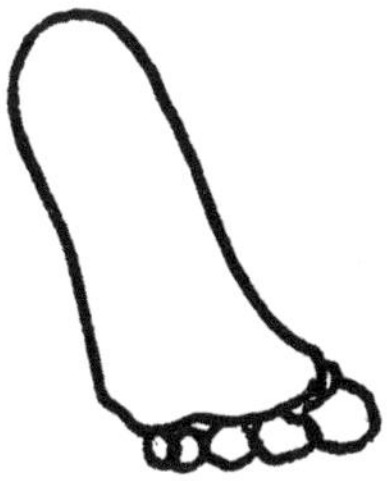

夂 치 뒤져서 오다

뒤져서 오다 夂(치)는 발 모양을 뒤집어서 그렸다. 止(지)의 반대 모양으로 돌아오다, 내려오다의 의미로 쓰인다.

조정朝廷 조정에 모여 국사를 의논한다.

조반朝飯 반드시 조반은 먹는다.

各 각 각각

각각 各(각)은 아래로 향한 발인 夂(치)와 口(구)의 조합이다. 口(구)는 한정된 구역의 의미로 집 주변의 담장이다. 정벌에서 돌아와 자기 집으로 돌아간다는 의미다. 다시 각자의 집으로 돌아가는 데서 각각의 의미로 전용되었다.

각별各別 각별한 사이

각자各自 각자 맡은 일

客 객 나그네

나그네 客(객)은 집 안에 사람을 그리고, 옆에 아래로 향한 발 모양을 그렸다. 후에 사람 모양이 구역인 口(구)로 변했다. 집 안으로 사람이 들어오는 모습이므로 손님과 나그네의 의미가 나왔다.

승객乘客 택시 승객

객지客地 객지 생활

落 락 떨어지다

떨어지다 落(락)은 풀 艹(초)와 물 氵(수)와 아래로 향한 발인 夂(치)와 구역인 口(구)의 조합이다. 식물의 잎과 물은 항상 아래를 향해서 떨어지는 데에서 의미가 나왔다.

폭락暴落 주가 폭락

당락當落 선거에 당락의 원인이 되었다.

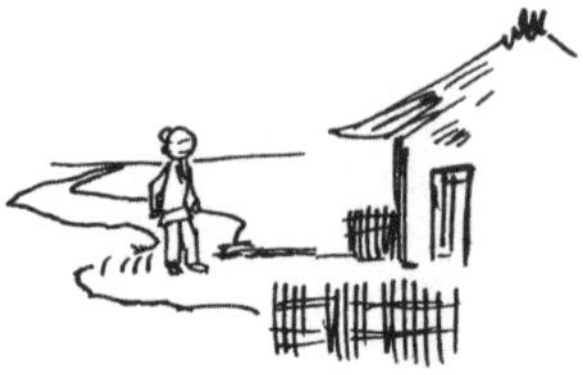

路 로 길

길 路(로)는 발 足(족)과 집으로 돌아오는 모양인 各(각)의 조합이다. 집으로 돌아오는 길에서 의미가 나왔다. 路線(노선)은 목적지가 있는 길을 간다는 의미다.

기로岐路 기로에 서다.

통로通路 비밀통로

格 격 바로잡다

바로잡다 格(격)은 나무 木(목)과 아래로 향한 발인 夂(치)와 구역인 口(구)의 조합이다. 어떤 목적지로 가는데 필요한 나무인 수레의 가름대를 의미한다. 이 가름대를 바로잡고 수레를 모는 데서 의미가 나왔다. 骨格(골격)은 몸을 지탱하는 뼈의 조직을 말한다. 이리하여 破格(파격)이란 일정한 격식을 깨뜨리는 것이 된다.

露 로 이슬

이슬 露(로)는 비 雨(우)와 구역인 口(구)의 조합이다. 풀 위에 이슬이 내리면 볼록렌즈 효과로 사물이 크게 보인다. 여기서 드러나다의 의미로 넓어졌다. 露出(노출)은 겉으로 드러난다는 의미다.

토로吐露 고충을 토로하다.

노숙露宿 산에서 노숙하다.

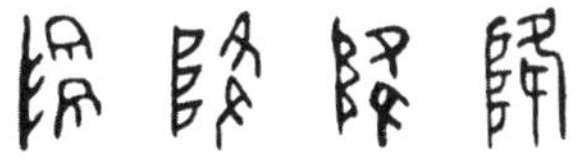

降 강 내리다

내리다 降(강)은 언덕 모양인 阝(부)와 발 모양 두 개의 조합이다. 언덕에서 내려오는 발의 모양에서 의미가 나왔다. 降(항)으로 읽을 때는 권좌에서 내려온다는 의미에서 항복하다로 쓰인다.

하강下降 하강비행

투항投降 적에게 투항하다.

之 지 가다

가다 之(지)는 경계선의 의미인 一(일)과 위쪽으로 향한 발 모양인 止(지)의 조합이다. 정해진 장소에서 떠나가는 발 모양에서 의미가 나왔다. 오늘날은 ~의란 뜻의 허사로 사용한다.

志 지 의지

의지 志(지)는 일정한 장소를 떠나는 모양인 之(지)와 마음 心(심)의 조합이다. 마음이 움직이는 것에서 의미가 나왔다. 志向(지향)은 마음이 결정한 뒤에 행동한다는 의미다.

의지意志 굳은 의지

지조志操 지조 없는 행동

寺 사 절

절 寺(사)는 일정한 장소를 떠나는 모양인 之(지)와 손 모양인 寸(촌)의 조합이다. 지정된 장소에 가서 일을 하는 의미다. 여기서 관청의 의미가 나왔으며, 인도 스님이 중국에 들어와 관청에 처음 머물러서 생활했기 때문에 절의 의미로 바뀌었다. 후에 발 모양의 변형인 士(사)가 흙 土(토)로 잘못 변했다.

산사山寺 산사에서 하룻밤 지내다.

時 (시) 때

때 時(시)는 일정한 장소를 떠나는 모양인 之(지)와 태양인 日(일)의 조합이었다. 후에 손 모양인 寸(촌)이 첨가되었다. 해 떠서 일하러 나아가는 시간에서 의미가 나왔다.

임시臨時 임시국회

시절時節 좋은 시절

待 (대) 기다리다

기다리다 待(대)는 갈림길인 彳(척)과 관청의 의미인 寺(사)의 조합이다. 관청 앞 도로에서 사람이 오기를 기다리는 데서 의미가 나왔다.

대접待接 손님 대접

우대優待 고객을 우대하다.

詩 (시) 시

시 詩(시)는 말씀 言(언)과 일하러 나가는 의미인 寺(사)의 조합이다. 일하면서 힘들 때 부르는 노래에서 의미가 나왔다.

시인詩人 여류시인

시집詩集 시집을 출간하다.

持 지 가지다

가지다 持(지)는 손 모양인 扌(수)와 일하러 나가는 의미인 寺(사)의 조합이다. 일터에 가서 전날 하던 일을 계속하는 데서 持續(지속)하다, 지키다의 의미가 나왔다.

지분持分 회사 지분을 포기하다.

견지堅持 강경 노선을 견지하다.

歲月不待人 세월부대인

歲 해 세 月 달 월 不 아니다 불 待 기다리다 대 人 사람 인

세월은 사람을 기다려 주지 않는다. 시간의 소중함을 알고 헛된 시간 낭비가 없도록 세상을 살라는 선인들의 지혜 어린 충고이다. 가는 세월 잡지 못하고 오는 세월 막지 못한다는 말과 비슷하다. 자연의 흐름은 그 어떤 힘으로도 막지 못하니 순리에 따라 생활하라는 조상들의 가르침이다. 세상은 관계 속에서만 이루어지고, 관계를 통해서만 알 수 있다. 해는 달과 별의 관계를 통해서, 남자는 여자를 통해서, 부모는 자식을 통해서 알 수 있다.

바람과 나무의 탄식이란 의미의 風樹之嘆(풍수지탄)이란 말이 있다. 효도를 다하지 못한 자식의 슬픔을 나타낸 말이다. 나무는 조용하고자 하지만 불어오는 바람이 그치지 않는다(樹欲靜而風不止 수욕정이풍부지), 자식이 효도를 다하려고 해도 그때까지 부모는 기다려 주지 않는다(子欲養而親不待 자욕양이친부대), 이런 구절도 다 비슷한 의미를 나타낸다.

오른쪽으로 향한 발 夂(과)는 오른쪽으로 향한 발 모양을 그렸다.

왼쪽으로 향한 발을 그린 모양이다.

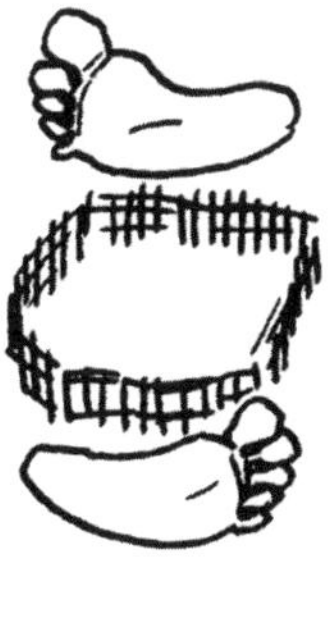

韋 위 가죽

가죽 韋(위)는 경계선을 나타내는 口(구)를 중심으로 위아래에 발을 그렸다. 국경을 지킨다는 의미다. 가죽 옷이 추위로부터 신체를 보호하는 것이 군인들의 역할과 유사하다고 인식해서 가죽의 의미로 넓어졌다.

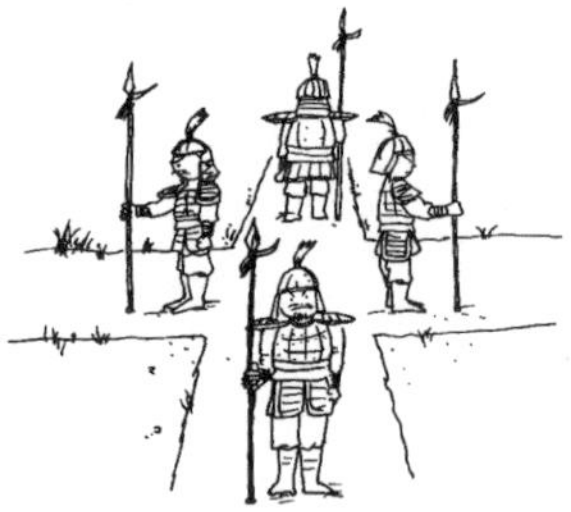

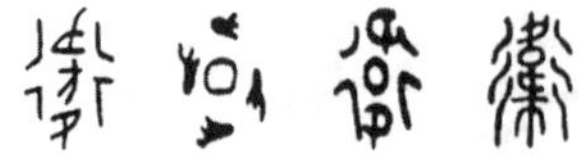

衛 위 지키다

지키다 衛(위)는 네거리 모양인 行(행)과 경계서는 모양인 韋(위)의 조합이다. 중요한 길목을 군인들이 지키는 데서 의미가 나왔다. 衛兵(위병)은 정문을 지키는 병사를 말한다.

위성衛星 위성방송

방위防衛 국토방위

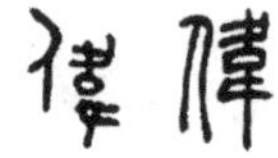

偉 위 위대하다

위대하다 偉(위)는 사람 亻(인)과 오고가는 모양인 韋(위)의 조합이다. 인격이 훌륭한 사람에게로 배워 본받기를 원하는 사람들이 몰려드는 데서 의미가 나왔다.

위인偉人 위인의 일대기

위업偉業 건국의 위업을 달성하다.

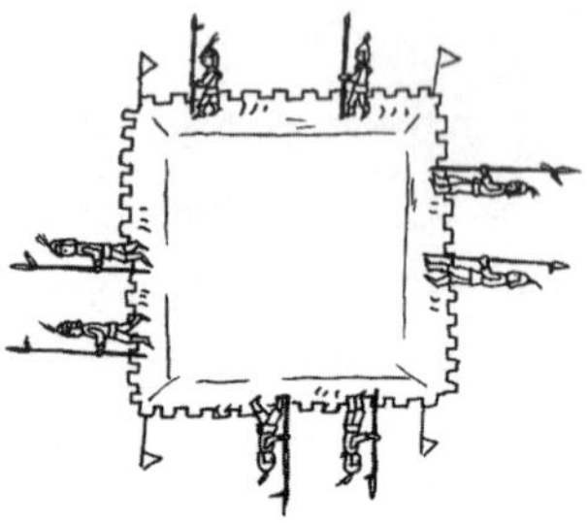

圍 위 둘레

둘레 圍(위)는 국경선을 의미하는 口(국)과 경계서는 모양인 韋(위)의 조합이다. 국경 둘레에 성을 쌓고 지키는 모양에서 의미가 나왔다. 範圍(범위)는 이러한 담장 안에 있는 것을 말한다.

주위周圍 주위를 배회하다.

違 위 어기다

어기다 違(위)는 쉬엄쉬엄 갈 辶(착)과 경계서는 모양인 韋(위)의 조합이다. 경계설 때 병사들이 등지고 반대 방향으로 걸어다니는 데서 어긋나다의 의미가 나왔다. 어긋나서 만날 수 없는 것에서 어기다로 의미가 확장되었다.

위반違反 교통 법규 위반

위배違背 약속에 위배되다.

韋編三絶 위편삼절

韋 가죽 위 編 엮다 편, 땋다 변 三 석 삼 絶 끊다 절

韋編三絶위편삼절은 사마천의 『사기(史記)』에 나오는 말이다. 종이가 없던 옛날에는 대나무에 글자를 써서 책으로 만들어 사용했는데, 위편삼절은 책을 묶은 가죽 끈이 세 번이나 끊어졌다는 뜻이다.

공자(孔子)는 주역(周易)을 읽고 또 읽어서 대쪽을 엮은 가죽끈이 세 번이나 끊어졌다고 한다. "내가 수년 동안 틈을 얻어서 이와 같이 되었으니, 내가 주역에 대해서는 환하다."라고 말하고, "나는 호학(好學)하다가 발분(發憤)하여 밥 먹는 것도 잊고, 즐거움으로 근심마저 잊고, 세월이 흘러 몸이 늙어가는 것도 몰랐다"라고 했다고 한다. 공자(孔子) 같은 성인도 학문(學問) 연구(硏究)를 위해서는 피나는 노력을 했다는 것이다.

떨어지는 물방울이 바위를 뚫는다는 낙수천석(落水穿石)이란 말도 끊임없는 노력의 위대함을 나타내는 말이다.

辶 착 쉬엄쉬엄가다

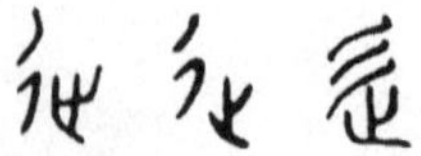

쉬엄쉬엄 가다 辶(착)은 부수로만 사용하는 글자로 갈림길 모양인 彳(척)과 발 모양인 止(지)의 조합이다. 거리를 걸어가는 모양에서 의미가 나왔다.

道 도 길

길 道(도)는 사거리 모양인 行(행)과 발 모양인 止(지)의 조합이다. 후에 쉬엄쉬엄 갈 辶(착)과 머리 首(수)의 조합으로 변했다. 사람이 거리를 걸어가는 길에서 의미가 나왔다. 사람이 걸어가야 할 길에서 도리의 의미로 넓어졌다.

궤도軌道 궤도를 이탈하다.

적도赤道 적도지방

連 련 이어지다

이어지다 連(련)은 쉬엄쉬엄 가다 辶(착)과 수레 車(거)의 조합이다. 고대 군대가 수레끼리 이어 야영이나 행군을 하는 데서 의미가 나왔다. 連帶(연대)는 수레들끼리 쭉 이어져서 띠를 이루는 것을 말한다.

연락連絡 연락처 동기화

연결連結 전원을 연결하다.

運 운 돌다

돌다 運(운)은 쉬엄쉬엄 가다 辶(착)과 군대가 진을 치고 있는 모양인 軍(군)의 조합이다. 군사를 이리저리 돌려 배치해 운용하는 데서 의미가 나왔다. 運命(운명)은 세상살이가 좋은 일과 나쁜 일이 돌고 돈다는 의미이다.

운용運用 효율적으로 운용하다.

운행運行 순환버스 운행

逢 봉 만나다

만나다 逢(봉)은 갈림길 彳(척)과 아래로 향한 발 夂(치)와 풀이 무성한 丰(봉)의 조합이다. 후에 夆(봉)과 쉬엄쉬엄 갈 辶(착)의 조합으로 변했다. 갈림길 근처 풀이 무성한 곳을 만남의 장소로 정한 데서 의미가 나왔다.

상봉相逢 이산가족 상봉

봉착逢着 위기에 봉착하다.

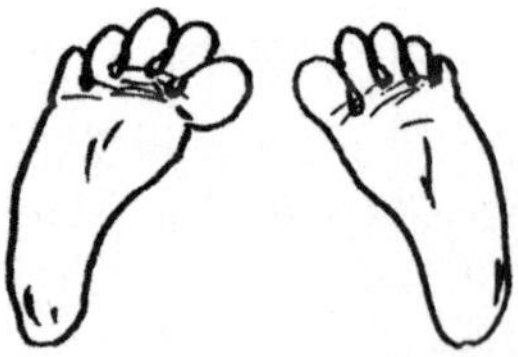

癶 발 걷다

걷다 癶(발)은 위쪽으로 향한 두 개의 발 모양을 그렸다. 다른 글자와 결합 시 행동한다는 의미다

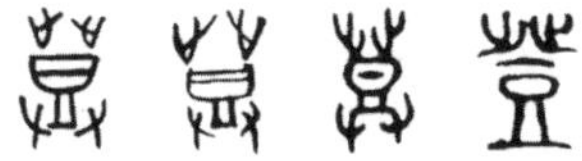

登 등 오르다

오르다 登(등)은 두 발 모양인 癶(발)과 제사 그릇인 豆(두)와 두 손 모양의 조합이다. 후에 손 모양이 생략되었다. 공손하게 음식을 받들고 제단을 오르는 동작에서 의미가 나왔다.

등교登校 등교 시간

등록登錄 특허등록

燈 등 등불

등불 燈(등)은 불 火(화)와 오르다 登(등)의 조합이다. 등불은 높은 곳에 두어야 불빛이 두루 미치는 데서 의미가 나왔다.

등유燈油 등유 가격

소등消燈 소등하고 취침중이다.

發 발 가다

가다 發(발)은 두 발과 손에 막대기를 들고 있는 모양이다. 후에 두 발 모양 아래에 활 弓(궁)과 창 殳(수)를 두는 조합으로 변했다. 활과 창을 들고 전장으로 나가는 데서 의미가 나왔다. 다시 활에서 쏘다의 의미로 넓어졌다.

발표發表 자기주장 발표 대회

발언發言 발언에 나서다.

廢 폐 폐기하다

폐기하다 廢(폐)는 농가 주택인 广(엄)과 떠나다 發(발)의 조합이다. 집이 망가져 주거할 수 없게 되자 버리고 나온다는 데서 의미가 나왔다. 廢家(폐가)는 버려진 낡은 집을 말한다.

폐기廢棄 폐기처분

철폐撤廢 규제 철폐

舛 천 어긋나다

어긋나다 舛(천)은 두 발을 반대 방향으로 그렸다. 두 발이 서로 반대 방향으로 있는 데서 의미가 나왔다.

桀 걸 횃대

횃대 桀(걸)은 나무 木(목)과 두 발 모양인 舛(천)의 조합이다. 나무 위에 올라가 있는 것을 나타냈다. 닭이 올라앉기 위해 설치한 가로지른 나무라는 의미다.

傑 걸 뛰어나다

뛰어나다 傑(걸)은 횃대 桀(걸)에 사람 亻(인)을 더한 모양으로, 높이 올라가 있는 사람을 의미한다. 사람이 나무 위에 올라가 일반 사람에 비해서 높은 곳에 있는 데서 의미가 나왔으며, 간략해서 杰(걸)로 많이 쓴다.

걸작傑作 걸작을 남겼다.

걸출傑出 걸출한 인물

鄰

隣 린 이웃

이웃 隣(린)은 불꽃 炎(염)과 두 발 모양 舛(천)과 고을 阝(읍)의 조합이다. 후에 불꽃 炎(염)이 쌀 米(미)로 변했다. 불을 서로 빌려주고 받는 가까운 사이에서 의미가 나왔다. 본래는 鄰(린)이었으나 오늘날은 속자인 隣(린)으로 많이 사용한다.

근린近隣 근린공원

인접隣接 산업단지와 인접하다.

登高自卑 등고자비

登 오르다 등 高 높다 고 自 스스로 자 卑 낮다 비

『중용(中庸)』에 登高自卑 등고자비라는 말이 나온다.

먼 곳을 갈 때는 반드시 가까운 곳에서 출발하고, 높은 곳에 오를 때는 반드시 낮은 곳에서 출발한다며 군자의 도를 말한다. 다시 말하면 높은 곳도 낮은 곳으로부터 오른다는 뜻이다.

이는 일을 하는 데는 반드시 차례(次例)를 밟아야 한다는 말로, 천리 길도 한 걸음부터라는 속담과 같은 맥락이다. 또한 지위(地位)가 높아질수록 스스로를 낮춘다는 말로, 첫 마음을 잃지 말라는 의미로도 읽힌다.

釆 변 분별하다

분별하다 釆(변)은 짐승 발자국 모양을 그렸다. 짐승 발자국을 보고 짐승을 판별하는 데서 의미가 나왔다. 나무 木(목)과 손 모양 爪(조)의 조합인 채취하다 采(채)와 유사한 모양이므로 주의할 글자이다.

番 번 차례

차례 番(번)은 짐승 발자국 釆(변)과 농경지 田(전)의 조합이다. 농경지에 짐승 발자국이 발견되면 농작물 보호를 위해 지키는 데서 지킨다는 의미다. 이때 혼자서 긴 시간을 지킬 수 없어 가족들이 순번을 정해 지켜야 하는 데서 의미가 나왔다.

번호番號 수험 번호

당번當番 청소 당번

審 심 살피다

살피다 審(심)은 집 宀(면)과 짐승 발자국 釆(변)과 농경지 田(전)의 조합이다. 농경지나 집 안에 찍힌 발자국을 관찰하는 데서 의미가 나왔다. 발자국을 관찰해서 판별하는 것을 審判(심판)이라 한다.

심의審議 개정안 심의

심사審査 공정한 심사

播 파 뿌리다

뿌리다 播(파)는 쌀 米(미) 모양과 치다 攴(복)의 조합이었으나, 후에 손 扌(수)와 짐승 발자국 釆(변)과 밭 田(전)의 조합으로 변했다. 손의 씨앗을 농경지에 발자국 모양으로 눌러서 파종하는 데서 의미가 나왔다. 뿌리다 에서 다시 사방에 전파하다로 넓어졌다.

전파傳播 복음을 전파하다.

파종播種 벼를 파종하다.

博學審問 박학심문

博 넓다 박 學 배우다 학 審 살피다 심 問 묻다 문

『中庸(중용)』에서는 공부하는 자의 태도를 널리 배우고[博學], 자세히 배운 것을 물으며[審問], 생각을 신중하게 하며[愼思], 사리를 명확히 분별하고[明辨], 독실하게 행하여야 한다[篤行]고 말한다.

朱子는 하지 않으려면 아예 하지 말되, 하려면 남보다 공을 백 번을 더 들이더라도 잘할 수 있을 때까지 하여야 한다고 하였다. 배우는 자가 반드시 명심해야 할 태도가 博學審問박학심문인 것이다. 여기에서 學問(학문)이라는 단어가 나왔다.

8-1. 입 口 日 昌 同 洞 召 招 超 紹

8-2. 말씀 言 信 誤

8-3. 소리 音 意 億 暗

8-4. 여러 명이 말한 내용 十 計 古 故 固 苦

8-5. 혀 모양 舌 活 話

8-6. 입 속에 음식이 있는 모양 甘 甚 某 媒

8-7. 기운이 나오는 모양 乎 呼 四

8-8. 털과 수염 毛 尾 而 須 耐 端

8-9. 심장 心 忠 患 愛

8-10. 머리 首 縣 思 豆 頭

8-11. 눈 目 面 直 看 眉 植 聽

8-12. 고개를 돌려 보는 눈 艮 恨 眼 限 根 退

8-13. 내려 보는 눈 臣 臥 賢 堅 監 臨

8-14. 손톱 白 伯 百

8-15. 귀 耳 恥 聖

8-16. 코 自 鼻 息 臭

8-17. 뼈 骨 體 別

8-18. 부서진 뼈와 죽음 歹 列 裂 烈 死 葬 亞 惡

8 인체 기타

8-19. 남자 생식기 且 祖 助 組 士 仕 吉 結

8-20. 여자 생식기 也 地 他

口 구 입

입 口(구)는 사람이 입을 크게 벌리고 있는 모양을 그렸다. 음식물이 입을 통해서 들어가기 때문에 물건을 담는 그릇의 의미가 내포되어 있다. 입은 사람마다 하나씩이기 때문에 人口(인구)는 사람의 숫자를 나타낸다.

구실口實 구실을 만들다.

曰 왈 이르다

이르다 曰(왈)은 입 모양인 口(구)에 가로선을 그렸다. 입에서 나오는 말을 표현했다.

왈가왈부曰可曰否 결정 사항에 왈가왈부하지 말라

昌 창 번창하다

번창하다 昌(창)은 태양인 日(일)과 입 모양인 曰(왈)의 조합이다. 햇살처럼 밝고 깨끗한 말이므로 아름다운 말이라는 의미다. 아름다움에서 세력이 번성한다는 의미로 넓어졌다.

번창繁昌 사업이 번창하다.

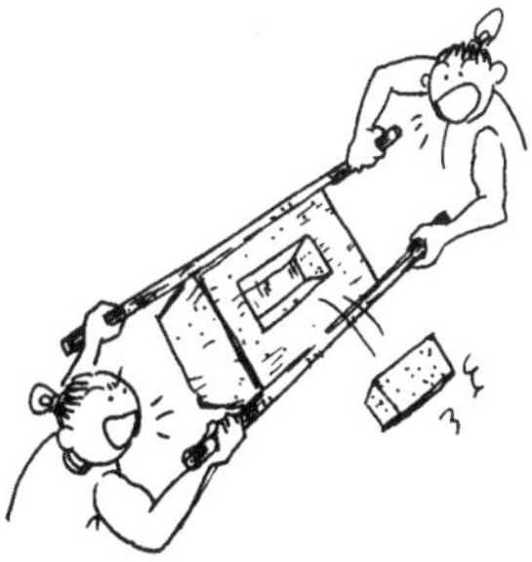

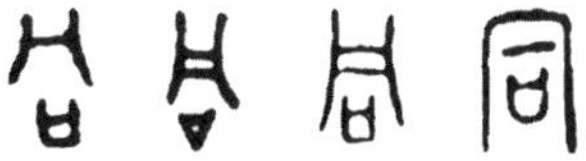

同 동 한 가지

한 가지 同(동)은 위쪽 덮개 모양과 아래쪽 입 口(구)의 조합이다. 여러 사람이 함께 특정한 틀을 사용해서 찍어내는 모양을 나타냈다. 함께 일한다는 共同(공동)이란 말에서 의미를 볼 수 있다.

동포同胞 해외 동포

동의同意 의견에 동의하다.

洞 동 골짜기

골짜기 洞(동)은 물 氵(수)와 벽돌을 찍어내는 의미인 同(동)의 조합이다. 물이 있는 곳에서 함께 벽돌을 만들어 집을 짓는 곳이므로 마을의 의미다. 물이 풍부하고 사람들이 어울려 살기 좋은 골짜기에서 의미가 넓어졌다.

동굴洞窟 동굴 탐사

동장洞長 동장에 부임하다.

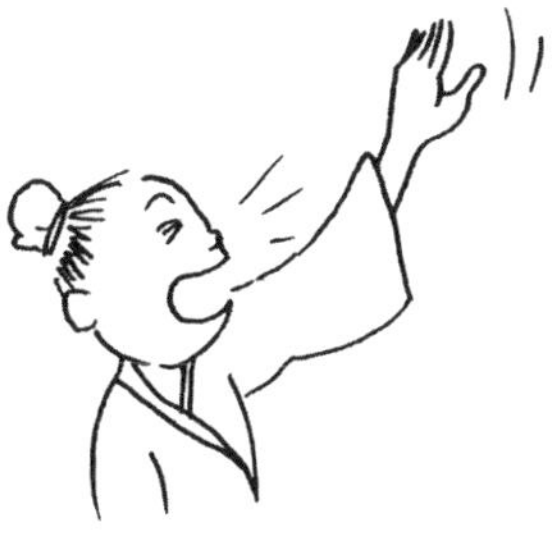

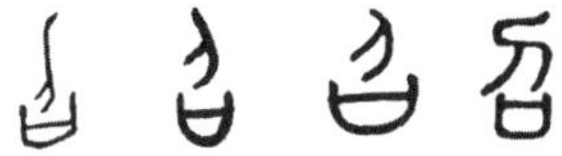

召 소 부르다

부르다 召(소)는 사람 人(인)과 입 口(구)의 조합이다. 후에 人(인)이 칼 刀(도)로 잘못 변했다. 입으로 소리 내서 사람을 부르는 상황에서 의미가 나왔다. 召集(소집)은 불러 모은다는 의미다.

소환召喚 검찰에 소환되다.

招 (초) 부르다

부르다 招(초)는 손 扌(수)와 부르다 召(소)의 조합이다. 손짓해서 부르는 데서 의미가 나왔다. 招來(초래)는 어떤 결과를 불러온다는 의미다.

초대招待 잔치에 초대를 받다.

자초自招 위험을 자초하다.

超 (초) 뛰어넘다

뛰어넘다 超(초)는 달리는 사람과 발 모양인 止(지)와 부르다 召(소)의 조합이다. 달려서 뛰어넘는다는 의미가 나왔다. 보통 수준을 뛰어 넘는 것을 超然(초연)이라 한다.

초과超過 정원 초과

초월超越 상상을 초월하다.

紹 (소) 잇다

잇다 紹(소)는 실 糸(사)와 사람 人(인)의 조합이며, 후에 입 口(구)가 첨가되었다. 사람이 실마리를 찾아서 실을 연결하는 데서 의미가 나왔다. 연결하다에서 소개하다의 의미로 넓어졌다.

소개紹介 직업 소개

言 (언) 말씀

말씀 言(언)은 말하는 모양을 표현하기 위해 혀 모양인 舌(설)자 위에 가로획을 더했다. 語(어)는 대화의 의미가 강한 반면, 언(言)은 주도적으로 다른 사람과 말을 할 때 사용한다.

언론言論 언론 기관

언급言及 언급을 회피하다

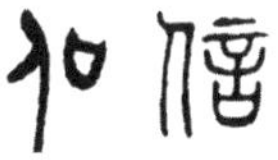

信 (신) 믿다

믿다 信(신)은 사람 人(인)과 입 口(구)의 조합이었으나, 후에 口(구)가말씀 言(언)으로 변했다. 고대엔 소식을 전달할 때 사람이 직접 전달했다. 전달하는 사람의 말을 믿는 데서 의미가 나왔다.

통신通信 이동통신사

수신受信 수신 거부

誤 (오) 어긋나다

어긋나다 誤(오)는 말씀 言(언)과 큰소리 지르는 모양인 吳(오)의 조합이다. 일이 잘 되지 않을 때 소리가 커지는 데서 의미가 나왔다. 이치에 맞지 않는 일을 誤謬(오류)라고 한다.

오해誤解 오해를 받다.

오인誤認 범인으로 오인하다.

音 음 소리

소리 音(음)은 말씀 言(언)의 입 口(구) 부분에 가로획을 더했다. 입에서 나오는 말의 기운을 표현했다.

잡음雜音 선정에 잡음이 일다.

발음發音 발음이 정확하다.

意 의 뜻

뜻 意(의)는 소리 音(음)과 심장 모양인 心(심)의 조합이다. 마음에 있는 소리에서 의미가 나왔다.

사의辭意 사의를 표명하다.

고의故意 고의로 일을 저지르다.

億 억 억

억 億(억)은 사람 亻(인)과 뜻 意(의)의 조합이다. 사람은 모든 일을 생각해보고 행동하는 데서 헤아리다의 의미다. 헤아릴 수도 없이 많은 생각을 하는 데서 많은 숫자의 의미로 변했다.

억대億臺 억대의 도박판

억장億丈 억장이 무너지다.

暗 암 어둡다

어둡다 暗(암)은 태양인 日(일)과 소리 音(음)의 조합이다. 소리를 내서 의사를 밝힌다는 의미로, 어두울 때는 소리로써 의사를 확실하게 한 데서 의미가 나왔다.

암시暗示 암시를 주다

암송暗誦 시를 암송하다.

거문고 소리를 듣고 안다는

知音 지음

知 알다 지 音 소리 음, 그늘 음

『열자(列子)』에는 자기(自己)의 속마음까지 알아주는 친구(親舊)사이인 伯牙(백아)와 鍾子期(종자기)의 이야기가 있다. 거문고의 명인인 백아가 자신의 마음 상태를 거문고로 연주하면, 종자기는 거문고 소리를 듣고 백아의 생각을 척척 알아맞혔다. 백아는 종자기에게 말했다.

"정말 대단하네. 그대가 듣고 상상한 것이 곧 내 마음이네. 그대 앞에서 거문고를 켜면 나를 숨길 수가 없네."

그 후 불행히도 종자기가 병으로 죽었다. 그러자 백아는 거문고 줄을 끊어 버리고는 두 번 다시 거문고에 손을 대지 않았다. 이 세상(世上)에 자기 거문고 소리를 알아주는 사람이 없다고 생각했기 때문이었다. 이 이야기는 백아가 거문고 줄을 끊었다는 伯牙絶絃(백아절현)의 유래(由來)이기도 하다.

十 **십** 열

열 十(십)은 세로로 선을 그렸다. 숫자의 시작은 가로선인 一(일)로 표현했고, 숫자의 끝은 세로선으로 그렸다. 후에 가로 세로선을 합쳐서 숫자의 처음부터 끝의 의미를 표현했다.

십일조十一租 십일조 헌금을 내다.

십분十分 능력을 십분 발휘하다.

計 **계** 헤아리다

헤아리다 計(계)는 말씀 言(언)과 一(일)부터 십까지의 의미인 十(십)의 조합이다. 처음부터 끝까지 말하는 데서 셈하다의 의미다. 셈하다에서 헤아려보다로 의미가 넓어졌다. 體溫計(체온계)는 체온을 헤아려보는 기계라는 의미다.

계산計算 비용을 계산하다.

집계集計 잠정 집계

古 **고** 예

예 古(고)는 완성의 숫자인 열 十(십)과 입 口(구)의 조합이다. 처음부터 지금까지 오랜 세월 동안 입으로 전해오는 데서 의미가 나왔다.

고대古代 고대 유적

최고最古 세계 최고의 탑

故 고 옛

옛 故(고)는 예 古(고)와 치다 攵(복)의 조합이다. 오래 전에 있었던 일들을 강조하기 위해 攵(복)을 더했다. 故事(고사)는 그냥 예전의 일이 아니고 의미가 있었던 일을, 故人(고인)은 죽은 사람이나 오래된 친구를 의미한다. 古人(고인)은 옛날 사람을 의미한다.

사고事故 대형 사고

고장故障 자동차 고장

固 고 굳다

굳다 固(고)는 오래 古(고)와 담 모양인 口(구)의 조합이다. 긴 세월 담으로 둘러싸여 있다는 의미다. 외부와 소통하지 않고 긴 세월 동안 굳게 담을 치고 사는 데서 의미가 나왔다.

고정固定 고정 수입

고수固守 전통을 고수하다.

苦 고 쓰다

쓰다 苦(고)는 풀 艹(초)와 예 古(고)의 조합이다. 오랫동안 약용식물로 입에 오른 풀인 씀바귀를 의미한다. 쓴 맛을 내는 씀바귀에서 쓰다, 고통스럽다로 의미가 넓어졌다.

고심苦心 고심 끝에 내린 결정

고생苦生 집 나오면 고생

舌 설 혀

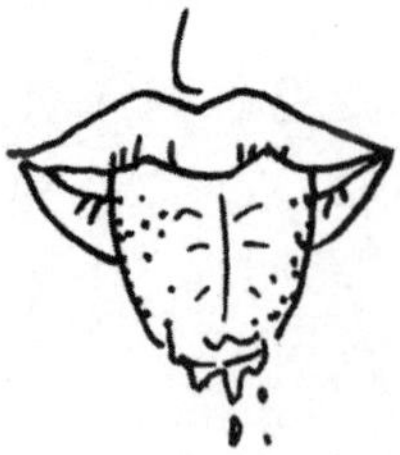

혀 舌(설)은 입에서 밖으로 나온 혀 모양을 그렸다. 口舌(구설)은 남들의 입과 혀라는 의미로 남이 헐뜯는 말이다.

설전舌戰 설전이 벌어졌다.

독설毒舌 독설을 퍼붓다.

活 활 살다

살다 活(활)은 물 氵(수)와 혀 舌(설)의 조합이다. 사람이 혀를 이용해서 물을 먹으므로 살아 있음을 의미한다. 물 마시며 살고 있는 고기를 活魚(활어)라 한다.

활동活動 활동을 재개하다.

사활死活 사활을 걸다.

話 화 말하다

말하다 話(화)는 말씀 言(언)과 혀 모양인 舌(설)의 조합이다. 말하는데 중요한 역할을 하는 것이 혀이기 때문에 언어 활동을 의미한다.

일화逸話 숨은 일화

전화電話 휴대 전화

甘 감 달다

달다 甘(감)은 입 가운데 가로선을 그어 넣었다. 입안에 맛있는 음식물이 있는 상황에서 의미가 나왔다.

감언甘言 감언에 유혹되다.

감수甘受 비난을 감수하다.

甚 심 심하다

심하다 甚(심)은 맛있는 음식의 의미인 甘(감) 아래에 국자 모양을 조합했으나, 후에 국자 모양이 짝 匹(필)로 변했다. 맛있는 음식을 국자로 떠먹는 상황이므로 술로 추정된다. 매우 맛있는 음식에서 심하다의 의미로 변했다.

극심極甚 극심한 피해를 입다.

심심甚深 심심한 사의를 표하다.

某 모 아무

아무 某(모)는 입안에 있는 음식 모양인 甘(감)과 나무 木(목)의 조합이다. 임신한 여인은 신맛 나는 매실을 좋아한다. 매화나무의 의미다. 어느 과일이 맛있는지를 묻는 데서 어느 사람, 어느 곳의 의미로 변했다.

모종某種 모종의 음모

모처某處 서울 모처에서 만났다.

媒 매 중매

중매 媒(매)는 여인 女(녀)와 매화나무 某(모)의 조합이다. 임신한 여인은 신맛이 나는 매실을 좋아하므로, 혼인과 관련된 의미가 나왔다.

중매仲媒 중매로 결혼했다.

용매溶媒 유기 용매

달면 삼키고 쓰면 뱉는다는

甘呑苦吐 감탄고토

甘 달다 감 呑 삼키다 탄 苦 쓰다 고, 땅 이름 호 吐 토하다 토

생명은 본능적으로 자신의 몸에 맞는 것을 받아들이고 맞지 않는 것을 받아들이지 않는다. 성장기의 어린 아이에게 단맛은 에너지원인 탄수화물이다. 때문에 아이들은 단맛을 좋아하고 몸에서는 이를 자꾸 요구한다. 이런 면에서 감탄고토는 자연적인 현상일 수 있다.

하지만 옳고 그름이 있고, 해야 할 일과 하지 말아야 할 일을 구분 짓고 생활하는 인간은 사회적 동물이다. 때문에 제 비위에 맞으면 받아들이고 안 맞으면 배반하는 일을 해서는 안 된다.

이해관계에 따라 사람과 일을 대하는 것이 이랬다저랬다 하면 믿음 없는 사람이라고 지탄(指彈)을 받는다.

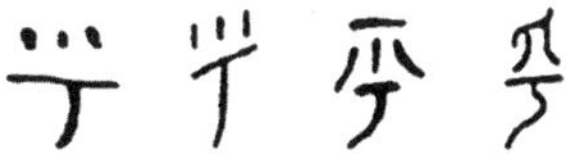

乎 호 어조사

어조사 乎(호)는 세 점과 턱 모양인 丂(교)의 조합이다. 세 점은 말할 때 숨결 혹은 소리가 나오는 모양을 표현했다. 후에 감탄이나 의문을 나타내는 어조사로 사용하게 되었다.

단호斷乎 단호한 어조로 거절하다.

呼 호 숨을 내쉬다

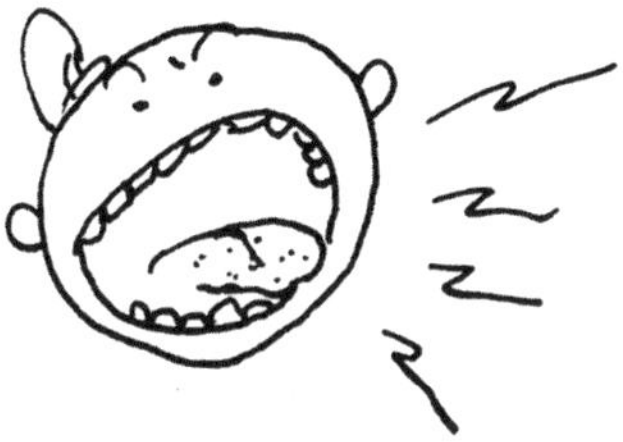

숨을 내쉬다 呼(호)는 입에서 숨결이 나오는 乎(호)에 입 口(구)를 더했다. 乎(호)의 의미가 변하게 되자 그 의미를 대신한 것이다.

四 사 넉

넉 四(사)는 네 개의 가로선을 그렸다. 후에 입에서 나오는 소리 형태로 변했다. 고대엔 네 마리 말이 수레를 끌었는데 이때 말의 입에서 내뿜는 기운을 나타낸다. 네 마리의 말에서 의미를 빌려 썼다.

사방四方 천지 사방

사계四季 사계절

毛 모 털

털 毛(모)는 사람의 머리에 난 긴 털이나 동물의 긴 털을 그렸다. 손 手(수)와 유사한 글자이므로 주의가 필요하다.

불모不毛 불모지대

모피毛皮 모피 코트

尾 미 꼬리

꼬리 尾(미)는 사람 궁둥이에 꼬리가 달려 있는 모양이었으나, 후에 누운 사람 모양인 尸(시)와 털 毛(모)의 조합으로 변했다. 고대 중국에선 사냥 후 동물의 꼬리와 머리로 장식하고 춤을 추면서 죽은 동물의 혼을 위로했다. 이런 사람의 모양에서 의미가 나왔다.

어미語尾 어미 활용

대미大尾 대미를 장식했다.

而 이 말 이을

말 이을 而(이)는 사람의 턱에 있는 수염을 그려 의미를 표현했다. 턱에 수염이 이어진 모양에서 말을 잇다의 의미로 변하게 되었다.

사이비似而非 사이비 종교

須 수 반드시

반드시 須(수)는 털(빛)의 의미인 彡(삼)과 머리 頁(혈)의 조합이다. 얼굴에 난 털인 수염의 의미다. 수염은 남자 권위의 상징으로 반드시 필요한 데서 必須(필수)의 의미로 넓어졌다.

필수必須 필수과목

耐 내 견디다

견디다 耐(내)는 수염 모양인 而(이)와 손 모양인 寸(촌)의 조합이다. 고대 중국에는 수염을 자르는 형벌이 있었다. 이러한 모욕적인 형벌을 견디는 데서 의미가 나왔다.

내성耐性 항성제 내성이 생기다.

내진耐震 내진 설계

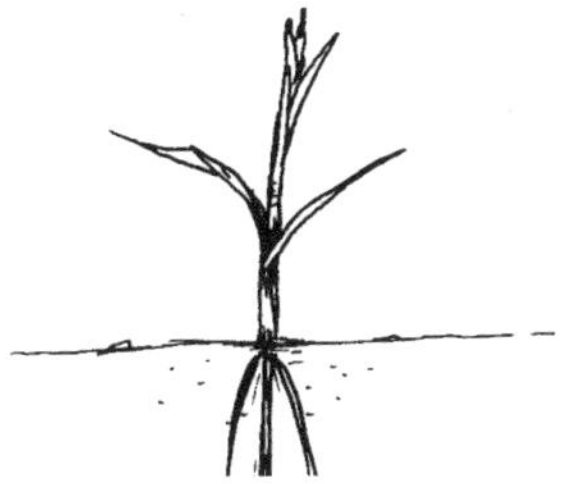

端 단 바르다

바르다 端(단)은 땅에서 올라오는 식물 싹의 잎과 뿌리를 그렸다. 후에 설 立(립)과 뫼 山(산)과 수염 모양인 而(이)의 조합으로 변했다. 여기서 山(산)은 줄기를, 而(이)는 뿌리를 대신한 모양이다. 싹이 올라오는 모양에서 실마리의 의미로 端緖(단서)에 쓰였다. 풀이 곧게 올라오는 모양에서 바르다의 의미로 넓어졌다.

첨단尖端 첨단 과학

心 심 마음

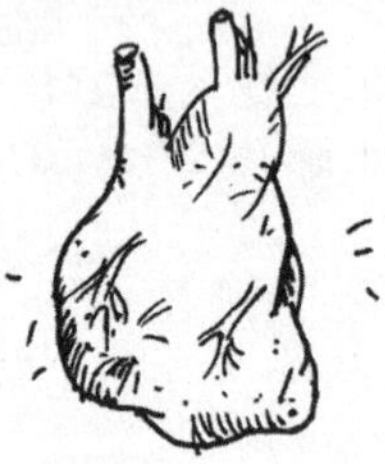

마음 心(심)은 심장의 윤곽 모양을 그렸다. 고대 중국인들은 심장이 생각을 관장하는 기관이라 여겼다. 심장은 인체의 중요한 장기이므로 中心(중심)이라는 의미로 넓어졌다.

관심關心 관심이 쏠리다.

민심民心 민심이 동요하다.

忠 충 충성하다

충성하다 忠(충)은 깃발 꼽은 모양인 中(중)과 마음 心(심)의 조합이다. 中(중)은 씨족의 문장이 새겨진 깃발을 마을 한가운데 꼽아 놓은 모양이다. 마음 속으로 자기 씨족의 지역을 생각하는 데서 의미가 나왔다.

충성忠誠 나라에 충성

충고忠告 진심 어린 충고

患 환 근심하다

근심하다 患(환)은 화폐로 사용한 조개가 꿰어있는 모양인 串(관)과 마음 心(심)의 조합이다. 예나 지금이나 돈이 문제다. 마음속으로 돈 걱정하는 모양에서 의미가 나왔다.

질환疾患 유전적 질환

노환老患 노환으로 별세했다.

愛 (애) 사랑

사랑 愛(애)는 사람이 고개를 돌리고 서서 심장을 안고 있는 모양이다. 깊이 간직하고 있는 마음을 돌아보며 말하는 데서 의미가 나왔다. 후에 위쪽에 손 모양인 爪(조)와 덮다 冖(멱) 모양과 마음 心(심)과 들어오는 발인 夂(치)의 조합으로 변했다.

우애友愛 형제간의 우애가 두텁다.

할애割愛 시간을 할애하다.

일정한 생산이 없으면 일정한 마음도 없다는

無恒產無恒心 무항산무항심

無 없다 무 恒 항상 항 產 낳다 산 無 없다 무 恒 항상 항 心 마음 심

『맹자(孟子)』「양혜왕 상」편에 나오는 말이다. 맹자(孟子)의 핵심 사상은 인(仁)에 의한 덕치(德治)와 패도(霸道)정치를 바꾸는 역성혁명이라 할 수 있다. 정치적 의미에서 덕치를 펼치려면, 경제적 의미에서는 백성들이 잘 먹어야 한다는 것이다.

"일정한 생산이 없어도 항상 바른 마음을 가질 수 있는 것은 오직 뜻있는 선비만 가능합니다. 일정한 생산이 없으면 항상 바른 마음을 가질 수 없습니다. 항상 바른 마음을 가질 수 없다면 악을 저지르게 되며 어찌할 수가 없게 됩니다. 백성들이 죄를 범한 후에 법으로 그들을 처벌하는 일은 곧 백성을 그물질하는 짓과 같습니다."

맹자가 이어 말하길, "어떻게 어진 임금이 백성들을 그물질할 수 있습니까?" 하고 반문하였다.

首 수 머리

머리 首(수)는 소 머리를 그렸으나, 후에 사람의 머리와 비슷하게 변했다. 머리는 맨 위쪽에 위치하기 때문에 최고, 높다의 의미로 넓어졌다.

縣 현 매달다

매달다 縣(현)은 머리를 베어 거꾸로 나무에 묶어 놓은 모양을 그려 의미를 표현했다. 후에 木(목)이 생략되고 머리 首(수)를 거꾸로 한 글자와 잇다 系(계)의 조합으로 변했다. 진시황 때 행정구역 명칭으로 사용하게 되자, 마음 心(심)을 더한 懸(현)으로 의미를 보존했다.

현감縣監 고을 현감으로 부임하다.

思 사 생각

생각 思(사)는 정수리 뼈인 囟(신)과 심장 모양인 心(심)의 조합이다. 후에 囟(신)이 田(전)으로 변했다. 고대 중국인들은 심장도 생각을 관장한다고 믿었기에, 심장과 머리로 思考(사고)한다고 여긴 데서 의미가 나왔다.

사상思想 건전한 사상

사념思念 깊은 사념에 잠기다.

豆 두 콩

콩 豆(두)는 고대 제사 때 쓰던 높은 굽다리에 위쪽이 넓은 그릇 모양을 그렸다. 춘추시대에 연회를 베풀 때 이 그릇에 콩을 담고, 화살을 던져 콩을 굴러 나오게 하는 놀이를 했던 데서 콩의 의미로 차용되었다. 목 모양과 흡사해서 이 글자와 결합한 한자는 머리, 북의 받침, 제사 그릇의 의미를 갖게 된다.

두부豆腐 두부김치

녹두綠豆 녹두빈대떡

頭 두 머리

머리 頭(두)는 그릇 모양인 豆(두)와 머리 頁(혈)의 조합이다. 豆(두)의 아래쪽이 움푹 들어간 모양이 우리 인체의 목과 흡사한 데서 의미가 나왔다. 머리는 인체 중에서 가장 위쪽에 있기 때문에 꼭대기, 우두머리의 의미로 넓어졌다.

몰두沒頭 공부에 몰두하다.

연두年頭 연두 기자회견

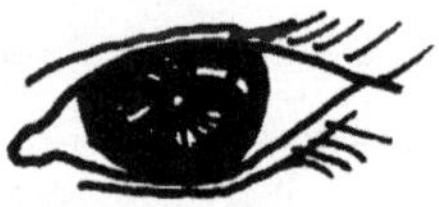

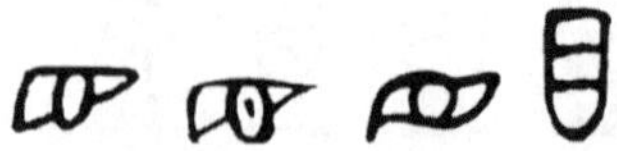

目 목 눈

눈 目(목)은 눈의 윤곽만을 그대로 그렸다. 대나무로 만든 좁은 죽간 때문에 눈 모양을 세로로 세워서 그리게 되었다.

목표目標 목표를 세우다.

주목注目 사람들의 주목을 끌다.

面 면 얼굴

얼굴 面(면)은 머리 외곽선과 눈 目(목)의 조합이다. 얼굴에서 가장 중요한 눈을 강조한 데서 의미가 나왔고, 여기서 본다는 의미도 포함하게 되었다. 對面(대면)은 얼굴을 마주 보고 대한다는 의미다.

전면全面 전면 광고

면접面接 면접시험

直 직 곧다

곧다 直(직)은 눈 위에 직선을 그렸으며, 후에 아래에 곡선 모양을 더했다. 눈으로 똑바로 보고 있는 데서 바르다는 의미가 나왔다. 똑바로 보는 데서 직선의 의미로 넓어졌다.

직접直接 사고의 직접 원인

정직正直 정직한 마음

看 (간) 보다

보다 看(간)은 손 手(수)와 눈 目(목)의 조합이다. 눈 위에 손을 올려 멀리까지 보는 사람을 표현한 데서 의미가 나왔다.

간파看破 속내를 간파했다.

간주看做 그렇다고 간주하다.

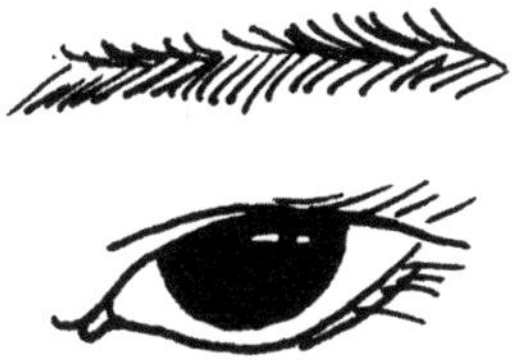

眉 (미) 눈썹

눈썹 眉(미)는 눈과 눈썹을 함께 그려 의미를 표현했다. 후에 사람이나 여인의 모양까지 첨가했다가 오늘날의 형태로 변했다.

미간眉間 미간을 찌푸리다.

植 (식) 심다

심다 植(식)은 나무 木(목)과 곧다 直(직)의 조합이다. 나무를 사람이 잡고서 땅에 곧게 세우는 동작에서 의미가 나왔다.

이식移植 심장 이식

식민지植民地 식민지 수탈론

聽 청 듣다

듣다 聽(청)은 귀 耳(이)와 입 口(구)의 조합이다. 다른 사람의 말을 귀로 듣는 모양에서 의미가 나왔다. 후에 구슬 玉(옥)과 귀 耳(이)와 德(덕)의 생략형으로 복잡해졌다.

도청盜聽 전화를 도청하다.

청취聽取 라디오 청취자

艮 간 그치다

그치다 艮(간)은 눈 目(목)과 반대로 향한 사람 모양의 조합이다. 고개를 돌려서 한 곳을 응시하는 모양을 본뜬 글자다. 여기서 그치다, 돌아보다, 회고하다, 후회하다의 뜻이 나왔다.

恨 한 원망하다

원망하다 恨(한)은 마음 忄(심)과 뒤돌아보는 모양인 艮(간)의 조합이다. 지난날을 뒤돌아보는 마음으로 후회한다는 의미다. 또한 후회에서 원망의 의미로 넓어졌다.

원한怨恨 원한을 품다.

한탄恨歎 신세 한탄

眼 안 눈

눈 眼(안)은 눈 目(목)과 뒤돌아보는 동작인 艮(간)의 조합이다. 앞뒤를 보는 눈의 동작에서 의미가 나왔다.

안목眼目 안목이 높다.

안과眼科 안과 의사

限 한 끝

끝 限(한)은 언덕 阝(부)와 돌아보는 모양인 艮(간)의 조합이다. 언덕 때문에 시선이 가로막혀, 더 이상 볼 수 없는 데서 의미가 나왔다. 여기서 경계, 한계의 의미로 넓어졌다.

한계限界 한계를 드러내다.

한정限定 인원을 한정하다.

根 근 뿌리

뿌리 根(근)은 나무 목(木)과 고개를 돌려 보는 사람인 艮(간)의 조합이다. 나무의 성장 과정을 처음부터 살펴보는 것에서 근본, 뿌리의 의미가 나왔다.

근절根絶 부정부패 근절

화근禍根 화근을 남기다.

退 퇴 물러나다

물러나다 退(퇴)는 쉬엄쉬엄 가다 辶(착)과 돌아보는 동작인 艮(간)의 조합이다. 뒤돌아 나오는 데서 의미가 나왔다.

진퇴進退 진퇴를 거듭하다.

탈퇴脫退 회원 탈퇴

臣 신 신하

신하 臣(신)은 눈을 세워서 그려, 내려다보는 눈을 의미한다. 전쟁 포로인 노예는 주인을 올려다볼 수 없어서 항상 내려다보고 있어야 했으므로 남자 노예라는 의미다. 후에 신하가 군주를 대하는 태도와 같아서 의미가 넓어졌다.

공신功臣 개국 공신

사신使臣 외국 사신을 맞다.

臥 와 눕다

눕다 臥(와)는 내려다보는 눈인 臣(신)과 사람 人(인)의 조합이다. 노예가 고개를 숙이고 바짝 엎드려 있는 모양에서 의미가 나왔다.

와병臥病 와병으로 일정을 취소했다.

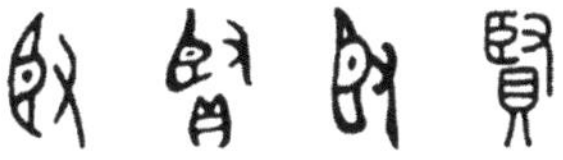

賢 현 어질다

어질다 賢(현)은 내려다보는 눈인 臣(신)과 손 모양인 又(우)의 조합이었으나, 후에 돈인 조개 貝(패)를 더했다. 전쟁 포로로 잡은 노예는 한 쪽 눈을 제거하면 말을 잘 들었기 때문에 착하다는 의미다. 이런 착한 노예가 재물을 잘 관리하는 데서 현명하다의 의미가 나왔다.

현명賢明 매우 현명한 조치다.

堅 견 굳다

굳다 堅(견)은 내려다보는 눈인 臣(신)과 손 모양인 又(우)와 흙 土(토)의 조합이다. 한쪽 눈을 제거한 노예가 열심히 흙을 달구질하여 기초를 단단하게 하는 데서 의미가 나왔다.

중견中堅 중견 간부

견고堅固 견고한 믿음

監 감 보다

보다 監(감)은 사람이 고개를 숙이고 그릇을 보고 있는 모양이다. 후에 내려보는 눈인 臣(신)과 사람 人(인)과 그릇 皿(명)의 조합으로 변했다. 거울이 발명되기 전에는 그릇에 물을 떠다 놓고서 얼굴을 본 데서 의미가 나왔다. 흐트러진 모습을 살펴 바로잡는 데서 살피다, 감시하다의 의미로 넓어졌다.

감독監督 시험 감독

감시監視 수상한 자를 감시하다.

臨 림 임하다

임하다 臨(림)은 내려다보는 눈인 臣(신)과 사람 人(인)과 물건 모양인 品(품)의 조합이다. 직접 물건에 다가가서 내려다보고 있는 모양에서 의미가 나왔다. 위쪽에서 내려다보는 데서 내려다보다의 의미로 넓어졌다.

임종臨終 환자의 임종을 지키다.

왕림枉臨 왕림을 환영합니다.

白 (백) 희다

희다 白(백)은 엄지손가락과 손톱을 그렸다. 손톱 색깔에서 의미가 나왔다. 엄지손가락은 가장 크기 때문에 우두머리의 의미가 포함되었다. 흰색의 이미지에서 밝다, 밝히다의 의미로 넓어졌다. 정부 기관에서 국민에게 시책을 밝히는 보고서인 白書(백서)는 白(백)이 밝힌다는 의미가 있기 때문에 표지를 백색으로 사용하는 데서 유래했다.

독백獨白 독백 연기

공백空白 공백을 메우다.

伯 (백) 맏

맏 伯(백)은 사람 亻(인)과 엄지손가락인 白(백)의 조합이다. 엄지손가락을 첫 번째라고 인식하는 데서 의미가 나왔다. 형제들의 우두머리인 長子(장자)의 의미로 넓어졌다.

백부伯父 백부님이 오셨다.

百 (백) 백

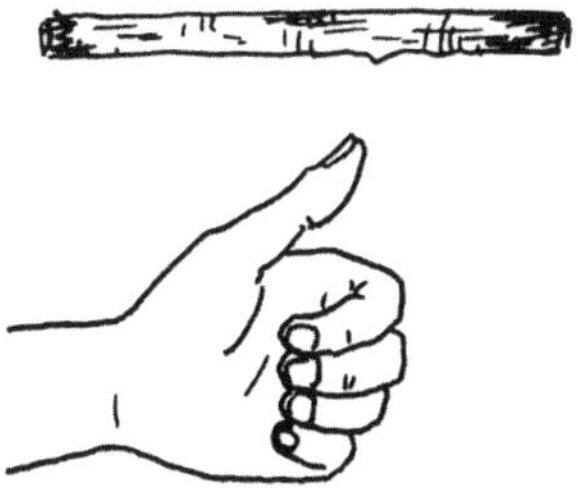

백 百(백)은 엄지손가락인 白(백)과 한 一(일)의 조합이다. 손가락의 우두머리에서 큰 숫자의 의미로 빌려 사용했다.

백화점百貨店 백화점에서 물건을 구입하다.

백방百方 백방으로 손을 쓰다.

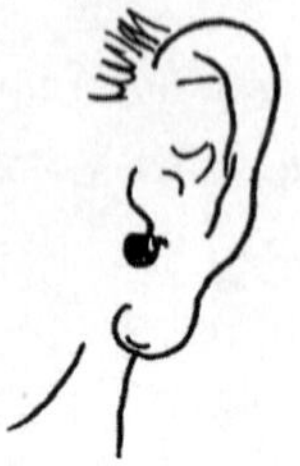

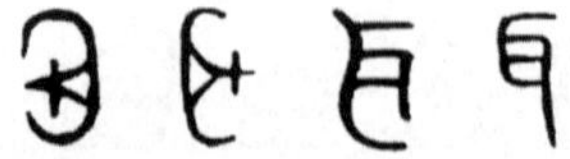

耳 이 귀

귀 耳(이)는 귀 모양을 본떠서 그렸다. 귀로 소리를 듣기에 듣다의 의미가 나왔다.

이목耳目 남의 이목을 끌다.

목이木耳 목이버섯

恥 치 부끄럽다

부끄럽다 恥(치)는 귀 耳(이)와 마음 心(심)의 조합이다. 고대 전쟁에서는 죽인 적군의 왼쪽 귀를 잘라 증표로 삼았다. 전쟁에서 이기지 못하고 귀가 잘린 전우의 시체를 들고 오는 마음에서 의미가 나왔다.

수치羞恥 가문의 수치

치사恥事 치사한 사람

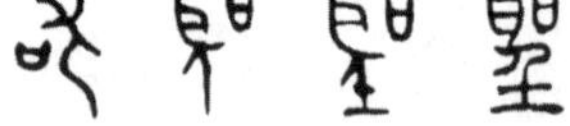

聖 성 성인

성인 聖(성)은 입 口(구)와 귀 耳(이)와 사람 人(인)의 조합이었다. 나중에 흙 土(토)를 밑에 더했다. 수렵 시기에는 동물의 소리를 듣고 분별을 정확히 하는, 경험이 풍부한 사람이 존경을 받았다. 이런 동물의 소리에 통달한 사람에서 이치에 통달한 사람의 의미로 넓어졌다.

성역聖域 성역 없는 수사

신성神聖 신성한 의식

自 자 스스로

스스로 自(자)는 정면에서 그린 코 모양이다. 고대 중국인들이 자신을 지칭할 때 코를 가리키던 습관에서 자신의 의미로 변했다. 또한 숨을 쉬어야 하기 때문에 태아에게 코가 가장 먼저 생긴다고 여긴 데서 처음, ~으로부터의 의미까지 넓어졌다.

자연自然 자연 보호

자제自制 흥분을 자제하다.

鼻 비 코

코 鼻(비)는 코 모양인 自(자)의 의미가 변하게 되자, 콧물이나 숨을 내쉬는 모양을 더했다. 이 모양을 畀(비)로 표현했으며, 소리 부분까지 담당하게 되었다.

비염鼻炎 비염으로 고생한다.

비음鼻音 비음이 섞인 목소리

息 식 숨 쉬다

숨 쉬다 息(식)은 코 모양인 自(자)와 마음 心(심)의 조합이다. 숨을 쉬어야 심장이 뛴다는 인식에서 의미가 나왔다. 다시 숨 쉬다에서 쉬다의 의미로 넓어졌다.

소식消息 소식을 듣다.

안식安息 안식을 찾다.

臭 (취) 냄새

냄새 臭(취)는 코 모양인 自(자)와 개 犬(견)의 조합이다. 후각이 발달한 개의 코에서 의미가 나왔다.

악취惡臭 악취를 풍기다.

체취體臭 남자의 체취

桃李不言下自成蹊 도리불언하자성혜

桃 복숭아 도 李 오얏 리(이) 不 아니다 불 言 말씀 언 下 아래 하 自 스스로 자 成 이루다 성 蹊 좁은길 혜

사마천이 『사기(史記)』에서 李廣(이광)이라는 장수를 평하면서 한 말이다. 복숭아와 오얏에는 예쁜 꽃이 피고 맛있는 열매가 열리기에, 그 아래로 자연스럽게 길이 생긴다는 뜻이다.

이광은 성품이 청렴결백하고 상을 받으면 부하들에게 나눠 주고, 군사를 인솔할 때 식량을 병졸들에게 우선적으로 나눠 주었으며, 물을 보아도 병졸들이 물을 다 마시기 전에는 물에 가까이 가지 않았다. 이는 병졸들이 자신을 어려워함을 알기 때문이었다.

덕이 있는 사람은 스스로 말하지 않아도 사람들이 따름을 비유(比喩 · 譬喩)해 이른 말이다.

骨 골 뼈

뼈 骨(골)은 뼈가 서로 연결되어 있는 모양에서 의미가 나왔다. 후에 아래쪽에 고기의 의미인 月(월)을 더해서 뼈와 살이 연결되어 있는 모양으로 변했다.

골격骨格 골격이 좋다.

유골遺骨 유골을 묻다.

體 체 몸

몸 體(체)는 뼈 骨(골)과 풍성할 豊(풍)의 조합이다. 뼈와 풍성한 살로 우리 몸의 전체를 표현했다. 몸무게의 의미인 體重(체중)에서 근거를 볼 수 있다.

단체團體 이익 단체

체험體驗 농촌 생활을 체험하다.

別 별 나누다

나누다 別(별)은 뼈 骨(골)의 변형과 칼 刂(도)의 조합이다. 뼈와 살을 칼로 분리하는 데서 가르다의 의미다. 뼈와 살을 구분해서 요리 재료로 사용한 데서 구별하다의 의미로 넓어졌다. 또한 고기나 살을 서로 나누어 가지고 집으로 가는 데서 나누다의 의미로 넓어졌다.

각별各別 각별한 사이

분별分別 사리 분별

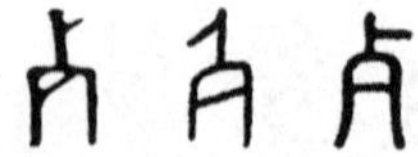

歹 알 부서진

부서진 歹(알)은 위쪽은 금간 모양이고 아래쪽은 비어있는 뼈를 표현했다. 고대 장례법 가운데 하나인 풍장은, 사람이 죽으면 들판에 두고 살이 썩은 다음에 뼈만 모아서 장례를 지냈다. 여기서 죽음이나 나쁜 일을 의미하게 되었다.

列 렬 늘어놓다

늘어놓다 列(렬)은 歹(알)과 같은 모양의 글자였으나, 후에 칼 刀(도)를 더했다. 죽은 사람을 일정한 곳에 늘어놓은 모양에서 의미가 나왔다.

열차列車 경부선 열차

열강列强 세계 열강들의 침입을 받다.

裂 렬 찢다

찢다 裂(렬)은 뼈를 늘어놓은 모양인 列(렬)과 옷 衣(의)의 조합이다. 풍장을 지낼 때 시체의 옷이 썩지 않는 경우 칼로 찢어내는 데서 의미가 나왔다.

결렬決裂 남북회담 결렬

파열破裂 수도관 파열

烈 (렬) 사납다

사납다 烈(렬)은 뼈를 늘어놓은 모양인 列(렬)과 불 灬(화)의 조합이다. 뼈만 수습해서 화장할 때 불을 매우 세차게 피워야 하는 데서 의미가 나왔다.

장렬壯烈 장렬한 최후

강렬强烈 강렬한 인상을 받다.

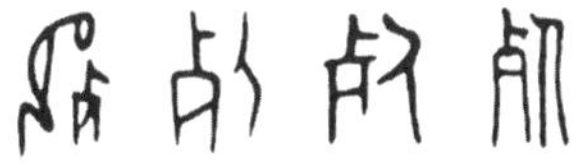

死 (사) 죽다

죽다 死(사)는 풍장에서 수습한 뼈인 歹(알)과 사람 人(인)의 조합이다. 뼈 앞에서 고개를 숙이고 있는 모양을 그렸다.

사망死亡 사망 신고

사인死因 사인을 밝히다.

葬 (장) 장사 지내다

장사 지내다 葬(장)은 사람과 풀 모양을 그렸다. 후에 위쪽에 풀 艹(초)와 뼈 앞에서 애도를 표하는 死(사)와 두 손 모양을 조합한 글자로 변했다. 들판에 풀로 덮어 두었다가 뼈만 남으면 묻는 풍장 문화를 표현했다.

장례葬禮 장례를 치르다.

매장埋葬 시체를 매장하다.

亞 아 버금

버금 亞(아)는 십자형으로 판 무덤의 모양을 그렸다. 고대 국가에서 지배계층의 무덤은 亞(아)자형으로 조성했다. 상하 양쪽에 설치한 계단은 죽었다가 환생 시 사용하는 통로의 의미다. 이 세상에서 다음 세상으로 간다는 것에서 다음에 의미가 나왔다.

아류亞流 피카소의 아류에 불과하다.

아열대亞熱帶 아열대 기후

惡 오 싫어하다

싫어하다 惡(오)는 亞(아)자형 무덤과 마음 心(심)의 조합이다. 사람을 묻기 위해 파놓은 무덤을 바라보는 마음에서 의미가 나왔다. 악한 행동을 싫어하는 사람들의 심리에서 악하다 惡(악)의 의미로 넓어졌다.

악화惡化 병세가 악화되다.

혐오嫌惡 혐오 식품

且 (차) 또

또 且(차)는 남자의 성기 모양을 그렸다. 고대 중국인들은 생명을 탄생시키는 성기를 신처럼 인식했다. 여기서 생명을 준 조상신의 의미가 나왔으나, 후손이 계속해서 이어지는 데서 또, 장차의 의미로 변했다.

구차苟且 구차한 변명

祖 (조) 조상

조상 祖(조)는 남자의 성기인 且(차)가 다른 의미로 전용되자, 제단 모양인 示(시)를 더해서 의미를 보존했다. 성기의 신에서 조상의 의미로 넓어졌다. 부족국가 시절은 사람의 숫자가 많고 적음에 따라서 전쟁의 승패가 좌우됐기 때문에 남자의 성기를 더욱 신성시했다.

조상祖上 조상을 섬기다.

조국祖國 조국으로 돌아오다.

助 (조) 돕다

돕다 助(조)는 조상신인 且(차)와 쟁기 모양인 力(력)의 조합이다. 농사는 생산량이 가장 중요한 요건이다. 많은 생산량을 수확하도록 번식력의 상징인 조상신에게 도움을 비는 것에서 의미가 나왔다.

구조救助 인명 구조

원조援助 군사 원조

組 조 짜다

짜다 組(조)는 실 糸(사)와 조상신인 且(차)의 조합이다. 조상으로 인해서 가족이 맺어지는 것처럼 실과 실이 이어진 것에서 천을 짜다의 의미가 나왔다. 서로와 서로의 관계를 맺는 데서 조직하다의 의미로 넓어졌다.

조직組織 사회 조직

노조勞組 노조를 결성하다.

士 사 선비

선비 士(사)는 남자의 성기를 간략하게 그려 남자를 의미했다. 후에 가운데에 가로선을 더한 모양으로 변했다. 학문이 높은 남자를 지칭하는 선비로 의미가 넓어졌다.

사관士官 육군 사관학교

병사兵士 장교와 병사

仕 사 벼슬

벼슬 仕(사)는 흙 모양과 등 돌린 사람 모양의 조합이다. 흙의 신인 社(사)에 제사 지내고 나오는 사람에서 의미가 나왔다. 후에 사람 亻(인)과 남성 숭배물인 士(사)의 조합으로 변했다.

봉사奉仕 무료 봉사

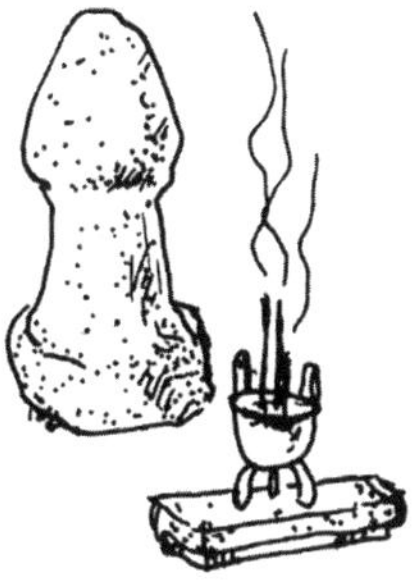

吉 길 길하다

길하다 吉(길)은 남자의 성기 모양인 士(사)와 口(구)의 조합이다. 고대 중국에서 남근이 생명을 만들어 낸다고 여겨서 남근 형상에 제사를 지내는 풍습이 있었다. 제사를 지낸 후에 좋은 일만 있다고 믿는 데서 의미가 나왔다.

길흉吉凶 길흉을 점치다.

불길不吉 앞날이 불길하다.

結 결 맺다

맺다 結(결)은 실 糸(사)와 남자의 상징인 吉(길)의 조합이다. 고대 중국에서 남자의 상징물을 조각해서 실로 묶어서 금줄을 설치하는 데서 의미가 나왔다.

결국結局 결국에 가서는 마찬가지다.

결론結論 결론을 맺다.

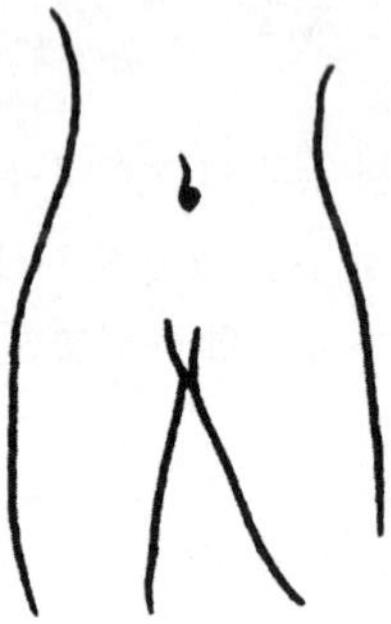

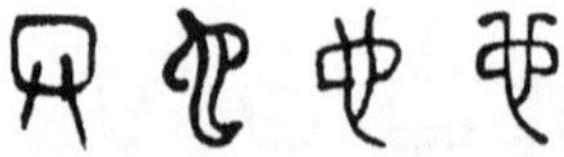

也 야 어조사

어조사 也(야)는 여성 생식기의 외형을 그렸다. 단정을 나타내는 종결사로 '이다'의 의미로 변했다.

급기야及其也 급기야 그는 파산했다.

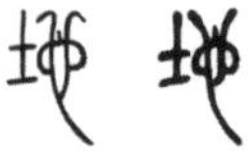

地 지 땅

땅 地(지)는 흙 土(토)와 여성 생식기인 也(야)의 조합이다. 땅은 만물을 길러내는 어머니와 같은 존재이므로 也(야)를 더해서 의미를 확실하게 했다.

지역地域 지역의 특수성

지경地境 죽을 지경이다.

他 타 다르다

다르다 他(타)는 사람 亻(인)과 여성의 상징인 也(야)의 조합이다. 남자는 혼인하면 자기 부족에서 살지만 여인의 경우는 다른 부족으로 가기 때문에 의미가 나왔다.

타향他鄕 타향살이

타인他人 타인의 눈길

9-1. 사람 人 囚 仁 千 佳 以 久 異 作

9-2. 누운 사람 尸 居 尺 局 展

9-3. 정면으로 그린 사람 大 因 恩 奇 騎 太 失 天 亦 夜 夫

9-4. 짐을 진 사람 央 殃 英

9-5. 위쪽에 놓여 土의 모양으로 변한 사람 去 法 達 赤 走

9-6. 비스듬히 서있는 사람 모양 亢 抗 航

9-7. 뒤집힌 사람 모양 屰 逆 朔

9-8. 땅위에 서있는 사람 立 泣 竝 位

9-9. 위쪽에 위치한 사람 危 色 及 級 急

9-10. 아래쪽에 놓인 사람 兒 光 先 洗 元 完 院 見 現

9-11. 가슴에 문신한 사람 文 紋 斑 凶 兇 胸

9-12. 다리를 꼬고 서있는 사람 交 校 效

9-13. 도망해서 숨은 사람 亡 忘 望 盲

9-14. 앞에서 말하고 가는 사람 可 何 河 歌

9-15. 사람들 北 背 乘 比 皆 衆

9-16. 올려다보는 사람 卬 仰 迎

9-17. 입 벌린 사람 欠 吹 飮 欲 次

9-18. 무릎 꿇은 사람 卩 節 怨 却 脚 卿

9 사람

9-19. 단정하게 앉아있는 사람 己 紀 記 巳 已 妃 起

9-20. 품고 있는 사람 勹 包 抱 身

9-21. 씨 뿌리는 사람 氏 昏 婚 底 低 紙

9-22. 서로 다른 모양의 사람 化 花 貨

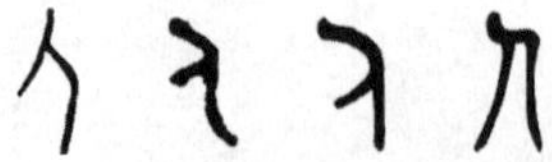

人 인 사람

사람 人(인)은 사람이 왼쪽을 향해서 서있는 외곽선만 간단하게 그렸다. 다른 글자와 조합할 때는 亻(인)의 형태로 변한다.

인권人權 인권 존중

인류人類 인류의 기원

囚 수 죄수

죄수 囚(수)는 담을 의미하는 囗(국)과 사람 人(인)의 조합이다. 사람을 감옥에 가둬 놓은 모양에서 의미가 나왔다.

죄수罪囚 죄수 번호

장기수長期囚 비전향 장기수

仁 인 어질다

어질다 仁(인)은 사람 亻(인)과 두 二(이)의 조합이다. 사람과 사람 사이에는 서로를 배려하는 성품이 필요한 데서 의미가 나왔다.

인자仁慈한 성품

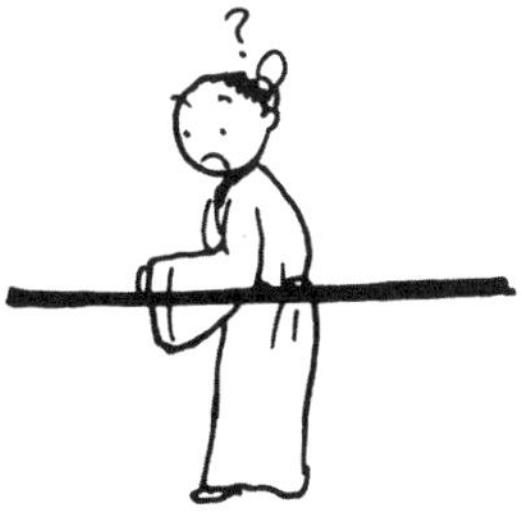

千 천 일천

일천 千(천)은 사람 亻(인)에 가로선을 그렸다. 많은 사람을 세는 숫자로 사용했다. 갑골문의 二千(이천)dl 사람 亻(인)에 가로선 두 개를 그은 데서 근거를 볼 수 있다.

천금千金 천금같은 결승골

천추千秋 천추의 한을 남기다.

佳 가 아름답다

아름답다 佳(가)는 사람 亻(인)과 홀 圭(규)의 조합이다. 홀은 벼슬한 사람들이 궁중에 큰 행사가 있을 때 손에 드는 물건이다. 궁중의 제례에 참가할 때처럼 차려입은 사람 모양에서 의미가 나왔다.

가인佳人 절세 가인

以 이 써

써 以(이)는 쟁기 모양을 그렸으며, 후에 다시 사람 人(인)을 더했다. 사람이 쟁기를 사용해서 농경지를 경작하는 것에서 쓰다의 의미가 나왔다.

이후以後 오늘 이후에는

이내以內 한 시간 이내에 도착한다.

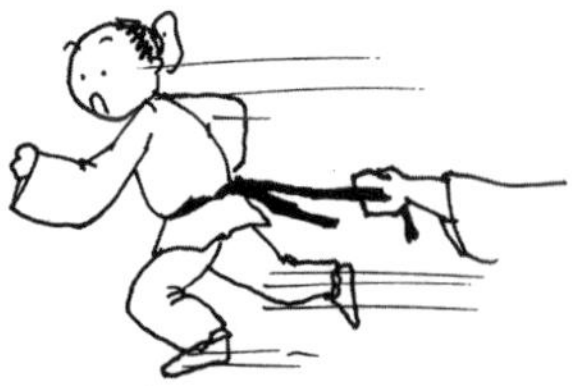

久 구 오래

오래 久(구)는 사람 人(인)의 뒤쪽에 길게 사선을 그렸다. 가는 사람을 뒤에서 더 오래 머물도록 잡는 데서 의미가 나왔다.

영구永久 영구 보존

유구悠久 유구한 역사

異 이 다르다

다르다 異(이)는 얼굴에 가면을 쓰고 두 손을 들고 있는 모양을 그렸다. 고대에는 얼굴에 무서운 가면을 쓰고 춤을 추어서 귀신이나 병마를 제거했다. 이런 가면을 쓴 무당의 얼굴이 평소와 다른 얼굴인 데서 의미가 나왔다.

이역異域 이역 땅에 묻히다.

차이差異 세대 차이

作 작 짓다

짓다 作(작)은 옷깃 모양인 乍(사)를 그려, 옷을 만든다는 의미를 표현했다. 후에 사람 亻(인)이 더해졌다. 고대에는 作(작)과 乍(사)가 같은 글자였다.

시작始作 수업 시작

작성作成 보고서 작성

尸 시 주검

주검 尸(시)는 아이가 뱃속에 있는 것처럼 구부린 사람을 그렸다. 고대 중국의 장례법에는 굴장이란 풍습이 있었다. 뱃속에 있는 모양으로 매장을 하는 장례법이다. 여기서 시체와 누운 사람의 의미가 나왔다.

居 거 살다

살다 居(거)는 누운 사람인 尸(시)와 오래 古(고)의 조합이다. 오랫동안 누워서 생활하는 곳에서 의미가 나왔다. 아이를 낳고 있는 글자와 유사해서, 가정을 이루고 정착해서 사는 의미로도 볼 수 있다.

은거隱居 암자에 은거하다.

동거同居 동거 생활

尺 척 자

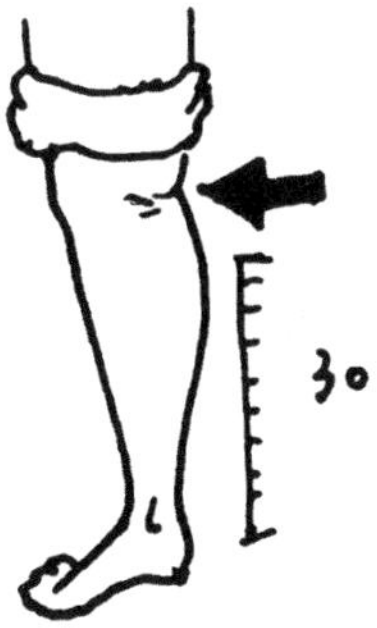

자 尺(척)은 다리 쪽에 점을 찍은 사람 모양이다. 발부터 다리까지 길이로 지금의 30Cm 정도다. 이 길이의 명칭에서 의미가 나왔다. 尺度(척도)는 자로 잰 길이를 말하며, 판단하는 기준이라는 의미도 내포한다.

지척咫尺 지척에 두고 찾다.

局 국 판

판 局(국)은 자 尺(척)과 구역을 나타내는 口(구)의 조합이다. 작은 구역을 의미한다. 局地(국지)는 작은 땅이라는 의미다. 약만 취급하는 좁은 구역을 藥局(약국)이라 한다.

당국當局 당국에 신고하다.

형국形局 형국이 불리하다.

展 전 펴다

펴다 展(전)은 공구 工(공) 네 개의 조합이었다. 후에 죽은 사람인 尸(시)와 도구인 工(공)과 생략한 옷 모양의 조합으로 변했다. 공구를 사용해서 자꾸 건물을 짓는 데서 발전하다의 의미가 나왔다. 건물이 늘어나는 의미에서 늘이다, 펴다의 의미로 넓어졌다. 展開(전개)는 일이 열리고 벌어진다는 의미다.

전망展望 전망이 밝다.

大 (대) 크다

크다 大(대)는 사람이 팔을 벌리고 서있는 모습을 앞에서 그렸다. 성인 남자가 본래 의미인데, 사지를 벌리고 서있는 모양에서 크다는 의미로 변했다.

최대最大 최대의 규모

대폭大幅 대폭으로 개각을 단행하다.

因 (인) 인하다

인하다 因(인)은 사람인 大(대)와 口(구)의 조합이다. 사람이 이불을 깔고 잠자는 모양으로 까는 요가 본래 의미다. 아래에 까는 요에서 원인을 이루는 근본인 유래, 인하다의 뜻으로 변했다.

요인要因 성공 요인

인연因緣 부부 인연

恩 (은) 은혜

은혜 恩(은)은 이불 깔고 자는 모양인 因(인)과 마음 心(심)의 조합이다. 어린 시절 부모가 이불로 감싸서 길러주신 마음에서 의미가 나왔다. 바로 부모님이 길러주신 은혜다.

은사恩師 은사를 찾아가다.

배은背恩 배은망덕한 사람

奇 기 기이하다

기이하다 奇(기)는 말을 타고 있는 사람의 모양이다. 후에 말 모양이 可(가)의 형태로 잘못 변했다. 몽고인들은 말을 타고 활을 쏘면서 중원을 쳐들어왔다. 이때 중국인들은 걷는 병사들이 많아서 몽고인들의 스피드에 당할 수밖에 없었다. 이런 몽고인들을 매우 뛰어나게 여긴 데서 奇異(기이)하다, 뛰어나다의 의미로 변했다.

기적奇蹟 기적을 바라다.

騎 기 말 타다

말 타다 騎(기)는 奇(기)가 기이하다로 사용하게 되자, 말 馬(마)를 더해서 의미를 보존했다. 말을 타고 싸우는 병사를 騎馬兵(기마병)이라 한다.

기수騎手 경마장 기수

太 태 크다

크다 太(태)는 사람을 정면으로 그린 大(대)와 모양이 같았으나 후에 아래쪽에 점을 더했다. 大(대)보다 더 크다는 의미로 사용하기 위해서다. 공간이 매우 크거나 시간이 매우 오래됨을 나타내는 太古(태고)에 사용했다. 또한 서열이 높거나 지위가 존귀하다는 의미로, 太子(태자)에 사용했다.

태양太陽 태양 광선

失 실 잃다

잃다 失(실)은 손 모양 아래 가로선을 그렸다. 사람의 손이 잘리거나 상처를 입었다는 표현에서 의미가 나왔다.

실종失踪 실종 사건

실수失手 실수를 저지르다.

天 천 하늘

하늘 天(천)은 앞에서 그린 사람인 大(대)자 위에 가로선을 그렸다가, 후에 네모 모양으로 변했다. 바로 사람 머리 위쪽에 있는 공간을 표현한데서 의미가 나왔다.

천수天壽 천수를 누리다.

천연天然 천연 화장품

亦 역 또

또 亦(역)은 앞에서 그린 사람인 大(대)에 두 점을 첨가했다. 한자에서 점은 위치를 나타내기 위한 방법으로 사용한다. 사람의 겨드랑이가 본래 의미다. 겨드랑이는 양쪽에 있기 때문에 또, 역시의 의미로 전용되었다.

역시亦是 역시 최고다.

夜 야 밤

밤 夜(야)는 저녁 夕(석)과 사람의 겨드랑이를 나타내는 亦(역)의 조합이다. 달이 사람의 겨드랑이에 반쯤 보이는 모양에서 의미가 나왔다.

심야深夜 심야 방송

야경夜景 야경이 아름답다.

夫 부 남편

남편 夫(부)는 정면에서 그린 大(대) 위쪽에 가로선을 더했다. 남자나 여자는 결혼하면 머리 묶고 비녀를 꼽는 것이 풍습이었다. 바로 비녀를 꼽은 모양에서 지아비의 의미가 나왔다.

공부工夫 시험 공부

인부人夫 공사장 인부 같다.

央 앙 가운데

가운데 央(앙)은 사람 모양인 大(대)와 가로선 양쪽이 구부러진 모양의 조합이다. 물건을 나를 때 사용하던 멜대를 맨 사람을 그렸다. 멜대는 어깨 중심에 걸어야 하는 데서 의미가 나왔다.

중앙中央 중앙 정부

殃 앙 재앙

재앙 殃(앙)은 부서진 뼈 歹(알)과 짐을 진 사람인 央(앙)의 조합이다. 많은 사람의 주검을 옮기는 모양에서 의미가 나왔다.

재앙災殃 재앙이 닥치다.

英 영 꽃부리

꽃부리 英(영)은 풀의 생략형인 ++(초)와 힘의 집중을 의미한 央(앙)의 조합이다. 꽃은 모든 식물에서 가장 중심이 되는 부분이기 때문에 의미가 나왔다.

영웅英雄 우리 민족의 영웅이다.

영재英才 영재 교육

去 거 가다

가다 去(거)에서 土(토) 부분은 사람 모양인 큰 大(대)가 잘못 변한 모양이다. 아래쪽 厶(사)는 반지하식 집의 출구 모양이다. 사람이 집에서 걸어 나가서 다른 곳으로 가는 것에서 의미가 나왔다.

거래去來 금전 거래

퇴거退去 퇴거 명령

法 법 법

법 法(법)은 물 氵(수)와 가다 去(거)와 해태 廌(치)의 조합이나, 후에 오면서 廌(치) 부분이 생략되었다. 물은 수평하므로 공평의 의미를, 去(거)는 행동을 나타낸다. 그리고 廌(치)는 선악을 구별해서 뿔로 응징하는 외뿔 달린 전설상의 동물이다. 따라서 法(법)은 공평과 응징의 의미를 내포하고 있다.

법률法律 법률 전문가

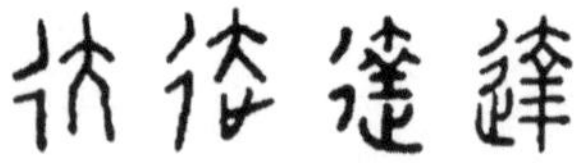

達 달 통달하다

통달하다 達(달)은 갈림길 모양인 彳(척)과 사람 모양인 大(대)의 조합이다. 사람이 길을 걸어서 목적지에 도달함을 의미한다. 목적한 바를 이룬데서 통달하다로 의미가 넓어졌다. 후에 발 모양인 止(지)와 양 羊(양)이 더해졌다.

도달到達 목표에 도달하다.

배달配達 신문 배달

赤 적 붉다

붉다 赤(적)은 정면으로 그린 사람인 大(대)와 불 火(화)의 조합이다. 사람 아래쪽에 불을 놓아서 사람을 불로 태우는 장면이다. 고대에는 비를 기원하는 기우제를 지낼 때, 희생물로 사용하는 사람의 옷을 벗겨서 태웠기에 벌거숭이의 의미로 넓어졌다. 발가벗은 상태를 뜻하는 赤裸裸(적나라)에서 흔적을 볼 수 있다.

적자赤字 적자가 나다.

적조赤潮 남해안에 적조가 발생했다.

走 주 달리다

달리다 走(주)는 사람 모양인 大(대)의 변형과 발 모양인 止(지)의 조합이다. 발의 동작과 팔을 흔드는 사람 모양에서 의미가 나왔다.

주행走行 주행 거리

도주逃走 필사의 도주

亢 항 높다

높다 亢(항)은 사람의 다리 사이에 사선을 그어, 경사진 곳에 서있는 사람 모양을 그렸다. 경사면을 통해서 높은 곳으로 올라간다는 의미이다.

抗 항 저지하다

저지하다 抗(항)은 높은 곳으로 오르는 사람인 亢(항)과 손 手(수)의 조합이다. 높은 곳으로 올라오는 사람을 손으로 저지하는 모양에서 의미가 나왔다. 암을 저지하는 약을 抗癌劑(항암제)라 한다.

항거抗拒 독재에 항거하다.

반항反抗 기성세대에 반항하다.

航 항 배

배 航(항)은 배 위에 긴 막대를 들고 비스듬히 서있는 사람 모양이다. 파도 때문에 비스듬히 서서 노를 젓는 모양에서 배와 運航(운항)한다는 의미가 나왔다.

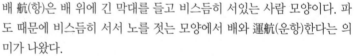

항해航海 태평양을 항해하다.

항공航空 항공 산업

屰 역 거스르다

거스르다 屰(역)은 사람을 뒤집어 놓은 모양이다. 상대방이 나를 향해서 걸어오는 모양에서 의미가 나왔다.

逆 역 거스르다

거스르다 逆(역)은 屰(역)의 초기 글자다. 후에 갈림길 모양인 彳(척)과 발 모양이 더해졌다. 나아가서 오는 손님을 맞이한다는 의미다. 후에 서로 마주 보고 손님을 맞이하는 데서 맞서다, 거스르다의 의미로 넓어졌다.

역전逆轉 역전의 기회를 잡다.

역풍逆風 역풍을 만나다.

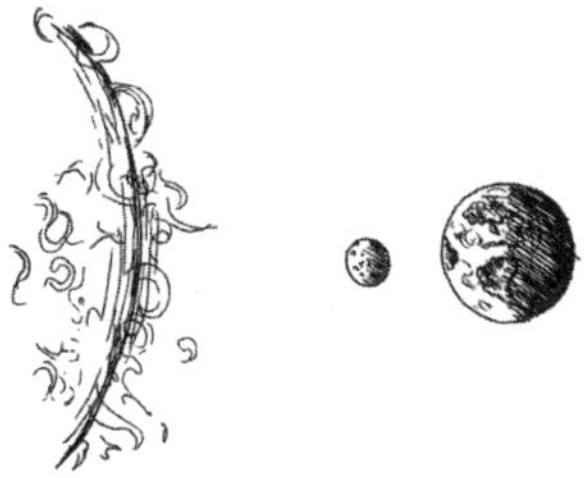

朔 삭 초하루

초하루 朔(삭)은 거꾸로 선 사람 모양인 屰(역)과 달 月(월)의 조합이다. 달이 태양을 마주 보고 있고, 그 뒤에 지구가 서로 일직선으로 만나 있는 모양이다. 이 날은 음력 초하루로 달빛을 볼 수 없는 날이다.

삭풍朔風 겨울은 삭풍이 분다.

만삭滿朔 만삭의 몸

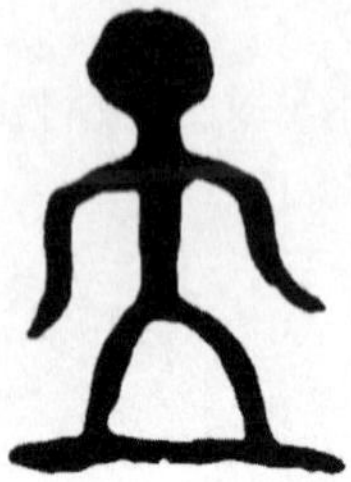

立 (립) 서다

서다 立(립)은 사람을 정면으로 그린 大(대) 아래쪽에 땅을 의미하는 가로선을 그었다. 사람이 땅에 서있는 모양을 그렸다.

독립獨立 독립을 선포하다.

국립國立 국립도서관

泣 (읍) 울다

울다 泣(읍)은 물의 부수자인 氵(수)와 서있는 사람인 立(립)의 조합이다. 사람이 서서 울고 있는 모양을 표현했다.

읍소泣訴 선처를 읍소하다.

감읍感泣 은혜에 감읍하다.

竝 (병) 나란하다

나란하다 竝(병)은 사람이 땅에 서있는 모양인 立(립)을 두 개 조합했다. 두 사람이 나란하게 서있는 모양에서 함께하다, 나란하다의 의미가 나왔다.

병설竝設 병설유치원

병행竝行 투약과 식이 요법을 병행하다.

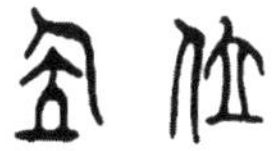

位 위 자리

자리 位(위)는 사람 亻(인)과 서있는 사람의 모양인 立(립)의 조합이다. 사람이 서있는 자리를 의미한다. 벼슬에 따라 자리의 위치가 달랐기 때문에 지위의 의미로 넓어졌다.

순위順位 순위를 매기다.

고위高位 고위 공직자

얼음과 숯불은 서로 어울릴 수 없다는

氷炭不想竝 빙탄불상병

氷 얼음 빙, 엉기다 응 炭 숯 탄 不 아니다 불(부) 想 생각 상 竝 나란하다 병, 곁 방, 짝하다 반

동방삭은 한나라 무제 때의 인물로, 부와 지위에 연연하지 않은 기인이었다. 그는 한 무제의 옳고 그름을 직언하였으며, 임금에게 아첨(阿諂)하고 동료들끼리 험담하는 짓을 멀리하였다. 때문에 그는 불의와 절대 타협하지 않았다.

그는 전국(戰國)시대 초나라의 충신이며 시인인 굴원이 멱라수에 몸을 던져 절개를 지킨 것을 기려, 멱라수에서 빙탄불상병(氷炭不想竝)이란 시를 지었다. 이는 '아첨하고 서로 헐뜯는 신하들하고는 공존할 수 없다.'는 자신의 심정을 나타낸 것이다. 사물(事物)이 서로 상반되어 화합(和合)하지 못함을 이르는 말로 의미가 확대되었다.

危 위 위태롭다

위태롭다 危(위)는 두 발로 언덕을 올라가는 모양이다. 후에 오면서 위쪽에 사람 모양과 낭떠러지인 厂(엄)과 무릎 꿇은 사람인 㔾(절)의 조합으로 변했다. 언덕에 위태롭게 올라가 있는 모양에서 의미가 나왔다.

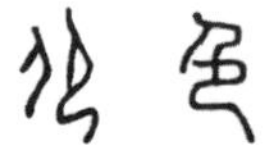

色 색 색깔

색깔 色(색)은 위쪽에 놓인 사람 모양과 엉덩이 쪽 모습을 강조한 사람 모양인 巴(파)의 조합이다. 사람이 사람 위로 올라간 자세로 성적인 의미다. 감정의 변화에 따라 얼굴색이 변하는 데서 색깔의 의미로 넓어졌다.

무색無色 무색한 기체

염색染色 머리를 염색하다.

及 급 도달하다

도달하다 及(급)은 위쪽에 놓인 사람 모양과 손 모양인 又(우)의 조합이다. 앞에 가는 사람을 손으로 잡는 데서 따라가 잡다는 의미로, 다시 어떤 수준에 이르렀다는 의미로 넓어졌다.

보급普及 기술을 보급하다.

파급波及 파급 효과가 크다.

級 급 등급

등급 級(급)은 실 糸(사)와 앞 사람을 잡는 모양인 及(급)의 조합이다. 비단의 질을 보고 등급을 정하는 데서 의미가 나왔다. 가장 높은 등급의 비단을 高級(고급)이라 한다. 이런 비단은 높은 값을 받을 수 있기 때문에, 고가의 물건이라는 의미로 넓어졌다.

학급學級 학급 회의

急 급 급하다

급하다 急(급)은 위쪽에 놓인 사람 모양과 손 모양과 마음 心(심)의 조합이다. 앞서는 사람을 따라 잡고 싶은 심정에서 의미가 나왔다.

급속急速 급속 냉동

급변急變 급변하는 국내 정세

儿 인 사람

사람 儿(인)은 사람 人(인)이 다른 글자와 결합할 때 아래쪽에 놓인 모양이다.

兒 아 아이

아이 兒(아)는 위쪽이 터진 모양인 臼(구)와 사람 儿(인)의 조합이다. 갓 태어난 아이의 머리는 숨구멍이 아물지 않아 터져 있다. 그 모양에서 의미가 나왔다. 이런 아이를 기르는 것을 育兒(육아)라 한다.

고아孤兒 고아로 자랐다.

미아迷兒 미아 보호소

光 광 빛

빛 光(광)은 불 火(화)와 사람 모양을 조합했다. 등불을 위쪽에 들고 있는 사람 모양에서 의미가 나왔다.

광경光景 참혹한 광경

발광發光 발광 물질

先 선 앞

앞 先(선)은 발 모양인 止(지)와 사람 모양인 儿(인)의 조합이다. 사람 위쪽에 발 모양을 배치해서 앞서 간 사람을 따라간다는 의미다. 먼저 지나갔다에서 앞서다의 의미로 넓어졌다.

우선優先 우선순위를 정하다.

선결先決 선결 과제

洗 세 씻다

씻다 洗(세)는 물 氵(수)와 발 모양인 止(지)와 사람 儿(인)의 조합이다. 사람이 물에 발을 담그고 있는 상황으로 발을 씻는다는 의미다. 洗足(세족)이란 단어에서 근거를 볼 수 있다. 후에 오면서 발의 더러움을 씻어 낸다는 의미가 나왔다.

세련洗練 세련된 말솜씨

元 원 으뜸

으뜸 元(원)은 사람 모양 위쪽에 가로선이나 둥근 모양을 더했다. 바로 머리를 강조한 데서 의미가 나왔다. 머리는 인체에서 가장 중요한 부분이므로 으뜸, 처음의 의미로 넓어졌다.

차원次元 인도적 차원

복원復元 문화재 복원

完 완 끝내다

끝내다 完(완)은 반지하식 주거 구조인 집 宀(면)과 사람과 머리를 그린 元(원)의 조합이다. 사람이 집에 들어가는 모습으로, 농경지에서 일을 마치고 집으로 돌아왔다는 의미를 나타내었다. 완전하게 일을 모두 마쳤다는 完了(완료)는 모자람이 없다는 의미도 된다.

완성完成 그림을 완성하다.

院 원 담

담 院(원)은 언덕의 의미인 阝(부)와 반지하식 주거 구조인 집 宀(면)과 사람과 머리를 그린 元(원)의 조합이다. 언덕처럼 담이 있는 집으로 돌아왔다는 의미다. 고대엔 담장이 있는 집은 관청이나 큰 집이었다. 法院(법원), 病院(병원) 등에 사용한다.

학원學院 학원 자율화

개원開院 국회 개원

見 견 보다

보다 見(견)은 눈 모양인 目(목)과 사람 儿(인)의 조합이다. 사람 모양 위에 눈을 크게 그려서 본다는 의미를 표현했다.

편견偏見 편견을 버리다.

견학見學 공장을 견학하다.

現 현 나타나다

나타나다 現(현)은 구슬 玉(옥)의 생략형인 王(왕)과 보다 見(견)의 조합이다. 손에 玉(옥)을 들고 아름다움을 보는 모양에서 의미가 나왔다. 옥의 무늬를 보고 있는 시점에서 지금 이 시간의 의미로 넓어졌다.

실현實現 꿈의 실현

현행現行 현행 헌법

빛을 감추고 세상과 함께 하라는 和光同塵 화광동진

和 화할 화 光 빛 광 同 한가지 동 塵 티끌 진

화(和)는 온화하게 조화시킨다는 뜻이고 광(光)은 빛남이다. 자신이 갖고 있는 재주와 지혜를 줄여서 주변 사람들과 조화를 이루는 것을 말한다. 동(同)은 함께 함이고 진(塵)은 세속이다. 자기(自己)의 지혜(智慧、知慧)를 자랑함 없이 오히려 그 지혜를 부드럽게 하여 속세(俗世)의 티끌에 동화(同化)함을 말한다.

일반적으로 세상 사람들은 모두 자신이 가지고 있는 재능을 빛내려고 한다. 하지만 그의 재능이 빛을 내면 낼수록 주변 사람들은 그로부터 점점 멀어져간다. 훌륭한 지도자는 우뚝 서서 잘났다고만 하지 않는다. 오히려 자신의 뛰어남을 누그러뜨리고 세상 사람들의 눈높이로 내려가 그들과 함께 한다. 노자『도덕경(道德經)』에 나오는 말이다.

文 문 글자

글자 文(문)은 정면으로 서있는 사람의 가슴에 X 무늬를 한 모양이다. 고대 중국인들은 사람이 죽으면 반드시 피를 흘려야 사람의 혼이 몸에서 나올 수 있다고 생각했다. 자연사한 사람들은 피를 흘리지 않기 때문에 가슴에 칼로 X자를 그어 피를 흘리게 했다. 후에 오면서 X자 형태가 무늬를 새기는 文身(문신)으로 발전했다. 문신에서 그림으로, 다시 글자의 의미로 변했다. 실 糸(사)를 더한 紋(문)으로 무늬의 의미를 보존했다.

주문注文 주문된 물량

斑 반 얼룩

얼룩 斑(반)은 얼굴에 묵형을 가한 辛(신)과 가슴 문신인 文(문)의 조합이다. 후에 구슬 玉(옥) 두 개와 무늬 文(문)의 조합으로 변했다. 묵형이나 문신으로 무늬가 생긴 데서 의미가 나왔으며, 후에 구슬에 무늬가 있다는 의미로 사용되면서 글자가 변했다. 斑點(반점)은 몸에 얼룩얼룩하게 생긴 점을 의미한다.

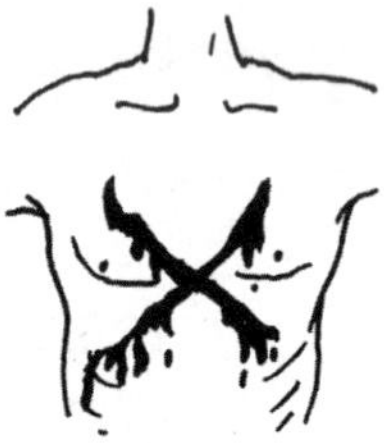

凶 흉 흉하다

흉하다 凶(흉)은 X 형태로 피를 흘리는 가슴을 그렸다. 고대 장례 풍습의 하나로 사람의 죽음을 뜻하는 데서, 재난, 흉하다의 의미로 변했다.

흉기凶器 흉기로 위협하다.

흉악凶惡 흉악범

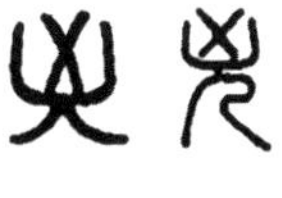

兇 흉 흉하다

흉하다 兇(흉)은 가슴에 X자를 새긴 장례 풍습인 凶(흉)과 아래쪽에 놓인 사람 모습인 儿(인)의 조합이다. 피를 흘리고 죽어 있는 사람 모습이므로, 흉하다의 의미가 나왔다. 이런 흉한 모습에서 흉한 성격의 의미로 넓어졌다.

원흉元兇 친일파의 원흉

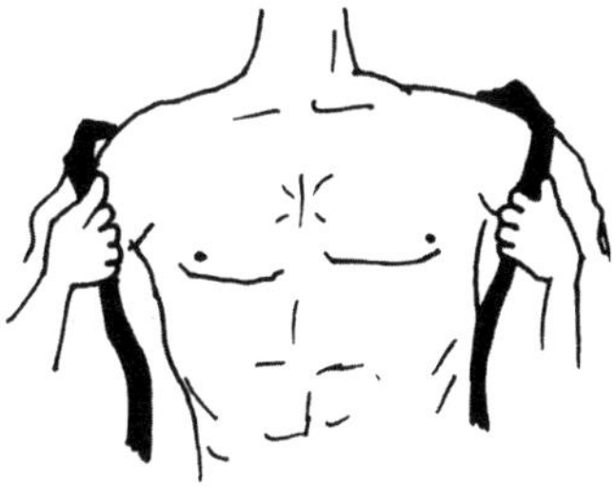

胸 흉 가슴

가슴 胸(흉)은 인체의 의미인 月(월)과 감싸는 사람인 勹(포)와 가슴에 X자 문양을 한 凶(흉)의 조합이다. 사람의 장기를 감싸고 있는 가슴을 표현했다.

흉상胸像 위인들의 흉상을 제작하다.

흉부胸部 흉부외과

交 교 사귀다

사귀다 交(교)는 文(문)과 모양이 매우 유사하다. 사람이 다리를 교차하고 서있는 모양을 표현했다. 그래서 교차하다의 의미이며, 사람 마음이 교차함을 나타내면서 사귀다로 의미가 넓어졌다.

교체交替 투수 교체

교통交通 교통이 편리하다.

校 교 학교

학교 校(교)는 나무 木(목)과 다리를 교차하고 서있는 사람인 交(교)의 조합이다. 나무로 다리를 묶어 놓는다는 의미로 족쇄를 뜻한다. 곧 족쇄 채운 죄인을 바르게 교화한다는 데서 바로잡다의 의미가 나왔다. 사람을 가르치고 바로잡는 데서 學校(학교)의 의미로 사용하게 되었다.

교가校歌 교가 제창

모교母校 모교 방문의 날

效 효 본받다

본받다 效(효)는 다리를 교차한 사람인 交(교)와 손에 회초리 들고 있는 모양인 치다 攵(복)의 조합이다. 잘못한 학생을 회초리로 때려서 좋은 일을 본받도록 하는 데서 의미가 나왔다.

효과效果 치료 효과

무효無效 당선 무효

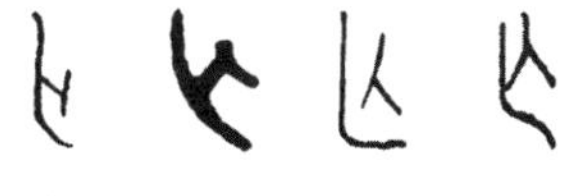

亡 망 없다

없다 亡(망)은 숨다 乚(은)과 사람 人(인)의 조합이다. 사람이 숨어 버리면 모습을 볼 수 없는 데서 의미가 나왔다. 亡國(망국)은 나라가 없어졌다는 의미고, 死亡(사망)은 죽어서 세상에 없음을 의미한다.

도망逃亡 죄를 짓고 도망가다.

멸망滅亡 제국의 멸망

忘 망 잊다

잊다 忘(망)은 없다 亡(망)과 마음 心(심)의 조합이다. 마음에서 없어져 버리는 데서 의미가 나왔다. 나이 먹는 것을 잊어버리자고 모이는 것을 忘年會(망년회)라 한다.

건망증健忘症 건망증이 심하다.

망각忘却 망각한 행위

望 망 바라보다

바라보다 望(망)은 위쪽을 향한 눈과 사람 人(인)과 흙 土(토)의 조합이다. 사람이 높은 곳에 올라가서 경치를 보는 데서 의미가 나왔다. 후에 目(목)은 없어지고 亡(망)과 달 月(월)이 더해졌다. 높은 곳에 올라가 달을 바라보고 소원을 비는 데서 바라다로 의미가 넓어졌다. 다시 보는 대상이 달인 데서 보름의 의미까지 파생되었다.

전망展望 전망이 좋은 집

盲 맹 맹인

맹인 盲(맹)은 없다 亡(망)과 눈 目(목)의 조합이다. 눈이 없어 보지 못한 데서 의미가 나왔다. 색을 구별하지 못하는 것을 色盲(색맹)이라 한다.

맹인盲人 그는 맹인이다.

문맹文盲 문맹 퇴치 운동

높은 나무 위에 올라가 사방을 바라본다는

緣高木望四方 연고목망사방

緣 인연 연 高 높다 고 木 나무 목 望 바라다 망, 보름 망 四 넉 사 方 모 방

높은 나무 위에 올라가 사방을 바라보면 기분이 좋다. 탁 트인 시야로 인해 마음까지 편안해진다. 하지만 바람이 세차게 불면 떨어질까 겁을 내게 된다.

인연(因緣)에서 인(因)은 결과를 만드는 직접적인 힘을 말하고, 연(緣)은 그 일을 돕는 간접적인 모든 힘을 말한다. 이 세상 모든 일과 사물은 인연에 의해 만들어지고 사라진다. 때문에 아무런 노력이나 공도 없이 큰 이득을 볼 수는 없다. 그런데도 요행이나 천운으로 큰 이득을 본다면, 그 댓가는 반드시 치르게 된다.

緣高木望四方연고목망사방은 그걸 경계(警戒)하자는 뜻으로, 『회남자(淮南子)』에 나온다.

可 (가) 옳다

옳다 可(가)는 굽은 모양인 丂(교)와 입 口(구)의 조합이다. 강을 건널 때 앞선 사람이 건널 수 있는 곳을 알려 줘야 건널 수 있다. 여기서 할 수 있다는 의미가 나왔으며, 후에 건널 수 있다에서 알맞다의 의미로 넓어졌다.

가능可能 실행이 가능한 계획

가결可決 만장일치로 가결되다.

何 (하) 어찌

어찌 何(하)는 사람이 창을 메고 가는 모양으로, 전쟁에 나가는 사람이다. 이때 주위 사람들이 안타까워하는 데서 의미가 나왔다. 후에 사람 亻(인)과 물을 건널 수 있는 곳을 알려 주는 소리인 可(가)의 조합으로 변했다.

하등何等 그와는 하등의 관계도 없다.

여하如何 노력 여하에 달려있다.

河 (하) 하천

하천 河(하)는 물 氵(수)와 물을 건널 수 있는 곳을 알려 주는 소리인 可(가)의 조합이다. 황하 유역에서 살던 사람들은 강을 건너는 일이 많았기 때문에 의미가 나왔다. 후에 일반 河川(하천)의 의미로 넓어졌다.

빙하氷河 빙하 지역

하구河口 한강 하구

歌 가 노래

노래 歌(가)는 말씀 言(언)과 물의 깊이를 알려 주는 소리인 可(가)의 조합이다. 두 글자 모두 소리 내는 동작이므로, 노래라는 의미가 나왔다. 후에 오면서 可(가) 두 개와 입을 벌린 사람 모양인 欠(흠)의 조합으로 변했다.

가사歌詞 노래 가사를 외우다.

가극歌劇 가극을 관람하다.

백 년을 기다려도 황하의 흐린 물은 맑아지지 않는다는

百年河淸 백년하청

百 일백 백, 힘쓰다 맥 年 해 년(연) 河 물 하 淸 맑다 청

『춘추좌씨전(春秋左氏傳)』에 나오는 말로, ① 오랫동안 기다려도 바라는 일이 이루어지지 않거나 ②아무리 많은 시간이 흘러도 일을 해결(解決)할 희망(希望)이 없음을 나타낸 말이다.

초(楚)나라가 정(鄭)나라를 공격하였다. 정(鄭)나라의 경대부 6명이 항복할 것인가, 싸울 것인가를 놓고 회의했다. 그들의 회의는 끝날 줄을 몰랐다. 결국 그들은 갑론을박하다가 초(楚)나라와 진(秦)나라 국경에서 많은 예물을 준비하고 기다리던 초나라에 항복했다. 강한 쪽에 붙어 백성(百姓)을 지키기로 한 것이다.

北 북 북쪽

북쪽 北(북)은 두 사람이 등지고 서있는 모양으로 본래 등의 의미다. 고대 왕조에서 임금은 태양을 의미하였고, 태양을 마주하고 앉았다. 그래서 임금의 등 쪽을 가리키다가 의미가 변했다.

북송北送 제일동포 북송 문제

월북越北 월북자 가족

背 배 등

등 背(배)는 北(북)이 등에서 북쪽의 의미로 바뀌게 되자, 고기를 의미하는 月(월)을 더해서 의미를 보존했다. 背水陣(배수진)은 강이나 바다를 등지고 陣(진)을 친다는 말로 물러서지 않고 싸우겠다는 의미다.

배신背信 친구를 배신하다.

배임背任 배임 횡령죄

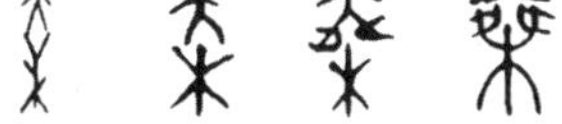

乘 승 타다

타다 乘(승)은 나무 위에 한 사람이 올라가 있는 모양에서 의미가 나왔다. 후에 오면서 두 사람이 나무 위에 등을 돌리고 올라간 모양으로 변했다.

승객乘客 버스 승객

편승便乘 시류에 편승하다.

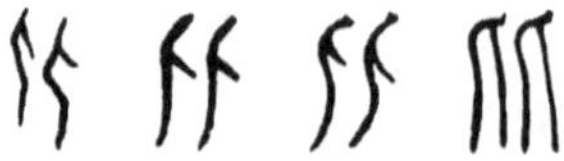

比 비 견주다

견주다 比(비)는 오른쪽으로 향한 두 사람을 측면에서 그렸다. 형제들이 같이 자고 있는 모양으로 본래는 형제의 의미다. 難兄難弟(난형난제)에서 보듯이 형제들은 서로 비교의 대상이 되기 때문에 비교한다는 의미가 나왔다.

비중比重 비중이 크다.

비교比較 비교 분석

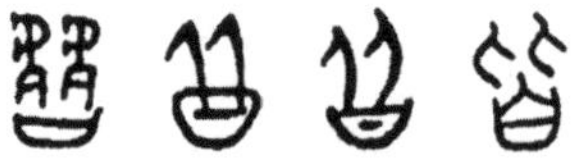

皆 개 모두

모두 皆(개)는 형제의 의미인 比(비)와 白(백)의 조합이다. 형제들이 일정한 목적지로 함께 가는 것에서 의미가 나왔다. 白(백)은 일정한 목적지를 그린 것으로 보인다.

개근皆勤 3년 개근

衆 중 무리

무리 衆(중)은 태양 밑에 세 사람을 그렸다. 많은 사람이 태양 아래서 일을 하고 있는 것을 나타냈다. 후에 태양 부분이 많이 변해서 현대 한자 형태로 발전했다. 햇빛 아래서 많은 사람들이 농사를 짓고 있는 것에서 백성, 서민의 의미로 넓어졌다.

민중民衆 민중 문학

청중聽衆 청중을 압도하다.

卬 앙 나

나 卬(앙)은 사람 亻(인)과 무릎 꿇은 사람인 卩(절)의 조합이다. 무릎 꿇은 사람이 서있는 사람을 올려 보는 모습으로 본래는 우러러 본다는 의미다.

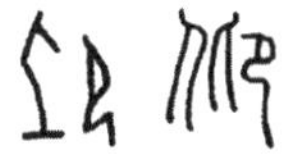

仰 앙 우러러보다

우러러보다 仰(앙)은 사람 亻(인)과 우러러본다는 의미인 卬(앙)의 조합이다. 초기에는 卬(앙)을 사용했으나 후에 오면서 사람 亻(인)을 추가했다. 낮은 곳에서 높은 곳을 볼 때 사용한다. 信仰(신앙)에서 근거를 볼 수 있다.

추앙推仰 추앙 받다.

迎 영 맞이하다

맞이하다 迎(영)은 우러러보는 사람인 卬(앙)과 쉬엄쉬엄 갈 辶(착)의 조합이다. 걸어 나아가서 사람을 공손하게 맞이하는 데서 의미가 나왔다.

영입迎入 의원들을 영입하다.

영합迎合 대중의 취향에 영합하다.

欠 흠 하품

하품 欠(흠)은 입을 벌리고 앉아 있는 모양이다. 지금 한자에도 아래쪽에 人(인)이 들어있음을 알 수 있다. 이 글자와 결합하면 입을 벌려서 고하는 동작과 관련된다.

吹 취 불다

불다 吹(취)는 입을 벌리고 있는 사람 모양에 입 口(구)를 더했다. 입으로 바람을 부는 행동을 강조했다. 입으로 부는 동작에서 악기를 불다의 의미로 넓어졌다.

취입吹入 음반을 취입하다.

飮 음 마시다

마시다 飮(음)은 사람이 술병을 들고 마시는 모양에서 의미가 나왔다. 후에 오면서 밥 食(식)과 입을 벌린 사람 모양인 欠(흠)의 조합으로 변했다. 입을 크게 벌리고 먹는 모양에서 의미가 나왔다.

음료수飮料水 음료수를 마시다.

음식飮食 음식이 입에 맞다.

欲 욕 하려고 하다

하려고 하다 欲(욕)은 골짜기 谷(곡)과 입을 벌린 사람 모양인 欠(흠)의 조합이다. 음식을 먹고 싶은 마음에 입을 크게 벌린 모양에서 의미가 나왔다.

욕구欲求 욕구를 느끼다.

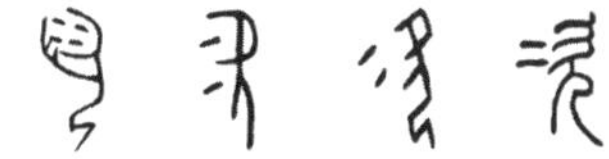

次 차 다음

다음 次(차)는 입을 벌리고 있는 사람 앞에 점 두 개를 추가했다. 본래는 침을 흘리고 있는 사람이다. 음식을 먹고 있는 사람 곁에서 침을 흘리면서 차례를 기다리는 데서 다음의 의미가 나왔다.

점차漸次 점차 좋아지다.

장차將次 장차 하고 싶은 일

卩 절 마디

마디 卩(절)은 무릎을 꿇고 있는 사람을 표현했다. 무릎 관절에서 마디의 의미로 넓어졌다. 글자에 따라 㔾(절)의 형태로도 쓰인다.

節 절 마디

마디 節(절)은 마디 卩(절)에 대나무 竹(죽)과 뚜껑 벗긴 밥인 皀(흡)의 조합이다. 무릎 꿇고 밥 먹는 다리의 마디와 대나무 마디로 의미를 강조했다. 대나무는 일정한 간격으로 맺기 때문에 일정한 法(법), 본보기의 의미로 넓어졌다. 仲秋節(중추절)은 대나무 마디처럼 일정하게 매년 같은 날이기 때문에 節(절)을 사용했다.

절차節次 입국 절차

怨 원 원망하다

원망하다 怨(원)은 막 떠오는 달 모양인 夕(석)과 무릎 꿇은 사람인 㔾(절)과 심장인 心(심)의 조합이다. 초저녁에 달을 보고 무릎 꿇고 기원하는 모양이다. 사랑하는 사람이 돌아오길 기원하다가, 오지 않으면 미움과 원망으로 바뀌는 데에서 의미가 나왔다.

원망怨望 원망의 눈초리

却 각 물러나다

물러나다 却(각)은 집에서 나가는 사람인 去(거)와 무릎 꿇은 사람인 卩(절)의 조합이다. 무릎 꿇은 상태로 물러나오는 데서 의미가 나왔다. 물러남을 윗사람 입장에서 보아 물리치다의 의미로 넓어졌다.

소각燒却 쓰레기 소각

냉각冷却 남북 관계 냉각

脚 각 다리

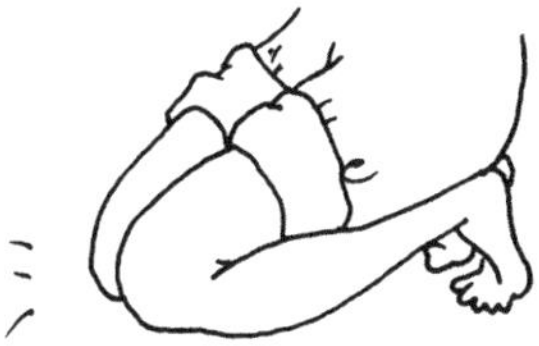

다리 脚(각)은 인체를 나타내는 변형인 月(월)과 물러나다 却(각)의 조합이다. 사람이 움직일 때 주로 사용하는 신체 기관을 표현했다.

각광脚光 각광받는 가수

입각立脚 사실에 입각해서 주장하다.

卿 경 벼슬

벼슬 卿(경)은 무릎 꿇은 사람과 마주 앉은 사람 모양 가운데에 뚜껑을 벗긴 밥인 皀(흡)을 조합했다. 마주 보고 밥 먹는 모양이므로 대접하다가 본래 의미다. 대접받는 사람의 신분을 강조해서 의미가 변했다.

己 (기) 몸

몸 己(기)는 물건이나 화살을 묶은 밧줄의 모양이다. 후에 여섯 번째 天干(천간)으로 사용되었다. 사람이 무릎 꿇은 모양과 흡사해서 몸, 자기의 의미로 전용되었다.

이기적利己的 이기적인 유전자

자기自己 자기 위주

紀 (기) 벼리

벼리 紀(기)는 실 糸(사)와 물건을 묶는 밧줄 모양인 己(기)의 조합이다. 밧줄에 가는 줄을 엮어서 그물을 만들면, 그물의 굵은 줄이 벼리가 된 데서 의미가 나왔다. 그물을 설치하고 거둘 때 벼리 줄을 이용해서 제어하는 데서 실마리, 처음의 의미로 다시 넓어졌다. 새로운 시작이나, 처음 나라를 여는 것을 紀元(기원)이라고 한다.

기강紀綱 사회 기강 확립

세기世紀 중세기 시대

記 (기) 기록하다

기록하다 記(기)는 말씀 言(언)과 물건을 묶는 밧줄 모양인 己(기)의 조합이다. 이야기와 말을 결승 문자로 표기하는 것에서 의미가 나왔다. 신문 등에 글 쓰는 것을 업으로 하는 사람을 記者(기자)라고 한다.

기록記錄 간단히 기록하다.

기억記憶 어린 시절의 기억

巳 사 뱀

뱀 巳(사)는 갓 태어난 아이를 그렸다. 어린 아이의 의미로 아들 子(자)와 같다. 후에 십이 地支(지지)의 여섯 번째 뱀의 의미로 사용하게 되었다. 다른 글자와 결합할 때는 어린 아이의 의미가 드러난다.

已 이 이미

이미 已(이)는 巳(사)와 의미가 같은 글자였다. 아이가 태어난 시점이 완료됨을 강조한 데서 의미가 나왔다. 巳(사)와 의미를 구분하기 위해서 모양을 변형시켰다.

이왕已往 이왕에 하려면 제대로 하라.

妃 비 왕비

왕비 妃(비)의 갑골문은 여인 女(녀)와 갓 태어난 아이인 已(이)의 조합이다. 여인이 아이를 안고 있는 모양이다. 후에 已(이)와 유사한 己(기)의 모양으로 변했다. 고대엔 신분과 상관없이 아이 가진, 결혼한 여인을 의미했으나 후에 왕의 부인이라는 의미로 사용하였다.

왕비王妃 왕과 왕비

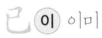

起 기 일어나다

일어나다 起(기)는 팔을 흔들고 행동하는 모양인 走(주)와 아이 모양인 巳(이)의 조합이다. 妃(비)의 경우처럼 己(기)로 변했다. 아이가 처음 걷기 시작할 때 손을 흔들거리며 기우뚱거리면서 일어나는 모양에서 의미가 나왔다.

제기提起 반론을 제기하다.

재기再起 재기의 발판을 마련하다.

자신을 이기고 예를 회복한다는

克己復禮 극기복례

克 이기다 극 己 몸 기 復 회복하다 복 禮 예도 례 (예)

공자의 사상은 인과 예로 압축할 수 있다. 인은 이기적 욕망의 덩어리일 수도 있는 인간이 개인적으로 회복해야 할 개인적 덕망이고, 예는 개인과 개인이 만나 이루어지는 사회적 관계에서 회복해야 할 사회적 덕망이라 할 수 있다.

인과 예를 회복하기 위해서는 먼저 개인적으로 끊임없이 자기 수양과 수신을 통해 이기적 욕망(慾望)이나 거짓된 마음 등(等)을 자기 자신의 의지력(意志力)으로 극복해야 한다. 그리하여 사람과 사람끼리 더불어 살 수 있는 예를 회복해야 한다.

자신을 이기고 예를 회복한다는 뜻의 克己復禮극기복례는 공자 『논어(論語)』 「안연편(顔淵篇)」에 나온다.

勹 포 싸다

싸다 勹(포)는 특정한 물건을 안고 있는 사람을 옆에서 그렸다.

包 포 싸다

싸다 包(포)는 물건을 안고 있는 사람인 勹(포)와 어린 아이의 모양인 巳(사)의 조합이다. 여인이 어린 아이를 뱃속에 품고 있는 모양이므로 아이를 배다가 본래 의미다. 아이가 자궁 안에 싸여있는 모양에서 의미가 나왔다. 包含(포함)은 아이를 품듯이 함께 들어가 있다는 의미다.

포장包裝 과대 포장

抱 포 안다

안다 抱(포)는 손 扌(수)와 자궁에 싸여있는 아이 모양인 包(포)의 조합이다. 사람이 손으로 안아주는 모양에서 의미가 나왔다. 마음속에 품는 생각을 懷抱(회포)라 한다.

포부抱負 포부가 매우 크다.

포옹抱擁 남녀가 포옹하다.

身 신 몸

몸 身(신)은 임신한 여자를 옆에서 그렸다. 임신한 여인의 모습에서 다시 신체의 의미로 변했다. 신체에서 다시 자신을 나타내게 되었다.

출신出身 양반 출신

운신運身 운신의 폭이 좁았다.

몸 이외에는 아무 것도 없다는

身外無物 신외무물

身 몸 신 外 바깥 외 無 없다 무 物 물건 물

톨스토이는 인간에게 가장 소중한 것은 사랑이며, 가장 소중한 일은 지금 하고 있는 일이며, 우리에게 가장 소중한 사람은 지금 만나고 있는 사람이라고 했다. 결국 지금 이 순간, 이곳에서 만나고 행하고 있는 일이 중요하고 소중한 것이다.

100년을 넘어 1000년을 산다 할지라도 지구와 우주의 역사에 비하면 정말 별 의미없다. 그런데도 사람들은 영원히 살 것처럼 영원히 누릴 것처럼 돈과 명예와 권력을 추구하기에 바쁘다. 하지만 건강을 잃고 생명을 다하면 그 모든 것들은 의미 없어진다. 스스로가 건강하게 존재할 때만이 그 모든 게 의미 있고 가치 있다.

氏 씨 성씨

성씨 氏(씨)는 허리를 굽히고 땅 위에 씨앗을 뿌리는 사람 모양을 그렸다. 어떤 씨앗을 뿌리는가에 의해 산출되는 농작물이 결정되는 것처럼 사람도 마찬가지라는 인식에서 의미가 나왔다.

씨족氏族 씨족 사회

종씨宗氏 우리는 종씨지간입니다.

昏 혼 저물다

저물다 昏(혼)은 씨 뿌리는 사람인 氏(씨)와 태양인 日(일)의 조합이다. 씨를 뿌리며 일하는 사람은 해가 저물 때까지 일한다. 태양이 저무는 시점에서 의미가 나왔다.

혼미昏迷 환자가 혼미 상태다.

혼절昏絶 사고 소식을 듣고 혼절하다.

婚 혼 혼인하다

혼인하다 婚(혼)은 여인 女(녀)와 어둡다 昏(혼)의 조합이다. 고대인들은 남녀가 혼인하는 것은 음양이 만나기 때문이라고 믿었다. 그래서 음양이 교차하는 해 질 녘에 혼례를 하는 것에서 의미가 나왔다.

혼인婚姻 혼인하기로 약속하다.

이혼離婚 결국은 이혼했다.

底 저 밑바닥

밑바닥 底(저)는 반지하식 집인 广(엄)과 씨 뿌리는 사람인 氏(씨)와 땅의 모양인 一(일)의 조합이다. 집안의 가장 아래쪽을 지칭한 것에서 의미가 나왔다.

해저海底 해저 터널

저변底邊 생활 체육의 저변 확대

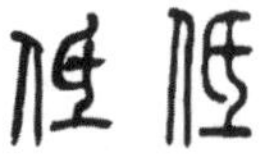

低 저 밑

밑 低(저)는 사람 亻(인)과 씨 뿌리는 사람인 氏(씨)와 지면을 의미하는 一(일)의 조합이다. 사람의 품성 정도가 낮은 수준이라는 의미다. 低質(저질)은 낮은 수준의 바탕을 의미한다.

최저最低 최저 가격

저가低價 저가 항공

紙 지 종이

종이 紙(지)는 실 糸(사)와 씨 뿌리는 사람 모양인 氏(씨)의 조합이다. 닥나무 껍질을 잘게 부셔서 물에 가라앉힌 후에 발을 이용해서 섬유질을 떠서 건조시켜 종이를 만든다. 고개 숙여 작업하는 과정을 묘사한 것에서 의미가 나왔다. 실 糸(사)를 쓴 이유는 종이가 발명되기 전에 비단에 글을 썼기 때문이다.

휴지休紙 휴지 조각

化 **화** 변하다

변하다 化(화)는 사람 亻(인)과 뒤집힌 사람을 조합했다. 사람의 자세가 변했음을 표현했으며, 여기서 모양이 바뀐다는 의미가 나왔다.

둔화鈍化 경기 둔화

격화激化 감정이 격화되다.

花 **화** 꽃

꽃 花(화)는 풀 艹(초)와 변하다 化(화)의 조합이다. 초기에 꽃을 보고 그린 글자는 꽃 華(화)였다. 그러다가 지금의 글자로 바뀌었다. 풀이 자라서 꽃을 피우고 열매를 맺는 변화 과정을 표현했다.

개화開花 민족 문화의 개화

貨 **화** 재물

재물 貨(화)는 바꾸다 化(화)와 돈의 의미인 貝(패)의 조합이다. 돈으로 재물을 바꾸는 데서 귀한 물건의 의미가 나왔다.

화물貨物 창고에 화물을 보관하다.

외화外貨 외화를 벌어들이다.

10-1. 부모 父 母 每 海 悔 敏 毒

10-2. 여자 女 安 案 好 如 恕 委 要

10-3. 탄생 子 保 字 㐬 育 流 充 統 亥 核 刻 台 治 始

10-4. 어른 長 老 考 壽 孝

10 가족

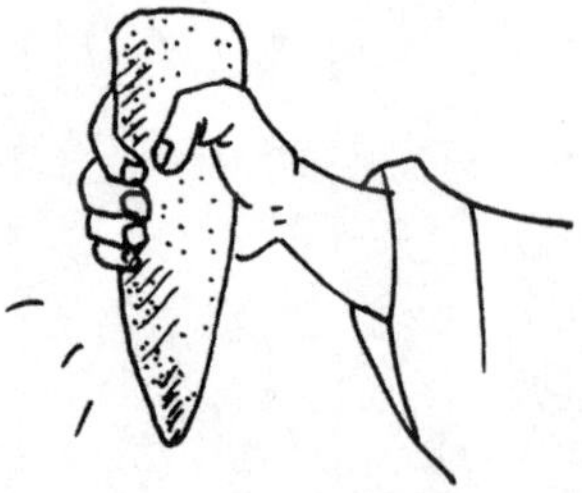

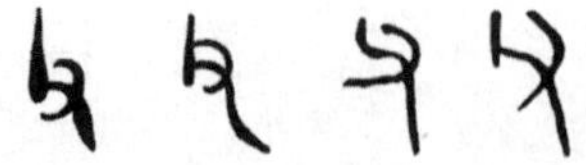

父(부) 아비

아비 父(부)는 손에 도구를 들고 있는 모양이다. 이는 야외에서 노동을 하는 남자를 의미한다. 여기서 집안의 생계를 책임지는 아버지의 의미가 나왔다.

부자父子 부자지간임을 금방 알 수 있다.

신부神父 신부님을 만나다.

母(모) 어미

어미 母(모)는 여인을 나타내는 女(녀)에 점을 두 개 추가했다. 결혼한 여인이 아이를 낳아서 젖을 먹이는 젖꼭지를 점으로 그려 의미를 표현했다.

모성母性 모성 본능

산모産母 산모와 아이가 모두 건강하다.

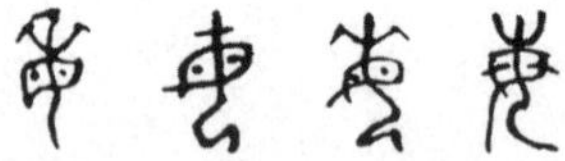

每(매) 매번

매번 每(매)는 어미 母(모)의 위쪽에 비녀 모양을 그려 넣었다. 결혼한 여인을 강조하기 위해 비녀 모양을 더했다. 결혼하면 항상 비녀를 꽂고 다니는 풍습 때문에 매번의 의미로 변했다.

매일每日 매일 지각한다.

매회每回 매회 득점을 하다.

海 해 바다

바다 海(해)는 비녀 꼽은 어머니인 每(매)와 물 氵(수)의 조합이다. 어머니는 모든 자식을 차별하지 않고 포용한다. 바다 또한 크고 작은 물줄기를 차별하지 않고 받아들이기 때문에, 어머니를 나타내는 글자를 넣었다.

해외海外 해외 동포

해군海軍 해군에 입대하다.

悔 회 뉘우치다

뉘우치다 悔(회)는 마음 忄(심)과 비녀 꼽은 어머니인 每(매)의 조합이다. 어머니는 가정에서 교육을 담당했다. 어머니를 생각하면 지난날의 가르침을 따르지 못함을 후회하는 데서 의미가 나왔다.

후회後悔 후회 없는 삶

敏 민 재빠르다

재빠르다 敏(민)은 비녀 꼽은 어머니인 每(매)와 치다 攵(복)의 조합이다. 잘못한 자식을 매질해서 민첩하게 바로잡는 어머니에서 의미가 나왔다.

과민過敏 과민한 반응

기민機敏 기민한 동작

毒 독 독하다

독하다 毒(독)은 비녀 꼽은 어머니인 每(매) 위에 가로선을 두 개 더 그렸다. 비녀를 여러 개 꼽은 여인이라는 의미로, 사치가 심한 여인을 표현했다. 이런 사치스런 여인은 가정에 해가 되기 때문에 해악, 독의 의미가 나왔다.

독감毒感 독감이 걸렸다.

지독至毒 지독하게 맵다.

뽕나무밭이 푸른 바다가 되었다는

桑田碧海 상전벽해

桑 뽕나무 상 田 밭 전 碧 푸르다 벽 海 바다 해

이 세상 모든 것들은 변한다. 변하지 않는 것들은 없다. 아침에 나올 때의 나와 지금의 나는 다르다. 유치원 때의 나와 지금의 나는 다르다. 하지만 나는 언제나 나다. 누가 나를 보며 나의 이름을 부르면, 언제나 내가 대답한다. 이것은 변하는 내 속에 변하지 않는 그 무엇이 있기 때문이다. 그래서 이 세상 모든 것이 변한다는 말은 참이면서 거짓이다.

컴퓨터와 핸드폰은 새로운 제품이 금방금방 출시된다. 이제는 자동차도 전기 자동차가 대세를 이룰 것이다. 세상(世上)이 몰라볼 정도(程度)로 바뀐 것. 세상(世上)의 모든 일이 엄청나게 변해버린 것을 말할 때 상전벽해라고 한다. 갈홍(葛洪)의 『신선전(神仙傳)』에서 나왔다.

女 녀 여인

여인 女(녀)는 두 손을 앞 쪽으로 모으고 무릎을 꿇고 있는 사람의 모양을 그렸다. 고대 중국인들의 여성관을 보인 글자로, 순종하는 모양을 강조한 데서 의미가 나왔다.

여성女性 여성가족부

여식女息 불효 여식

安 안 편안하다

편안하다 安(안)은 반지하식 집인 宀(면)과 무릎 꿇고 다소곳하게 앉아 있는 여인 女(녀)의 조합이다. 집에 앉아 있는 여자를 의미한다. 여인이 집에서 일하는 모습에서 의미가 나왔다.

안보安保 안보 태세

안정安定 안정된 생활

案 안 책상

책상 案(안)은 집안에 있는 여인인 安(안)과 나무 木(목)의 조합이다. 집안에서 여인이 사용하는, 나무로 만든 물건인 밥상의 의미다. 후에 오면서 밥상에서 책상의 의미로, 다시 책상 위 문서인 案件(안건), 문서의 의미로 넓어졌다.

방안方案 해결 방안

초안草案 연설문 초안

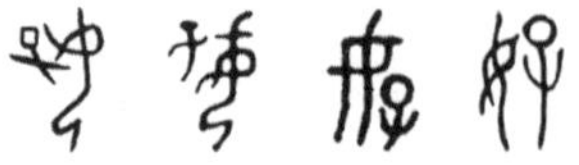

好 호 좋다

좋다 好(호)는 여인 女(녀)와 아들 子(자)의 조합이다. 농경 시대에는 노동력이 매우 중요했기 때문에 아이를 많이 낳은 여인을 선호했던 데서 의미가 나왔다. 아이를 낳아서 안고 있는 모양이다.

호황好況 호황을 누리다.

애호愛好 우리말 애호

如 여 같다

같다 如(여)는 여인 女(녀)와 입 口(구)의 조합으로 명령하는 모양이다. 고대에는 여인의 순종을 미덕으로 삼았으므로 따르다가 본래 의미다. 명령하는 사람의 말과 행동을 같이 하는 데서 같다는 의미로 넓어졌다.

여전如前 말버릇이 여전했다.

혹여或如 혹여 늦지나 않았는지?

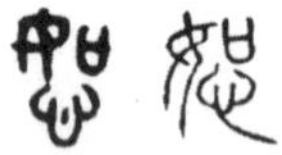

恕 서 용서하다

용서하다 恕(서)는 여인에게 명령하는 모양인 如(여)와 마음 心(심)의 조합이다. 자기가 하고 싶지 않은 것을 남에게 강요하지 않는 마음이다. 나와 상태를 같이 여기는 마음은 어짐의 근본이다. 어진 마음에서 다시 용서하다의 의미로 넓어졌다.

용서容恕 용서를 빌다.

委 위 맡기다

맡기다 委(위)는 농작물이 익은 모양인 禾(화)와 여인 女(녀)의 조합이다. 수확해 놓은 농작물을 옮기는 여인이다. 남자는 농사의 전반적인 일을 하지만 여인들은 농작물을 맡아서 관리하는 데서 의미가 나왔다.

위원委員 국회 위원

위임委任 모든 권리를 위임하다.

要 요 중요하다

중요하다 要(요)는 허리 위에 두 손을 얹고 있는 여인의 모양으로, 허리의 의미다. 후에 女(녀)와 덮다 襾(아)의 조합으로 변했다. 허리는 인체의 중심 부분이기 때문에 중심, 중요하다의 의미로 변했다. 인체를 의미하는 月(월)을 더한 腰(요)로 허리의 의미를 보존했다.

중요重要 중요한 문제

소요所要 소요 경비

子 (자) 아들

아들 子(자)는 처음엔 머리털과 머리와 다리를 그렸다. 후에 머리와 양팔과 몸을 그려 아이가 태어나서 강보에 싸여 있는 모양을 표현한 데서 의미가 나왔다.

전자電子 전자 사전

이자利子 원금과 이자

保 (보) 보호하다

보호하다 保(보)는 사람 亻(인)과 아들 子(자)의 조합이다. 후에 간략화한 두 팔의 모양을 점으로 표현해서 첨가했다. 아이를 업어서 보호하는 모양에서 의미가 나왔다.

확보確保 증거를 확보하다.

보유保有 핵을 보유하다.

字 (자) 글자

글자 字(자)는 반지하식 집인 宀(면)과 아들 子(자)의 조합이다. 집안에 아이가 있는 모양으로 아이가 태어남이 본래 의미다. 남녀가 결혼해야 아이가 생기는 것처럼 한자도 글자끼리 조합해서 새로운 글자가 태어나는 데서 의미가 변했다.

문자文字 문자 메시지

점자點字 점자를 해독하다.

㐬 류

㐬(류)는 아들 子(자)를 거꾸로 그린 글자로 갓 태어난 아이의 모양이다. 아이가 태어날 때 머리부터 나오기 때문이며, 머리털까지 그린 경우도 있다.

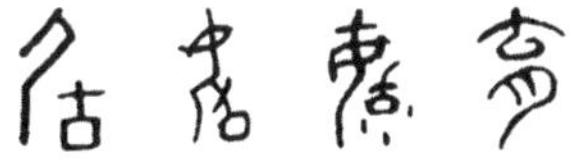

育 육 기르다

기르다 育(육)은 여인과 아이가 뒤집힌 모양의 조합이다. 후에 거꾸로 선 아이와 인체의 의미인 月(월)의 조합으로 변했다. 출산의 모양으로 아이가 태어나면 길러야 하는 데서 의미가 나왔다.

육성育成 후계자를 육성하다.

보육保育 보육 시설

流 류 흐르다

흐르다 流(류)는 물 氵(수)와 갓 태어난 아이 모양의 조합이다. 아이가 나올 때 양수가 먼저 흘러나오는 데서 의미가 나왔다. 양수가 흘러나오는 모양에서 퍼지다의 의미로 넓어졌다.

유통流通 유통 기한

유출流出 기름 유출 사고

充 충 채우다

채우다 充(충)은 아이를 거꾸로 한 글자와 사람 儿(인)의 조합이다. 갓 태어난 아이를 성장할 때까지 도와주는 의미다. 아이의 부족한 부분을 성인이 補充(보충)해 주는 데서 의미가 나왔다.

충분充分 충분한 휴식

충실充實 내용이 충실하다.

統 통 거느리다

거느리다 統(통)은 실 糸(사)와 기르다 充(충)의 조합이다. 실이 이어지듯이 아이가 계속 태어나면 나이 차에 따라 질서가 생긴다. 형이 아래 동생들을 통제하는 데서 統制(통제)와 거느리다의 의미가 나왔다.

통합統合 기관이 통합되다.

통일統一 남북 통일

亥 해 돼지

돼지 亥(해)는 옷을 벗고 있는 어린 아이를 측면에서 그렸다. 미성숙한 아이는 생식 기능이 없지만 자라면서 그런 기능을 갖는 데서 씨라는 의미로 확장되었다. 십이지(十二支)의 열두 번째 돼지를 상징하는 의미로 사용하게 되자 아들 子(자)를 더한 孩(해)자를 만들어 의미를 보존했다.

核 핵 씨

씨 核(핵)은 어린 아이인 亥(해)와 나무 木(목)의 조합이다. 어린 나무가 역시 자라서 큰 나무가 되는 데서 핵심, 씨의 의미가 나왔다.

핵심核心 핵심 인물

핵실험核實驗 핵실험 강행

刻 각 새기다

새기다 刻(각)은 어린 아이인 亥(해)와 칼 刂(도)의 조합이다. 어린 아이에게 할 일과 하지 말아야 할 일을 칼로 새기듯이 가르치는 데서 의미가 나왔다.

심각深刻 환경오염이 심각하다.

경각頃刻 생명이 경각에 달렸다.

台 태 기르다

기르다 台(태)는 수저나 국자와 유사한 위쪽 모양과 아래쪽 입 口(구)의 조합이다. 음식을 먹여서 아이를 키우는 모양에서 의미가 나왔다.

治 치 다스리다

다스리다 治(치)는 물 氵(수)와 기르다 台(태)의 조합으로, 물을 다스린다는 의미다. 고대 중국은 황하의 범람에 시달렸기 때문에 물을 다스리는 사람이 통치자의 위치에 올랐다. 순리적으로 물을 다스리듯 백성을 다스려야 한다는 데서 의미가 나왔다.

정치政治 정치 활동

치료治療 병원에서 치료받다.

始 시 처음

처음 始(시)는 여인 女(녀)와 기를 台(태)의 조합이다. 모든 생명은 여인으로부터 시작되는 데서 의미가 나왔다. 생명의 잉태로부터 始作(시작)의 의미로 넓어졌다.

시동始動 시동을 걸다.

시구始球 야구 경기에서 시구하다.

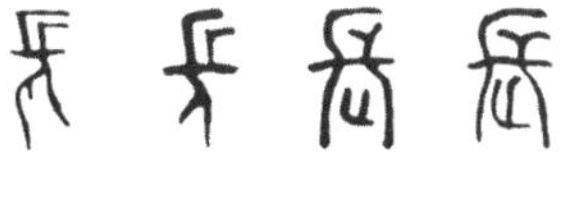

長 장 어른

어른 長(장)은 머리가 길고, 지팡이를 짚고 있는 사람 모양이다. 나이가 많아서 머리도 너풀거리고 지팡이에 의지한 모양이다. 나이 많은 노인은 어른으로 대접했기 때문에 의미가 나왔다. 태어나면 어른으로 자라기 때문에 성장의 의미로 넓어졌다.

장관長官 장관 후보자

成長성장 성장이 빠르다.

老 노 늙다

늙다 老(노)는 머리를 흩뜨리고 지팡이 짚고 서있는 사람 모양을 그렸다. 머리 손질도 어렵고, 지팡이에 의지할 정도로 힘이 없는 사람에서 의미가 나왔다.

노련老鍊 노련한 솜씨

원로元老 국가 원로

考 고 생각하다

생각하다 考(고)는 老(노)와 같은 글자로 머리를 흩뜨리고 지팡이를 짚고 있는 노인 모양이다. 후에 丂(교)를 더했다. 늙은 사람은 행동하기 전에 많은 생각을 하는 데서 의미가 나왔다.

고사考査 중간고사

고찰考察 이론적 고찰

壽 수 목숨

목숨 壽(수)는 위쪽은 머리를 풀어 헤치고 지팡이를 짚고 있는 모양인 老(노)이고 아래쪽은 곡선과 발 모양이다. 늙은 사람이 굽은 인생길을 걸어서 온 모양에서 장수의 의미가 나왔다.

천수天壽 천수를 누리다.

장수長壽 장수의 비결

孝 효 효도하다

효도하다 孝(효)는 지팡이 짚은 머리 긴 사람 모양인 老(노)와 아들 子(자)의 조합이다. 나이든 노인을 자식이 업고 있는 모양에서 의미가 나왔다.

효성孝誠 효성이 지극하다.

효자孝子 그는 효자다.

11-1. 수레 車 軍 揮 兩 由 油

11-2. 갈림길 모양 彳 徐 德 復 後 從 徒 得 循

11-3. 사거리 모양 行 街

11-4. 배 舟 般 盤 船

11 도로와 교통

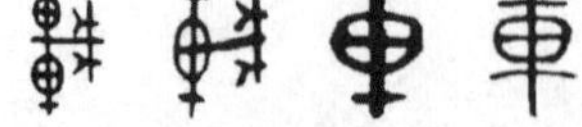

車 거 차 수레

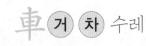

수레 車(거, 차)는 두 마리 말이 끄는 마차 전체를, 위쪽에서 보고 그렸다. 후에 세워서 그렸다가 모두 생략하고 바퀴와 축만을 그렸다.

승차乘車 무임 승차

차량車輛 차량 용품

軍 군 군사

군사 軍(군)은 수레 車(거)와 사람이 감싸 안은 모양인 勹(포)의 조합이다. 고대 중국에서 군대를 주둔시킬 때는 수레로 주위를 둘러쌌다. 여기서 군대의 의미가 나오며, 다시 진치다의 의미로 넓어졌다.

군대軍隊 군대 생활

미군美軍 주한 미군

揮 휘 지휘하다

지휘하다 揮(휘)는 손 扌(수)와 군사 軍(군)의 조합이다. 손으로 군사들의 이동을 지휘하는 데서 의미가 나왔다. 다시 손을 움직이는 동작에서 휘두르다의 의미로 넓어졌다.

발휘發揮 지도력을 발휘하다.

지휘指揮 지휘에 따른다.

由 유 말미암다

말미암다 由(유)는 수레바퀴를 고정시켜 돌리는 굴대 모양을 그렸다. 굴대로 인해서 마차 바퀴가 돌아가기 때문에 이유의 의미가 나왔다.

이유理由 그곳에 가고 싶은 이유이다.

자유自由 자유를 누리다.

油 유 기름

기름 油(유)는 물 氵(수)와 굴대 모양인 由(유)의 조합이다. 굴대에 바퀴가 잘 돌아가기 위해서 바른 윤활유에서 의미가 나왔다.

유가油價 유가가 급등하다.

유전油田 유전 탐사

兩 량 둘

둘 兩(량)은, 두 필의 말이 마차를 끌 때 말등 위에 올려놓는 멍에를 그렸다. 본래는 車輛(차량)의 의미였는데, 후에 두 개라는 의미로 변했다.

양서류兩棲類 개구리는 양서류다.

양면兩面 양면 인쇄

彳 척 천천히 가다

천천히 가다 彳(척)은 갈림길 모양을 그렸다. 번화한 도로에 사람이 걸어가는 데서 의미가 변했으며, 부수로만 사용한다.

徐 서 천천하다

천천하다 徐(서)는 갈림길인 彳(척)과 집 모양인 余(여)의 조합이다. 일을 마치고 쉬엄쉬엄 집으로 돌아가는 데서 의미가 나왔다.

서행徐行 서행하는 차량

德 덕 덕

덕 德(덕)은 갈림길인 彳(척)과 눈 모양과 수직선의 조합이다. 많은 사람이 다니는 큰 거리는 많은 시선 때문에 바르게 행동해야 한다는 데서 의미가 나왔다. 후에 마음 心(심)을 더해 마음가짐을 강조했다.

덕담德談 덕담을 나누다.

덕분德分 덕분에 즐거웠다.

復 복 회복하다

회복하다 復(복)은 亞(아)자형 무덤 모양과 아래로 향한 발 모양의 조합이다. 후에 갈림길인 彳(척)을 더해서 행동의 의미를 강조했다. 죽어 저 세상으로 갔다 다시 이 세상으로 돌아온다는 데서 회복의 의미가 나왔다.

반복反復 반복 학습

회복回復 경기가 회복되다.

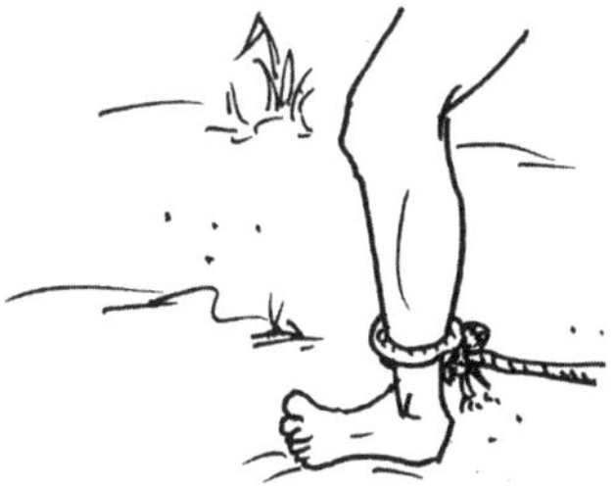

後 후 뒤

뒤 後(후)는 노끈 모양과 아래로 향한 발 모양의 조합이다. 후에 갈림길인 彳(척)의 조합으로 변했다. 발을 묶어 끌고 오는 모양에서 뒤쪽의 의미가 나왔다.

후유증後遺症 사고 후유증

향후向後 향후 대책을 논의하다.

從 종 따르다

따르다 從(종)은 두 사람을 그려서, 앞 사람을 따라가는 모습을 표현했다. 후에 조금씩 걸을 彳(척)과 아래쪽 발 모양을 더해서 의미를 확실하게 했다. 順從(순종)은 순순히 복종하여 따르는 것을 말한다.

종사從事 농업에 종사하다.

추종追從 추종 세력

徒 도 걷다

걷다 徒(도)는 갈림길인 彳(척)과 흙 土(토)와 발 모양의 조합이다. 흙을 밟고 거리를 걸어가는 데서 의미가 나왔다. 徒步(도보)는 가마를 타지 않고 흙 위를 직접 걸어가는 것이다.

신도信徒 신도 수가 많다.

도당徒黨 반역 도당

得 득 얻다

얻다 得(득)은 손 모양과 돈을 의미하는 조개 貝(패)의 조합이다. 손에 돈이 들어온 모양에서 의미가 나왔다. 후에 갈림길인 彳(척)이 더해졌다.

납득納得 납득하기 어렵다.

취득取得 부동산을 취득하다.

循 순 돌다

돌다 循(순)은 갈림길인 彳(척)과 방패 盾(순)의 조합이다. 갈림길에서 방패를 들고 경계서는 모양이다. 일정한 구역을 돌면서 순찰하는 모양에서 의미가 나왔다.

순환循環 혈액 순환

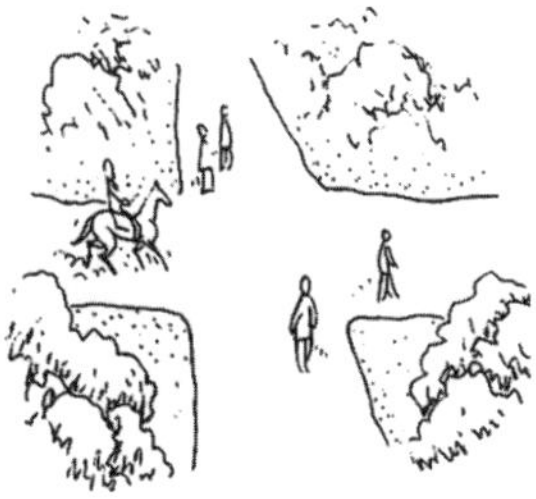

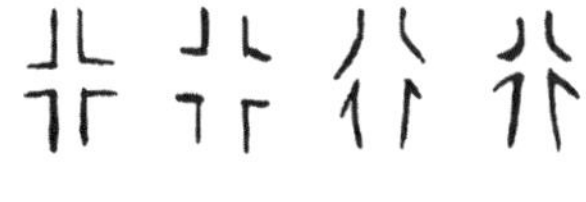

行 (행) 가다

가다 行(행)은 사거리 모양을 그렸다. 큰 길의 의미다. 도로에 사람들이 다니기 때문에 의미가 나왔다.

시행施行 작전을 시행하다.

행사行事 행사에 참여하다.

街 (가) 거리

거리 街(가)는 사거리 行(행)과 홀인 圭(규)의 조합이다. 홀은 황제 앞에 나갈 때 드는, 옥으로 만든 귀중한 물건이다. 벼슬아치들이 많이 지나는 길에 상점들이 많으므로 거리의 의미가 나왔다. 돈을 유통하는 중심지인 金融街(금융가)에서 근거를 볼 수 있다.

상가商街 도매 상가

舟 (주) 배

배 舟(주)는 중국 고대 대나무 모형을 본떠 만든 작은 배 모양을 그렸다. 대나무가 가벼우면서 강한 것은 마디 때문이란 것을 알고 이를 본떠 배를 제작했다. 중국인들의 지혜를 엿볼 수 있는 글자다.

방주方舟 노아의 방주

般 (반) 돌리다

돌리다 般(반)은 배 舟(주)와 손에 막대기를 든 모양인 攴(복)의 조합이다. 후에 攴(복)이 창 든 모양인 殳(수)로 변했다. 배를 만드는 동작을 표현한 것으로 본래 조선소의 의미다. 배를 수리하기 위해 배를 조선소로 돌리는 데서 의미가 나왔다. 수리하면 처음 위치로 돌아오는 데서 一般(일반)의 의미로 넓어졌다.

전반全般 전반적인 경향

盤 (반) 대야

대야 盤(반)은 배 만드는 의미인 般(반)과 그릇 皿(명)의 조합이다. 나무를 깎아내서 배를 만드는 것처럼 얇고 평평하게 만드는 그릇의 의미다.

기반基盤 사업 기반을 다지다.

반석盤石 반석 위에 세우다.

船 선 배

배 船(선)은 배 舟(주)와 산 속 늪인 㕣(연)의 조합이다. 물이 흘러와 고인 곳에서 운행하는 배를 의미한다. 후에 모든 배의 의미로 넓어졌다.

어선漁船 어선들이 정박해 있다.

선장船長 선장과 항해사

배에다 새겨 검을 찾으려 한다는

刻舟求劍 각주구검

刻 새기다 각 舟 배 주 求 구하다 구 劍 칼 검

『여씨춘추(呂氏春秋)』의 지금을 살피고 생각한다는 「찰금편(察今篇)」에 나온다.

한 젊은이가 자신이 소중하게 여기던 검(劍)을 갖고 양자강을 건너다 그 검을 강에 빠뜨리고 말았다. 하지만 곧바로 그 검을 찾은 것이 아니라 나중에 찾기 위해 칼(刀)로 뱃전에 그 자리를 표시(表示)했다. '칼이 떨어진 자리에 표시해 놓았으니 나중에 찾을 수 있겠지.'라고 생각하였다. 그리고는 배가 언덕에 닿자 뱃전에 표시를 해 놓은 물 속으로 뛰어 들어가 칼을 찾았다. 그러나 칼은 없었다.

어리석고 융통성 없게 일을 처리하거나 판단력(判斷力)이 둔하여 세상 일에 어두운 이를 이를 때 사용한다.

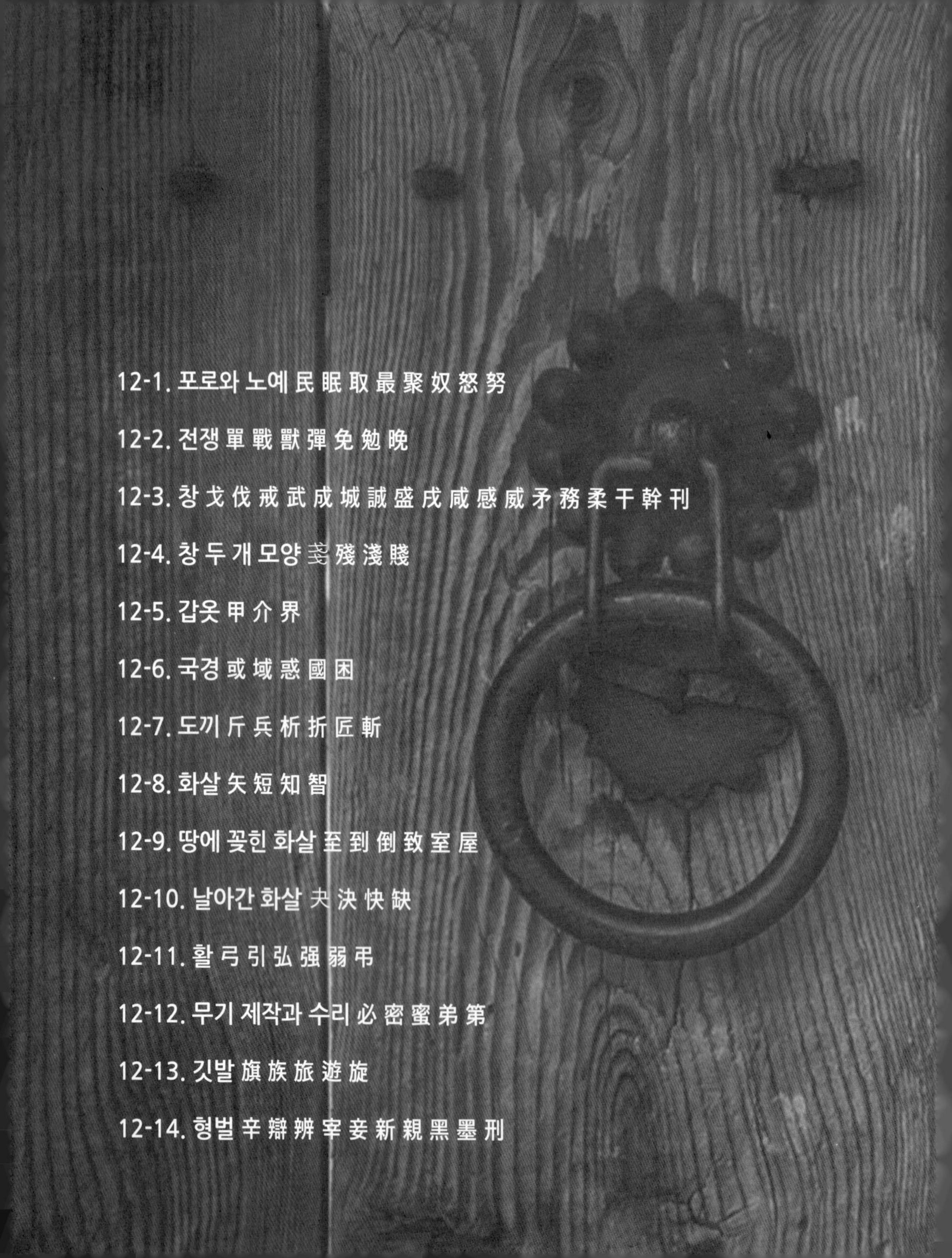

12-1. 포로와 노예 民 眠 取 最 聚 奴 怒 努

12-2. 전쟁 單 戰 獸 彈 免 勉 晩

12-3. 창 戈 伐 戒 武 成 城 誠 盛 戊 咸 感 威 矛 務 柔 干 幹 刊

12-4. 창 두 개 모양 戔 殘 淺 賤

12-5. 갑옷 甲 介 界

12-6. 국경 或 域 惑 國 困

12-7. 도끼 斤 兵 析 折 匠 斬

12-8. 화살 矢 短 知 智

12-9. 땅에 꽂힌 화살 至 到 倒 致 室 屋

12-10. 날아간 화살 夬 決 快 缺

12-11. 활 弓 引 弘 强 弱 弔

12-12. 무기 제작과 수리 必 密 蜜 弟 第

12-13. 깃발 旗 族 旅 遊 旋

12-14. 형벌 辛 辯 辨 宰 妾 新 親 黑 墨 刑

12 전쟁과 무기

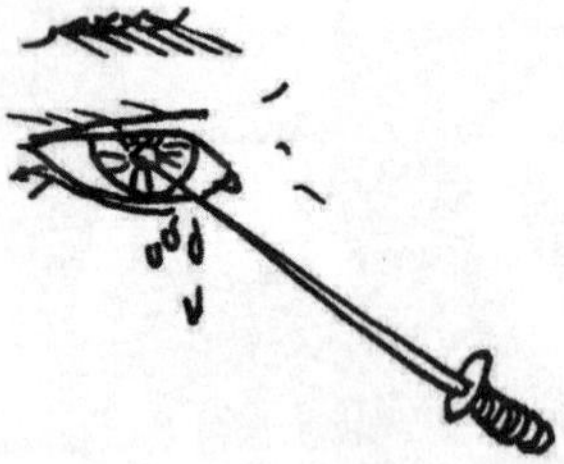

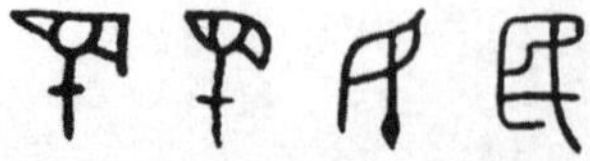

民 민 백성

백성 民(민)은 날카로운 송곳으로 한쪽 눈을 찌르는 모양이다. 고대 殷(은)과 商(상)나라 때에는 전쟁 포로의 왼쪽 눈을 제거한 후 노비로 삼았다. 이는 자국민과 구별하기 위해서다. 노예에서 피지배 계층의 의미로 사용하게 되었다.

시민市民 민주 시민

민생民生 민생이 우선이다.

眠 면 잠자다

잠자다 眠(면)은 눈 目(목)과 한쪽 눈을 제거한 모양인 民(민)의 조합이다. 눈을 잃고 보는 능력과 힘이 쇠했다는 데서 의미가 나왔다.

동면冬眠 반달곰이 동면에 들어갔다.

영면永眠 평온하게 영면하셨다.

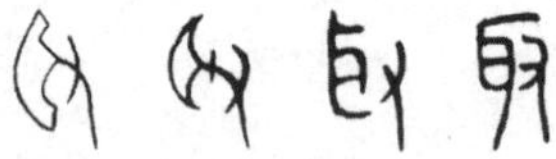

取 취 취하다

취하다 取(취)는 귀 耳(이)와 손 모양인 又(우)의 조합이다. 고대 전투에서 적을 죽이면 왼쪽 귀를 잘라 전쟁 공로의 증거로 삼았다. 여기서 적을 죽이고 귀를 취하다의 의미가 나왔다.

취소取消 예약을 취소하다.

취재取材 취재 현장

最 (최) 최고

최고 最(최)는 모자 모양 冃(모)와 귀를 자른 의미인 取(취)의 조합이다. 적의 장군을 죽이고, 장군의 투구와 귀를 잘라 왔다는 의미다. 적의 우두머리를 죽인 것이 최고의 전공인 데서 의미가 나왔다.

최적最適 최적 온도

최장最長 최장 시간

聚 (취) 모이다

모이다 聚(취)는 귀를 자른 의미인 取(취)와 사람 人(인) 3개의 조합이다. 적들의 귀를 잘라 오면 전공을 가리기 위해 사람들이 모여드는 데서 의미가 나왔다. 이런 귀를 한 곳에 모아 두는 데서 聚合(취합)의 의미로 넓어졌다.

취락聚落 취락 지역

奴 (노) 노예

노예 奴(노)는 여인인 女(녀)와 손 모양인 又(우)의 조합이다. 전쟁에서 승리하면 여인들은 힘이 없어 반항하지 않기 때문에 잡아다 일을 시키는 데서 의미가 나왔다.

매국노賣國奴 매국노 이완용

노예奴隷 노예를 거느리다.

怒 (노) 노하다

노하다 怒(노)는 노예 奴(노)와 마음 心(심)의 조합이다. 전쟁에서 남편은 죽고 노예로 끌려와서 일하는 마음에서 의미가 나왔다. 또한 고대 귀족들은 노예의 마음속에 분노가 있다고 인식했다.

노기怒氣 얼굴에 노기가 서리다.

분노憤怒 분노가 폭발하다.

努 (노) 힘쓰다

힘쓰다 努(노)는 노비 奴(노)와 쟁기 모양인 力(력)의 조합이다. 노예가 농경지에서 쟁기질하는 의미다. 고대엔 사람이 쟁기를 끌었기 때문에 강한 힘이 필요한 데서 의미가 나왔다.

노력努力 모든 노력을 다하다.

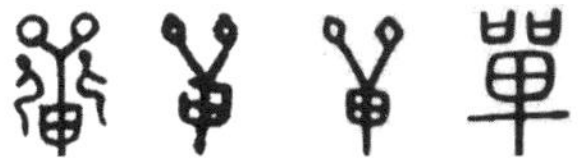

單 단 홑

홑 單(단)은 위쪽에 두 줄이 달려 있고 아래는 그물 모양이다. 이런 모양의 도구는 공격용 무기나 사냥 도구로 사용했다. 고대 중국에서 이런 무기를 갖춘 가장 작은 전투부대를 單(단)이라 했다. 이 조직은 같은 부락의 혈족으로 이루어졌으므로 하나의 의미로 변했다.

단순單純 단순 작업

戰 전 전쟁하다

전쟁하다 戰(전)은 무기인 單(단)과 창 모양인 戈(과)의 조합이다. 그물 부분에 돌을 넣어서 쏘는 무기와 개인 병기인 창에서 의미가 나왔다.

전략戰略 전략을 짜다.

도전挑戰 정면 도전

獸 수 짐승

짐승 獸(수)는 사냥 도구인 單(단)과 개 犬(견)의 조합이다. 사냥 도구와 사냥개로 잡은 짐승에서 의미가 나왔다. 사냥개로 잡을 수 있는 날지 못하는 네 발 달린 짐승을 통칭하게 되었다.

맹수猛獸 맹수의 공격을 피하다.

수심獸心 인면수심

彈 탄 탄알

탄알 彈(탄)은 활에 작은 둥근 원을 그렸다. 활을 이용해서 쏘는 탄환의 모양이다. 후에 활 弓(궁)과 돌을 넣어서 쏘는 무기인 單(단)의 조합으로 변했다. 화살이나 돌을 쏘아 적을 공격하는 것에서 의미가 나왔다.

폭탄爆彈 폭탄 테러

방탄防彈 방탄조끼

免 면 면하다

면하다 免(면)은 사람 儿(인)과 모자의 조합이며, 후에 모자 모양이 복잡해졌다. 투구를 쓴 병사 모양으로 투구는 머리 부상을 면하게 해주기 위해서 썼다.

사면赦免 사면 복권

면제免除 병역 면제

勉 면 힘쓰다

힘쓰다 勉(면)은 투구 쓴 사람 모양인 免(면)과 쟁기 모양인 力(력)의 조합이다. 전쟁과 농사일은 생명과 직결되기 때문에 모든 힘을 다 쏟아 부어야 하는 데서 의미가 나왔다.

근면勤勉 근면 성실

면학勉學 면학 분위기를 조성하다.

晚 (만) 저물다

저물다 晚(만)은 태양인 日(일)과 투구 쓴 사람인 免(면)의 조합이다. 투구 쓴 사람 옆에 해를 그려서 해가 지고 있다는 의미다. 해지는 시간에 전투가 많이 벌어지기 때문에 免(면)을 조합했다.

조만간早晩間 조만간에 만나자.

만찬晩餐 만찬에 초대받다.

때늦은 한탄이라는

晩時之歎 만시지탄

晩 늦다 만 時 때 시 之 갈 지 歎 탄식하다 탄

가장 소중한 때와 장소는 지금 이 순간이다. 지금 만나고 있는 사람이 가장 소중한 사람이며 지금 하고 있는 일이 가장 중요한 일이다. 오늘 할 일을 내일로 미루지 말라는 말은 그래서 진리이다. 지금 하지 않으면 영원히 못할 수도 있다. 지금 건강을 위해 노력해야 하고, 지금 만나고 있는 사람에게 사랑한다고 표현해야 한다. 언제 어떻게 변할지 모른다. 세상 모든 것들은 변한다. 만시지탄은 때가 늦어 기회(機會)를 놓친 것이 분하고 아파서 탄식(歎息)함을 이르는 말이다.

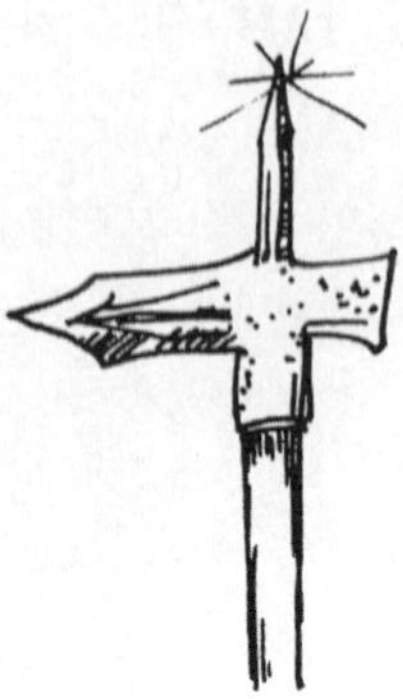

戈 과 창

창 戈(과)는 고대에 사용한 병기인 창을 그렸다. 지상군이 주로 사용했으며, 가로로 날이 달려있다. 주로 목을 베는 용도로 사용한 자루가 긴 창이다.

伐 벌 치다

치다 伐(벌)은 사람 亻(인)과 창 戈(과)의 조합이다. 창으로 사람의 목을 베는 모양에서 의미가 나왔다. 사람의 목을 베는 데서 토벌하다, 정벌하다의 의미로 넓어졌다.

토벌討伐 왜구를 토벌하다.

살벌殺伐 살벌한 분위기

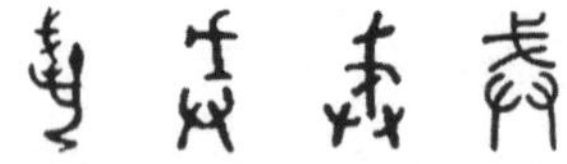

戒 계 경계하다

경계하다 戒(계)는 두 손 모양인 廾(공)과 창 모양인 戈(과)의 조합이다. 창을 두 손으로 꽉 잡고 국경이나 관문을 지키는 모양에서 의미가 나왔다.

경계警戒 경계의 눈초리

징계懲戒 징계를 받다.

武 (무) 용맹하다

용맹하다 武(무)는 창 戈(과)와 발 모양인 止(지)의 조합이다. 창으로 무장한 병사들이 정벌을 나가는 행동을 강조한 데서 의미가 나왔다. 군대를 동원해서 처리하는 것을 武力(무력)이라 한다.

무장武裝 무장한 병력

무사武士 칼을 든 무사

成 (성) 이루다

이루다 成(성)은 자루가 길고 넓은 도끼 모양과 짧은 세로선의 조합이다. 도끼로 물건을 쪼개는 행위를 나타냈으며, 후에 오면서 못 丁(정)으로 바뀌었다. 고대 중국에는 다른 사람과 맹세할 때 희생물이나 내용을 기록한 물건을 쪼개어 나누어 가지는 풍습이 있다. 굳게 지키겠다는 의미며, 여기서 맹세가 이루어졌다는 의미가 나왔다.

작성作成 문서 작성

편성編成 예산 편성

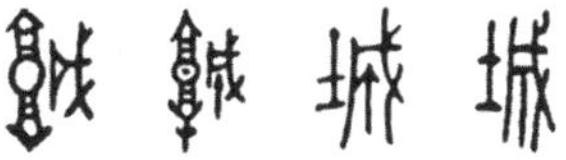

城 (성) 성곽

성곽 城(성)은 둥근 원 위아래의 성곽 모양과 도끼 모양인 成(성)의 조합이다. 성 주위의 망루를 도끼 들고 지키는 모양에서 의미가 나왔다. 후에 성곽이 생략되고 흙 土(토)로 변한 이유는, 중국의 성곽이 흙을 다져서 쌓는 판축법을 사용했기 때문이다.

성곽城郭 성곽을 쌓다.

농성籠城 철야 농성

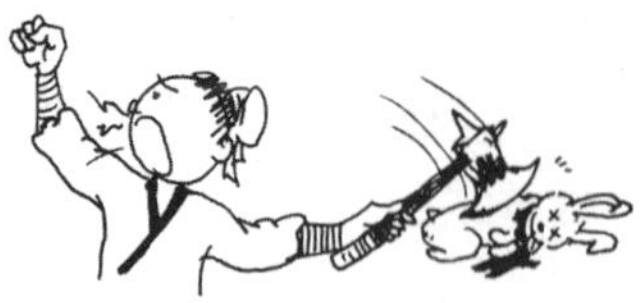

誠 성 성실하다

성실하다 誠(성)은 말씀 言(언)과 희생물을 죽여서 맹세하는 成(성)의 조합이다. 타인과 맹세할 때 하는 말에서 의미가 나왔다. 이때 진심을 말하는 데서 정성스럽다의 의미로 넓어졌다.

성금誠金 성금 모금

열성熱誠 열성을 기울이다.

盛 성 채우다

채우다 盛(성)은 희생물을 죽여서 맹세하는 成(성)과 그릇 皿(명)의 조합이다. 희생물의 피를 그릇에 담아서 맹세하는 풍습에서 의미가 나왔다. 희생물을 죽여 맹세하는 것은 국가 간의 일이기에, 매우 큰 의식을 치루게 되므로 성대하다, 번성하다의 의미로 넓어졌다.

왕성旺盛 왕성한 혈기

극성極盛 모기가 극성을 부리다.

戌 술 개

개 戌(술)은 넓고 둥근 형태의 도끼와 자루를 그렸다. 후에 十二支(십이지)의 11번째 개를 상징하는 의미로 사용했다. 이 글자와 조합한 글자는 무기와 관련한 의미를 갖는다.

경술庚戌 경술국치

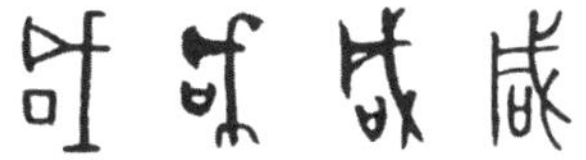

咸 (함) 모두

모두 咸(함)은 도끼 모양인 戌(술)과 입 口(구)의 조합이다. 전쟁에 임해서 무기를 들고 함성을 지르는 것으로 소리치다가 본래 의미다. 후에 모든 병사들이 함께 소리 지르는 것에서 같이 하다의 의미로 변했다. 다시 입 口(구)를 더해서 함성지르다 喊(함)을 만들어 의미를 보존했다.

함흥咸興 함흥냉면

感 (감) 느끼다

느끼다 感(감)은 전쟁에서 함성지르는 의미인 咸(함)과 마음 心(심)의 조합이다. 함성을 지르면서 전쟁을 시작한다. 이때 戰友(전우)들과 함께 마음속으로 강한 두려움을 느끼는 데서 의미가 나왔다. 서로를 의지해서 두려움을 떨치는 데서 感謝(감사)의 의미로 넓어졌다.

감정感情 감정에 호소하다.

감염感染 바이러스 감염

威 (위) 위엄

위엄 威(위)는 날이 큰 도끼 모양인 戌(술)과 여인 女(녀)의 조합이다. 여인이 형을 집행하는 큰 도끼를 들고 있는 모양이므로 권위를 의미하게 되었다.

시위示威 시위 진압

위신威信 위신을 세우다.

矛 **모** 창

창 矛(모)는 고대 공격용 병기인 창이다. 긴 자루의 끝에 예리하고 뾰족한 날이 달려있는 형태로 주로 찌르는 데 사용했다.

모순矛盾 모순에 빠지다.

務 **무** 힘쓰다

힘쓰다 務(무)는 창 모양인 矛(모)와 치다 攵(복)과 쟁기 모양인 力(력)의 조합이다. 농기구나 무기 제작 모습으로 일의 의미다. 이런 작업을 독려하는 데서 힘쓴다는 의미로 넓어졌다.

직무職務 직무를 수행하다.

채무債務 채무가 발생하다.

柔 **유** 부드럽다

부드럽다 柔(유)는 창 모양인 矛(모)와 나무 木(목)의 조합이다. 창처럼 땅을 뚫고 막 올라온 나무에서 의미가 나왔다. 갓 자란 나무는 딱딱하지 않기 때문이다.

유연柔軟 유연한 새싹

회유懷柔 협박과 회유

干 (간) 방패

방패 干(간)은 두 갈래로 갈라진 창과 유사한 형태의 고대 무기다. 갈라진 부분으로 적의 목이나 손을 제압하는데 사용했다. 여기서 강제로 제압하는 범하다, 간여하다의 의미가 나왔다. 공격성이 강한 창에 비해 끝이 갈라져 있어서 방패의 의미로 변했다.

약간若干 약간의 돈이 필요하다.

幹 (간) 줄기

줄기 幹(간)은 숲 사이에 태양이 있는 모양과 사람 人(인) 형태와 양쪽으로 갈라진 창 모양인 干(간)의 조합이다. 나무 중에서 햇볕을 받고 가지가 갈라져나는 줄기 부분을 의미하게 되었다. 幹線(간선)은 나무줄기 처럼 중요한 선을 의미한다.

근간根幹 사상의 근간을 이룬다.

간부幹部 간부 회의

刊 (간) 새기다

새기다 刊(간)은 제압하는 무기인 干(간)과 칼 刂(도)의 조합이다. 나무에 글자를 새겨서 인쇄를 한 데서 의미가 나왔다. 이렇게 글자를 새긴 나무판으로 책을 찍어 냈기 때문에 책을 펴낸다는 의미로 넓어졌다.

발간發刊 잡지를 발간하다.

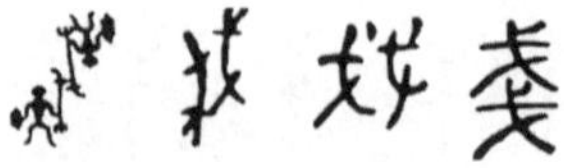

戔 **전** 상하다

상하다 戔(전)은 창을 두 개 그렸다. 서로 창을 겨누고 싸우면 상처를 입은 데서 의미가 나왔다.

殘 **잔** 해치다

해치다 殘(잔)은 부서진 뼈 모양인 歹(알)과 창을 겨누고 싸우는 戔(전)의 조합이다. 서로 무기 들고 싸워서 상처 나거나 죽음에 이른 데서 의미가 나왔다. 싸운 후 상처만 남은 데서 남다의 의미로 넓어졌다.

잔혹殘酷 잔혹한 행위

잔금殘金 잔금을 치르다.

淺 **천** 물이 얕다

물이 얕다 淺(천)은 물 氵(수)와 창을 겨누고 싸우는 戔(전)의 조합이다. 농경시대에 물의 양이 적어지면 서로 많은 물을 차지하기 위해 다투는 데서 의미가 나왔다. 얕은 물처럼 학문 수준이 낮은 사람을 淺薄(천박)하다고 한다.

賤 천 천하다

천하다 賤(천)은 돈인 貝(패)와 창을 겨누고 싸우는 戔(전)의 조합이다. 재물을 앞에 두고 서로 차지하려고 싸우는 모양에서 의미가 나왔다. 이런 사람을 경멸하는 데서 업신여긴다는 의미로 넓어졌다. 가난하고 천한 것을 貧賤(빈천)이라 한다.

비천卑賤 비천한 생활

가난하고 천할 때의 사귐이란 뜻의

貧賤之交 빈천지교

貧 가난하다 빈 賤 천하다 천 之 갈 지 交 사귀다 교

중국 역사의 아버지, 사마천(司馬遷, BC145?~BC86?)은 『史記(史記)』 「계명우기(鷄鳴偶記)」에서는 친구를 '두려워하고 공경할 수 있는 친구인 외우(畏友)'와 '힘들 때 서로 돕고 늘 함께할 수 있는 친구인 밀우(密友)', '좋은 일과 노는 데에만 잘 어울리는 친구인 일우(昵友)' '자신의 이익만을 추구하는 친구인 적우(賊友)'로 구분한다.

친구는 친하고 오래된 벗이다. 내가 가난하고 천할 때도 한결같이 대해준 친구(親舊)는, 내가 부귀(富貴)하게 된 뒤에도 언제까지나 잊지 말아야 함을 설명하는 말이 빈천지교(貧賤之交)이다.

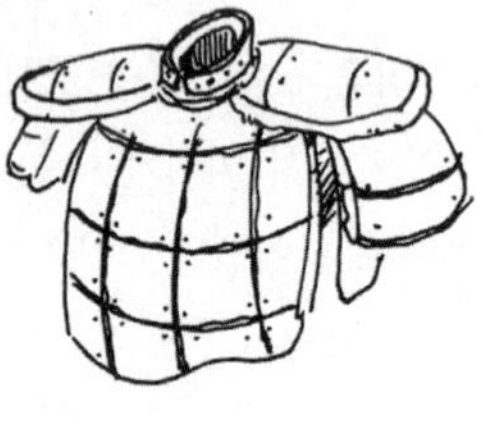

甲 갑 갑옷

갑옷 甲(갑)은 고대 병사들이 입었던, 갑옷의 조각 사이가 十(십)자형으로 이어져 있는 모양을 그렸다. 갑옷은 단단하기 때문에 단단한 사물에 사용하게 되었다. 후에 天干(천간)의 첫 번째로 사용했다.

둔갑遁甲 국내산으로 둔갑시켜 팔다.

介 개 끼다

끼다 介(개)는 사람의 옆모습 양쪽에 한 개나 두 개의 점을 더했다. 점은 갑옷의 재료인 철갑이므로, 철갑을 입고 서 있는 사람이다. 갑옷에 사람이 끼어 있는 모양에서 의미가 나왔다.

개입介入 군사 개입

소개紹介 직업 소개

界 계 경계

경계 界(계)는 농경지를 나타내는 田(전)과 갑옷을 입고 있는 사람 모양인 介(개)의 조합이다. 사람이 무장을 하고 경계선에서 본인들의 마을을 지키는 데서 의미가 나왔다.

업계業界 식품 업계

각계各界 각계의 전문가

或 혹 간혹

간혹 或(혹)은 창 戈(과)와 口(구) 모양의 조합이다. 여기서 口(구)는 자기 영토를 의미한다. 창을 들고 자기 구역을 지키는 모양으로 국경선의 의미다. 주변을 순찰할 때 침입이 없나 수시로 살펴야 하는 데서 의미가 나왔다.

혹시或是 혹시 사고가 아닐까?

간혹間或 간혹 눈에 띄다.

域 역 지역

지역 域(역)은 흙 土(토)와 국경을 지키는 의미인 或(혹)의 조합이다. 자기가 살고 있는 영역을 강조하기 위해 土(토)를 더했다.

전역全域 전역에 비가 내린다.

우역水域 위험 수역

惑 혹 의심하다

의심하다 惑(혹)은 국경을 지키는 의미인 或(혹)과 마음 心(심)의 조합이다. 城(성) 주변을 순찰할 때 적의 침입이 있나 없나 살펴보는 데서 의미가 나왔다. 의심하다 보면 다른 방향으로 흐르는 경우가 많다. 여기서 迷惑(미혹)되다로 의미가 넓어졌다.

의혹疑惑 의혹을 품다.

당혹當惑 당혹한 표정을 짓다.

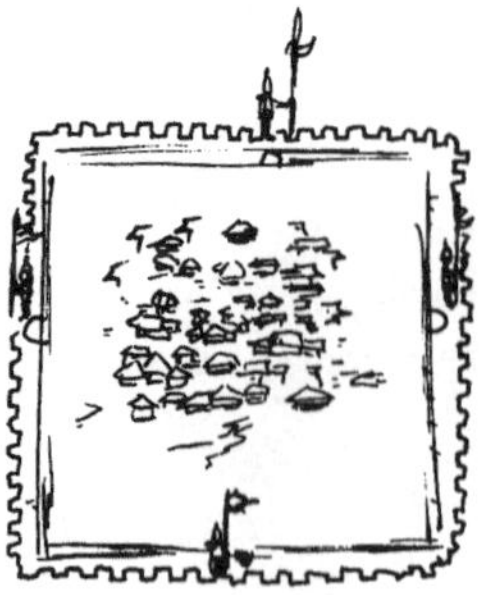

國 국 나라

나라 國(국)은 국경을 지키는 의미인 或(혹)과 같이 사용했다. 후에 국경선인 囗(국)을 그려서 의미를 확실히 했다.

국제國際 국제 규격

국익國益 국익이 우선하다.

困 곤 곤란하다

곤란하다 困(곤)은 지역과 門(문)을 의미하는 네모와 나무 木(목)의 조합이다. 나무는 문을 막는 고리를 의미한다. 적에게 포위되어 나무로 문을 막고 있는 형상에서 의미가 나왔다.

빈곤貧困 빈곤한 생활

피곤疲困 매우 피곤하다.

斤 근 도끼

도끼 斤(근)은 나무를 쪼개는 데 사용하는 자루가 구부러진 도끼 모양이다. 무기로 사용한 도끼는 대량 생산을 위해 무게를 일정하게 만들었다. 여기서 무게를 다는 기준으로, 한 斤(근)할 때의 단위로 사용하게 되었다.

반근半斤 고기 반근

만근萬斤 머리가 만근같이 무겁다.

兵 병 병사

병사 兵(병)은 도끼 斤(근)과 두 손 모양인 廾(공)의 조합이다. 도끼를 손으로 들고 있는 모양으로 무기의 의미다. 무기 들고 있는 사람에서 병사의 의미로 넓어졌다.

병법兵法 병법에 능한 장수

복병伏兵 의외의 복병을 만나다.

析 석 쪼개다

쪼개다 析(석)은 나무 木(목)과 도끼 斤(근)의 조합이다. 도끼로 나무를 쪼개는 데서 의미가 나왔다. 결에 따라 나무를 쪼개듯 사물을 나누어 보는 것을 分析(분석)이라 한다.

투석透析 혈액 투석

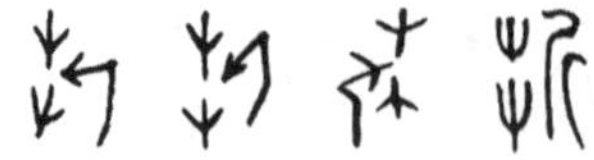

折 절 자르다

자르다 折(절)은 나무를 가로로 자르는 모양을 그렸다. 후에 나무 모양이 손 扌(수) 모양으로 변했다. 나무를 자르는 데서 꺾다의 의미로 넓어졌다.

골절骨折 발목 골절

절충折衝 노사 막후 절충

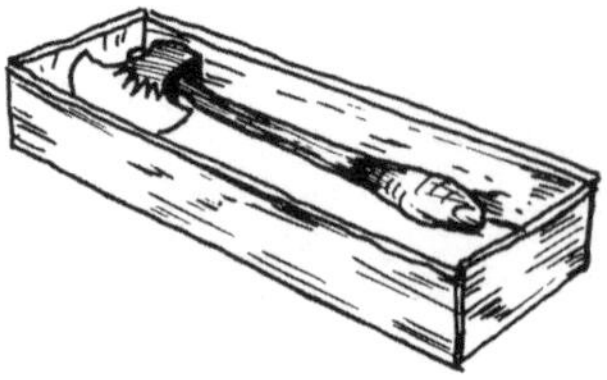

匠 장 장인

장인 匠(장)은 상자 匚(방)과 도끼 斤(근)의 조합이다. 상자에 도끼를 넣고 다니는 사람에서 물건을 만드는 기술자의 의미가 나왔다.

거장巨匠 자연주의 문학의 거장

장인匠人 도자기 장인

斬 참 베다

베다 斬(참)은 수레 車(거)와 도끼 斤(근)의 조합이다. 고대의 형벌에는 수레에 매달아 사람을 찢어 죽이는 형벌과 도끼로 목을 베는 형벌이 있었다. 후에 목 베는 형벌을 많이 시행한 데서 의미가 나왔다.

참신斬新 참신한 인물

참수斬首 참수 당하다.

矢 시 화살

화살 矢(시)는 화살촉과 화살대, 날짐승의 깃털을 그렸다.

효시嚆矢 국문 소설의 효시

短 단 짧다

짧다 短(단)은 화살 矢(시)와 제사 그릇 모양인 豆(두)의 조합이다. 화살은 규격화된 길이로 짧은 거리를 재는 데 사용했다. 豆(두)역시 목이 짧고 위쪽이 넓은 모양이다. 여기서 짧다는 의미가 나왔다.

단편短篇 단편 소설을 발표하다.

단기短期 단기 실습을 마치다.

知 지 알다

알다 知(지)는 화살 矢(시)와 입 口(구)의 조합이다. 화살은 목표물에 적중시켜야 목적을 달성한다. 화살처럼 사물의 이치를 정확하게 꿰뚫는 말에서 의미가 나왔다.

감지感知 위험을 감지하다.

고지告知 결정 사항을 고지하다.

智 지 지혜

지혜 智(지)는 알다 知(지)와 행하다 于(우)의 조합으로, 아는 것을 행동으로 옮기는 데서 의미가 나왔다. 후에 말하다 曰(왈)이 더해졌다가 지금의 형태로 변했다. 날 日(일)에 중점을 두어 날마다 지식을 넓히게 되면 지혜가 생긴다고 풀이한다.

기지機智 기지를 발휘하다.

중지衆智 중지를 모으다.

새도 한 곳에 오래 앉아 있으면 화살 맞는다는

鳥久止必帶矢 조구지필대시

鳥 새 조 久 오래다 구 止 그치다 지 必 반드시 필 帶 띠 대 矢 화살 시

변하는 세상에서 변함을 거부하면 그 대상은 자멸한다. 생명체도 주어진 환경에 따라 항상 자신을 변화시킨다. 비록 그 변화가 미미하더라도 끊임없이 생존하기 위하여 환경에 적응해 변한다. 변(變)은 움직임을 말하며 움직임은 살아있다는 신호이다. 변하지 않은 것은 죽은 것이다. 아니 죽음도 변한다. 자연으로 돌아가 자연의 일부가 된다.

鳥久止必帶矢(조구지필대시)는 '새도 한곳에 오래 앉아 있으면 화살 맞는다'는 우리 속담을 한문으로 번역한 것이다. 생존하고 발전을 지향하기 위해서는 끊임없이 시대에 맞추는 자기 변화와 시대를 선도하는 생동하는 삶이 필요함을 강조하는 말이다.

至 지 이르다

이르다 至(지)는 아래쪽의 一(일)은 땅을 의미하고, 위쪽은 화살 모양이다. 화살이 날아와 땅에 꽂힌 모양에서 의미가 나왔다. 다시 도착이 이루어진 것에서 頂點(정점)을 의미하게 됐다.

지급至急 지급을 요하는 사안이다.

지근至近 지근 거리에서 수행하다.

到 도 이르다

이르다 到(도)는 화살이 땅에 꽂히는 모양인 至(지)와 사람 人(인)의 조합이다. 후에 오면서 人(인)이 칼 刂(도)의 형태로 잘못 변했다. 사람이 到着(도착)했음을 의미한다.

도래到來 정보화 시대가 도래했다.

당도當到 목적지에 당도하다.

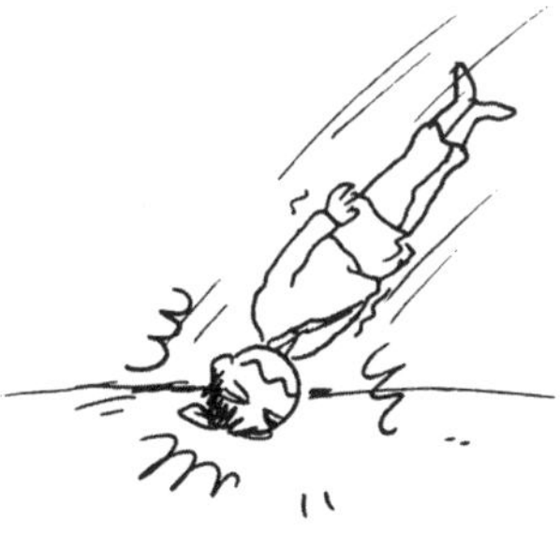

倒 도 넘어지다

넘어지다 倒(도)는 사람 亻(인)과 화살이 땅에 꽂히는 모양인 至(지)와 사람 人(인)의 조합이다. 후에 오른쪽 사람이 칼 刂(도)로 변했다. 사람이 화살처럼 땅에 꽂힌다는 데서 의미가 나왔다.

압도壓倒 상대를 압도하다.

도산倒産 도산한 기업

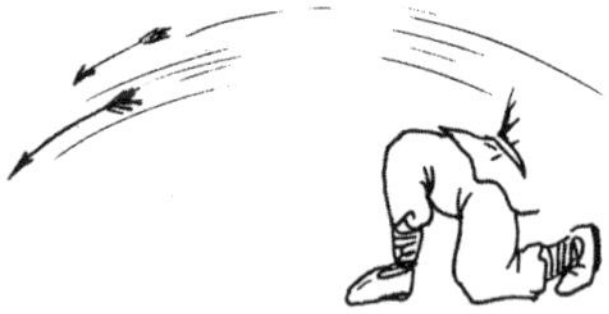

致 치 보내다

보내다 致(치)는 화살이 땅에 꽂히는 모양인 至(지)와 발 모양 夂(치)의 조합이다. 후에 오면서 夂(치)가 치다 攵(복)으로 잘못 변했다. 발은 행동의 의미로 화살을 쏘아 보내는 행동에서 의미가 나왔다. 쏜 화살이 목적지에 꽂히듯 도달한 데서 이르다의 의미로 넓어졌다.

납치拉致 납치를 당하다.

극치極致 자연미의 극치

室 실 집

집 室(실)은 집 宀(면)과 화살이 땅에 꽂히는 모양인 至(지)의 조합이다. 사람이 집에 들어와 생활하는 방을 의미한다. 방에 들어가면 부인이 있었기 때문에 正室(정실)은 본 부인을 의미하게 됐다. 후에 사람들이 모여 생활하거나 작업하는, 중앙에 위치한 넓은 장소의 의미로 넓어졌다.

실장室長 기획실장

실내室內 실내 온도

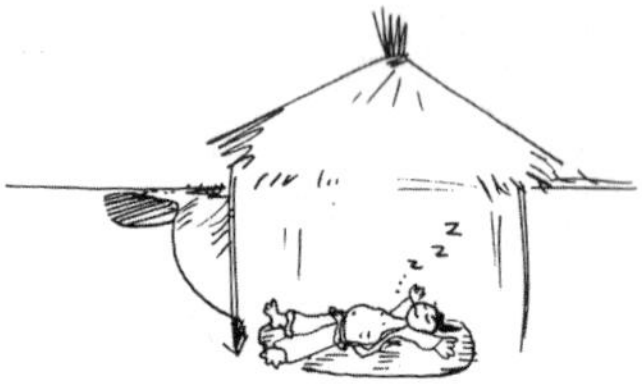

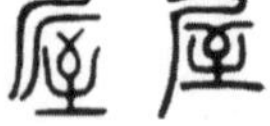

屋 옥 집

집 屋(옥)은 누운 사람인 尸(시)와 언덕을 나타내는 厂(엄)과 화살이 꽂힌 모양인 至(지)의 조합이었으나, 후에 厂(엄)이 생략되었다. 황토 언덕을 파고 들어가 누운 사람 모양에서 의미가 나왔다.

夬 (쾌) 깍지

깍지 夬(쾌)는 활을 쏠 때 엄지에 끼우는 깍지와 손가락을 그렸다. 깍지는 화살이 날아가면서 엄지에 상처를 주는 것을 방지하기 위한 도구다. 화살이 날아가는 순간을 표현한 것으로, 쏟아져 나간다는 의미를 내포한다.

決 (결) 터지다

터지다 決(결)은 물 氵(수)와 깍지와 손 모양인 夬(쾌)의 조합이다. 활이 시위를 벗어나듯 물이 갑자기 쏟아져나가는 데서 의미가 나왔다. 물꼬를 트고 막는 일은 농작물의 성장을 살펴보고 決定(결정)해야 하기 때문에 결정하다, 決裁(결재)하다의 의미로 넓어졌다.

결단決斷 결단을 내리다.

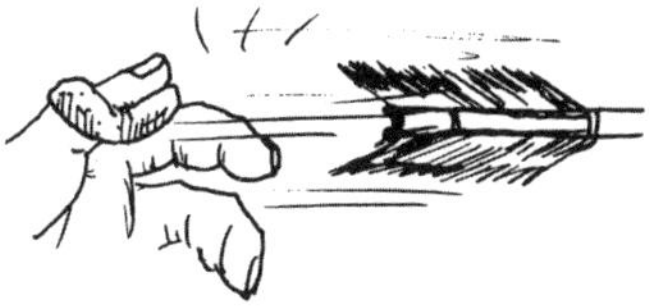

快 (쾌) 기분 좋다

기분좋다 快(쾌)는 마음 忄(심)과 깍지와 손 모양인 夬(쾌)의 조합이다. 화살이 시위를 떠나 날아가는 시원한 기분에서 의미가 나왔다. 病(병)이 나으면 마음이 상쾌해지는 데서 快癒(쾌유)의 의미로 넓어졌다.

쾌거快擧 금메달의 쾌거

명쾌明快한 해설

缺 결 깨지다

깨지다 缺(결)은 흙으로 만든 그릇인 장군 缶(부)와 깍지인 夬(쾌)의 조합이다. 도자기가 깨져서 물이 쏟아져 나오는 것에서 의미가 나왔다. 깨진 도자기에서 물이 빠져나오는 데서 '빠지다'의 의미로 넓어졌다.

결석缺席 학교에 결석하다.

결례缺禮 결례를 범하다.

항아리를 만드는 옹기장이는 깨진 동이만 사용한다는

陶者用缺盆 도자용결분

陶 질그릇 도 者 놈 자 用 쓰다 용 缺 이지러지다 결, 머리띠 규 盆 동이 분

농민들은 가장 좋은 최상품의 농산물을 먹지 않는다. 어민들도 크고 맛좋은 최상품의 해산물을 먹지 않는다. 최상품은 내다 팔아야 하고, 생산자들인 자신들은 그보다 못한 것을 소비해야 하기 때문이다.

몸을 비단으로 두른 자들은 누에 치는 사람이 아니다. 고관대작의 호화로운 기와집을 얹는 기와장이의 집에는 성한 기왓장이 하나도 없다.

남을 위(爲)해서는 하지만 자기(自己)를 위(爲)해서는 하지 못함을 두고 이르는 말이다. 이 글의 출전은 『淮南子(회남자)』 「說林訓(설림훈)」이다.

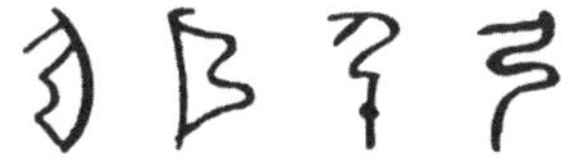

弓 궁 활

활 弓(궁)은 활줄과 활을 그렸다. 활은 평상시에는 줄을 풀어 놓기 때문에, 후에 오면서 줄을 생략했다.

궁술弓術 궁술을 익히다.

양궁洋弓 세계의 정상 한국 양궁

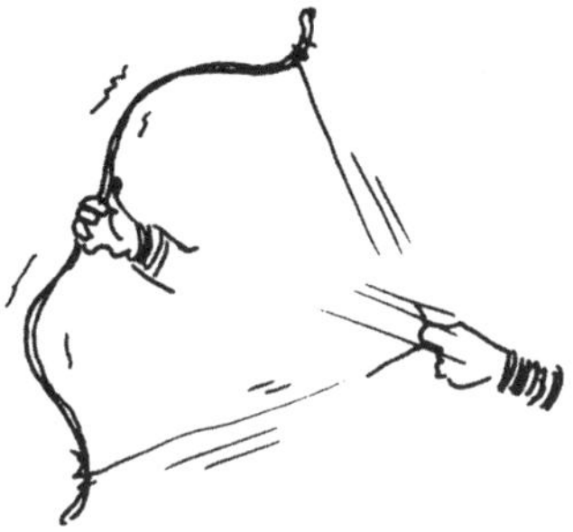

引 인 잡아당기다

잡아당기다 引(인)은 활 弓(궁)과 줄을 잡은 손을 그렸다. 후에 손을 생략하면서 세로줄을 그린 모양으로 변했다. 활을 쏘기 위해서 잡아당기는데서 의미가 나왔다. 활을 잡아당기듯이 물가를 끌어올리는 것을 引上(인상)이라 한다.

인수引受 물품 인수

견인牽引 자동차가 견인당하다.

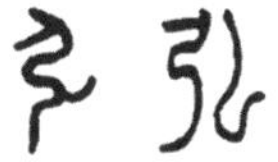

弘 홍 넓다

넓다 弘(홍)은 활 弓(궁)과 팔 모양인 厶(사)의 조합이다. 팔을 이용해서 넓게 활을 잡아당기는 데서 의미가 나왔다.

홍보弘報 홍보 활동

홍익弘益 홍익 이념

强 강 세차다

세차다 强(강)은 활 弓(궁)과 口(구)와 虫(충)의 조합이다. 虽는 쌀벌레 종류로 생명력이 매우 강한 벌레다. 활과 강한 생명력을 가진 벌레를 합쳐서 세차다, 강하다를 표현했다.

강조强調 필요성을 강조하다.

강화强化 강화 유리

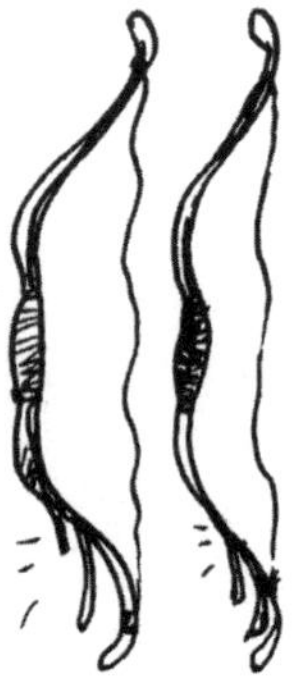

弱 약 약하다

약하다 弱(약)은 활의 아래쪽에 깃털 모양을 두 개 그렸다. 활은 여러 재료를 붙어서 탄성을 만들어낸다. 시간이 지나면서 붙여 놓은 재료가 깃털 모양으로 일어나면 활이 약해진다. 이런 활 두 개를 나란히 그려, 약하다는 의미를 표현했다.

약자弱者 약자를 돕다

약점弱點 약점을 이용하다.

弔 조 조문하다

조문하다 弔(조)는 활 弓(궁)과 사람 人(인)의 조합으로 활을 차고 서있는 사람이다. 고대 장례 중 風葬(풍장)은 들판에 시신을 두고 살이 썩은 후에 뼈만 묻어 주는 풍습이다. 이때 짐승으로부터 사체를 보호하기 위해서 활을 차고 가서 지켰다. 후손들이 오랫동안 지킬 수 없어 이웃 친지들이 도와주는 데서 의미가 나왔다.

조의弔意 삼가 조의를 표하다.

조문弔問 조문을 받다.

必 필 반드시

반드시 必(필)은 고대 병기인 창 모양 양쪽에 점을 하나씩 찍었다. 노끈을 이용해서 고정시킨 창을 표현했다. 창의 자루는 창날이 빠지지 않도록 강약의 조화를 맞추어, 노끈으로 고정해야 한다. 이런 과정이 반드시 필요하다는 데서 必須(필수)의 의미로 변했다.

필요必要 자금이 필요하다.

필수必須 필수 과목

密 밀 그윽하다

그윽하다 密(밀)은 집 宀(면)과 창을 자루에 고정하는 必(필)과 뫼 山(산)의 조합이다. 무기를 제작하는 일은 비밀을 요하는 작업이었다. 산이나 밀폐된 집에서 비밀스럽게 제작한 데서 의미가 나왔다.

면밀綿密 면밀히 검토하다.

밀집密集 아파트가 밀집해 있다.

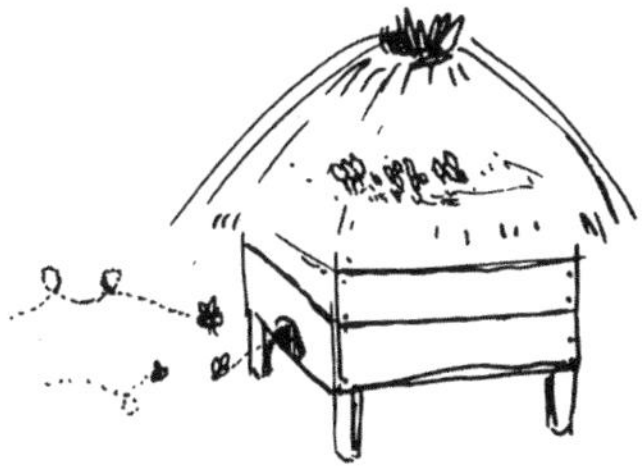

蜜 밀 꿀

꿀 蜜(밀)은 집 宀(면)과 무기를 자루에 고정하는 必(필)과 벌레 虫(충)의 조합이다. 벌은 집을 밀착시켜서 짓는다. 벌의 집을 나타내며, 이곳에 꿀을 저장한 데서 의미가 나왔다.

밀어蜜語 사랑의 밀어

밀월蜜月 밀월 여행

弟 제 아우

아우 弟(제)는 창 戈(과)와 곡선으로 이루어졌다. 창의 자루를 가죽으로 감는 의미다. 위쪽에서 일정한 간격으로 감아 내려가는 데서 등급의 의미를 나타낸다. 후에 兄弟(형제)들의 나이 차이를 나타내면서 현재의 의미가 나왔다.

제자弟子 제자로 받아들이다.

사제師弟 사제 동행

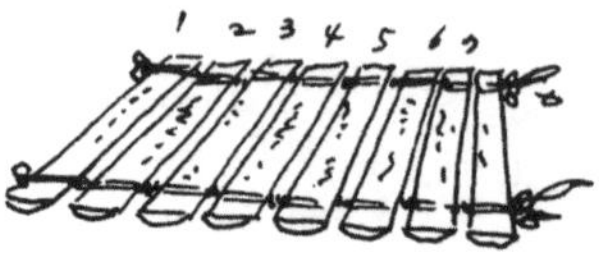

第 제 차례

차례 第(제)는 대나무 竹(죽)과 창에 가죽을 감는 의미인 弟(제)의 생략형의 조합이다. 고대 죽간에 글을 쓴 후에 차례에 맞추어 엮는 데서 의미가 나왔다. 첫 번째 죽간부터 엮게 되므로 서열의 의미로 넓어졌다.

제일第一 천하제일

낙제落第 낙제 점수

旗 기 깃발

깃발 旗(기)는 삼지창 모양의 깃대에 깃발이 펄럭이는 모양과 도끼 斤(근)의 조합이다. 전쟁할 때 깃발 아래 모여 있는 병사의 모습이다. 후에 斤(근)이 농작물을 키질하는 其(기)로 바뀌었다. 키질하는 동작이 펄럭이는 깃발과 유사하기 때문으로 보인다. 다른 글자와 조합할 때는 其(기)를 생략한다.

백기白旗 백기를 들었다.

반기反旗 정책에 반기를 들다.

族 족 부족

부족 族(족)은 깃발 모양과 화살 矢(시)의 조합이다. 깃발 아래 무장하고 모인 고대 전투 부대의 의미다. 이 당시 부대 조직이 대부분 혈연관계로 이루어진 데서 의미가 나왔다.

민족民族 단일 민족

유족遺族 유족을 위로하다.

旅 여 무리

무리 旅(여)는 깃발 모양과 사람 人(인) 두 개를 조합했다. 깃발 아래 많은 사람이 모여 있는 전투 부대다. 지금도 군대 단위인 旅團(여단)에서 흔적을 볼 수 있다. 큰 부대를 편성하려면 한 지역에서 충당하기 힘들어서 먼 곳의 사람까지 동원했다. 먼 곳에서 오면서 새로운 문물을 접하기 때문에 여행하다, 나그네의 의미로 넓어졌다.

여행旅行 해외 여행

遊 유 놀다

놀다 遊(유)는 쉬엄쉬엄 가다 辶(착)과 깃발 모양과 아들 子(자)의 조합이다. 아이들을 깃발 신호로 인솔해서 노는 데서 의미가 나왔다. 游(유)는 땅에서 노는 遊(유)와 달리 물에서 노는 것을 의미한다.

유세遊說 선거 유세

유람遊覽 전국 유람을 떠나다.

旋 선 돌다

돌다 旋(선)은 깃발과 나라의 경계인 口(국)과 발 모양의 조합이다. 후에 깃발과 발 모양으로 변했다. 전쟁에 나갔다가 깃발 들고 마을로 돌아오므로 돌아오다의 의미다.

개선凱旋 환호 속에 개선하다.

주선周旋 혼사를 주선하다.

辛 신 맵다

맵다 辛(신)은 고대 중국에서 얼굴에 문신을 새기는 형벌 도구 모양을 그렸다. 얼굴에 죄명을 새기는 墨刑(묵형)은 너무 가혹한 형벌이기 때문에 사납다, 맵다의 의미로 변했다. 이 글자와 결합하면 원래 의미인 죄인과 관련된다.

향신료香辛料 요리에 향신료를 사용하다.

辯 변 말 잘하다

말 잘하다 辯(변)은 양쪽에 놓인 형벌 도구인 辛(신)과 가운데 말씀 言(언)의 조합이다. 죄인들이 서로 죄가 없음을 잘 꾸며서 말하는 데서 의미가 나왔다. 현대는 辯護士(변호사)가 대신 辯論(변론)해 준다.

답변答辯 답변을 회피하다.

대변代辯 국민의 의사를 대변하다.

辨 변 분별하다

분별하다 辨(변)은 형벌 도구인 辛(신)과 칼인 刂(도)의 조합이다. 죄인의 죄를 칼로 자르듯이 구별하는 데서 의미가 나왔다.

변명辨明 변명의 여지가 없다.

변상辨償 물건값을 변상하다.

宰 재 재상

재상 宰(재)는 집 宀(면)과 형벌 도구인 辛(신)의 조합이다. 묵형을 당한 노예나 죄인이 집안에 있는 의미다. 이러한 노예를 거느리고 있는 집에서 벼슬한 사람의 의미가 나왔다.

주재主宰 회의를 주재하다.

재상宰相 한 나라의 재상이 되다.

妾 첩 여자 종

여자 종 妾(첩)은 형벌 도구인 辛(신)과 女(녀)의 조합이다. 위쪽에 놓인 辛(신)의 생략형은 立(립)과 같은 모양으로 변한다. 죄 지은 여인을 노예로 삼은 데서 의미가 나왔다.

애첩愛妾 남자의 애첩이 되다.

신첩臣妾 전하 신첩이옵니다.

新 신 새

새 新(신)은 형벌 도구인 辛(신)과 나무 木(목)과 도끼 斤(근)의 조합이다. 죄인의 호송용 나무 우리를 도끼로 부순다는 의미다. 우리를 부숴 죄인을 석방해 새로운 출발을 하게 하는 데서 의미가 나왔다.

혁신革新 혁신 세력

신흥新興 신흥 국가

親 친 친하다

친하다 親(친)은 묵형 도구인 辛(신)과 보다 見(견)의 조합이다. 후에 나무 木(목)이 더해졌다. 형벌을 당한 죄인끼리 가깝게 지낸 데서 의미가 나왔다.

친일親日 친일 세력

친지親知 친지들의 도움

黑 흑 검다

검다 黑(흑)은 사람 얼굴에 글씨를 새기는 묵형을 당한 사람을 표현했다. 묵형 당한 얼굴의 글자색에서 의미가 나왔다. 묵형을 당한 의미에서 범죄의 의미를 내포하게 되었다. 나쁜 마음을 의미하는 黑心(흑심)에서 근거를 볼 수 있다.

흑백黑白 흑백을 가리다.

암흑暗黑 암흑 속에 가려진 인물

墨 묵 먹

먹 墨(묵)은 묵형을 당한 사람 모양인 黑(흑)과 흙 土(토)의 조합이다. 먹은 숯이나 흙에서 채취한 광물을 원료로 해서 만들었다. 먹으로 얼굴에 범죄의 흔적을 새기는 글자로 사용했기 때문에 墨刑(묵형)의 의미로 넓어졌다.

묵수墨守 구습을 묵수하다.

수묵水墨 수묵산수화

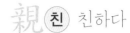

刑 형 형벌

형벌 刑(형)은 나무로 만든 우리에 사람을 가둬 놓은 모양이다. 사람 人(인)이 밖으로 나오면서 칼 刀(도)의 모양으로 잘못 변했다. 사람을 나무 감옥에 가두고 칼로 형벌을 가하는 모양이다.

형벌刑罰 무거운 형벌을 내리다.

형법刑法 형법에 의한 처벌을 받는다.

묵자(墨子)가 끝까지 성을 지킨다는

墨守 묵수

墨 먹 묵 守 지키다 수

묵자(BC 479년경 ~ BC 381년경)는 유교가 형식적인 의식이나 예식을 중시하여 국고를 낭비한다고 비판하였다. 그의 사상은 천하(天下)에 이익되는 것은 일으키고, 천하에 해가 되는 것은 없애는 것이다. 상현(尙賢), 절용(節用), 비공(非攻), 겸애(兼愛)가 그 실현 방법이었다.

상현은 유능하다면 농민이나 수공업자도 관리로 채용하자는 것이고, 절용은 백성의 이익에 배치되는 재화 · 노동력의 소비를 금지하는 것이며, 비공은 지배자가 자신의 이익만을 추구하는 약탈이나 백성 살상의 전쟁에 반대하는 것이고, 겸애는 타인을 사랑하고 자신과 타인의 이익을 서로 높이는 것이다.

묵수(墨守)란, 묵자가 송(宋)나라 공수반과의 모의 전쟁에서 공수반이 아홉 번을 공격했으나 아홉 번을 모두 막아낸 일을 말하는 것으로, 자기(自己)의 의견(意見)이나 소신을 굽힘이 없이 끝까지 지키는 것을 의미한다.

13-1. 실크와 방직 絲 系 係 素 孫 線 繼 細 累 約 幼 索 率 縱

13-2. 명주실을 누이는 과정 練 顯 濕

13-3. 염색 彔 綠 錄 祿 紅

13-4. 의복 衣 依 初 表 裏

13-5. 털옷 求 救 球

13-6. 긴 옷은 예복 袁 遠 園

13-7. 베틀 壬 任 賃 巠 經 輕 幾 機 緯

13-8. 물레 모양 專 傳 轉 團 惠

13-9. 방적기 부품 予 抒 序 野

13-10. 실이 얽힌 모양 丩 收 糾 叫

13-11. 丩(구)가 勹(포)의 형태로 표현된 글자 句 拘 狗

13-12. 가죽 皮 破 波 被 革

13-13. 수건 巾 布 希 稀 帶 滯 師 制 製 席

13-14. 물건을 묶어놓은 모양 東 束 速 童 重 動 種 量 糧

13 의복과 방직

絲 사 실

실 絲(사)는 누에고치에서 뽑은 실타래 모양을 두 개 그렸다. 다른 글자와 조합할 때는 糸(사) 하나로만 생략해서 쓴다.

철사鐵絲 철사로 묶다.

원사原絲 나일론 원사

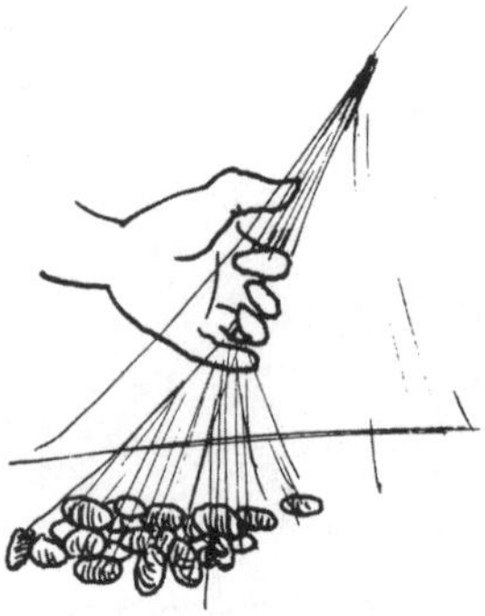

系 계 이어지다

이어지다 系(계)는 위쪽에 손 모양을, 아래쪽에 여러 개의 누에고치 모양을 그렸다. 누에고치에서 실을 뽑아 여러 겹을 하나로 엮어 길게 이어가는 모양에서 의미가 나왔다.

계열系列 대기업 계열사

계통系統 행정 계통에서 일하다.

係 계 잇다

잇다 係(계)는 사람 亻(인)과 실이 이어진 모양인 系(계)의 조합이다. 사람이 서로 이어져 關係(관계)를 맺는 데서 의미가 나왔다.

계장係長 회사 계장님

계수係數 팽창 계수

素 소 바탕

바탕 素(소)는 위쪽이 풀어 헤쳐진 실과 두 손 모양의 조합이다. 후에 두 손 모양이 생략되었다. 막 뽑아낸 생사를 손으로 받아내는 모양에서 의미가 나왔다. 가공하지 않은 실의 색은 희므로 흰색의 의미로 넓어졌다.

소지素地 말썽의 소지가 있다.

소재素材 그림의 소재

孫 손 손자

손자 孫(손)은 아들 子(자)와 실 모양의 조합이다. 실처럼 자손이 계속해서 이어지는 데서 의미가 나왔다. 계속해서 이어지는 자손을 後孫(후손)이라 한다.

손자孫子 손자의 재롱

장손長孫 우리집의 장손

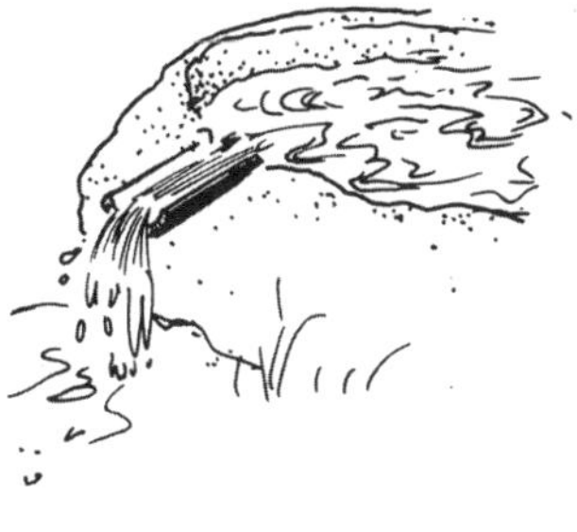

線 선 실

실 線(선)은 실 糸(사)와 샘 泉(천)의 조합이다. 샘에서 끊임없이 흘러나오는 물처럼 길게 이어지는 실에서 의미가 나왔다.

혼선混線 일이 혼선을 빚다.

노선路線 항공 노선

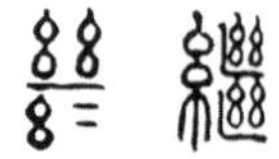

繼 계 잇다

잇다 繼(계)는 실 絲(사)를 위쪽과 아래쪽에 연속으로 그렸다. 실이 위쪽에서 아래쪽으로 이어지는 모양을 표현했다. 후에 왼쪽에 실 糸(사)를 더한 글자로 변했다.

중계中繼 중계 방송

계속繼續 계속되는 장마

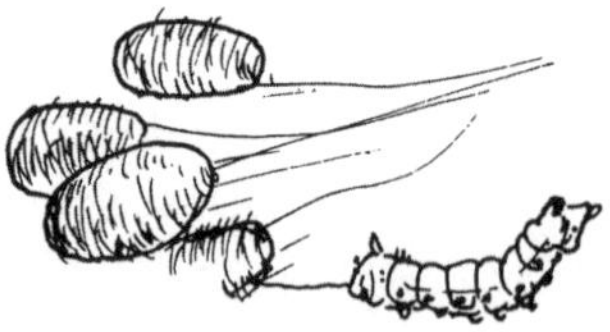

細 세 가늘다

가늘다 細(세)는 실 糸(사)와 밭 田(전)의 조합이다. 田(전)은 농경지 모양이나, 과일이나 머리 모양으로 사용하는 경우가 많다. 여기서는 누에 머리에서 토해낸 한 가닥 가는 실에서 의미가 나왔다.

세포細胞 세포 분열

세심細心 세심한 관심이 필요하다.

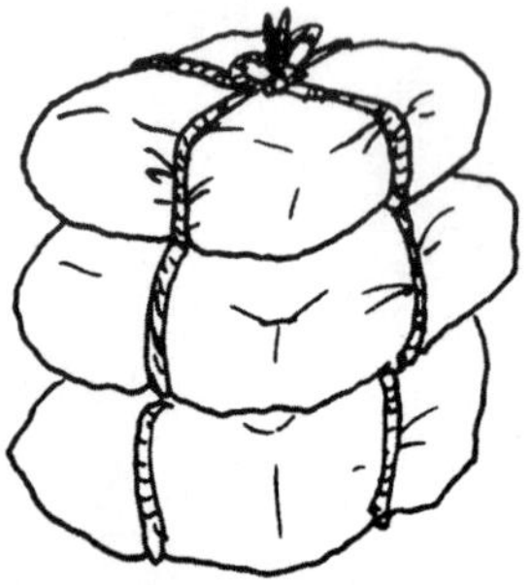

累 루 묶다

묶다 累(루)는 밭 田(전) 모양 세 개를 그렸으며, 후에 실 糸(사)를 더했다. 노끈으로 물건을 묶어서 모아 놓은 것에서 의미가 나왔다. 묶어서 겹겹이 쌓아 두는 데서 포개다의 의미로 넓어졌다.

연루連累 비리에 연루되다.

누적累積 피로가 누적되다.

約 약 묶다

묶다 約(약)은 실 糸(사)와 술을 따르는 둥근 그릇 모양인 勺(작)의 조합이다. 둥근 그릇에 실로 만든 장식을 묶는 데서 의미가 나왔다. 다시 묶는 데서 약속의 의미로 넓어졌다.

약속約束 결혼 약속

절약節約 에너지 절약

幼 유 어리다

어리다 幼(유)는 가는 실을 의미하는 幺(요)와 힘 力(력)의 조합이다. 가늘고 작은 실에서 힘없는 아이의 의미가 나왔다.

유치幼稚 유치원

유소년幼少年 유소년 축구 교실

索 삭 동아줄

동아줄 索(삭)의 위쪽은 여러 갈래의 실이고 그 아래에 굵은 모양의 실과 손 모양을 조합했다. 여러 줄기의 실을 꼬아서 굵은 줄을 만드는 데서 의미가 나왔다. 굵은 줄을 만들기 위해 여러 갈래의 실마리를 찾는 데서 찾다 索(색)으로 음과 뜻을 바꿔서 사용하기도 한다.

모색摸索 돌파구를 모색하다.

사색思索 사색할 시간이 없다.

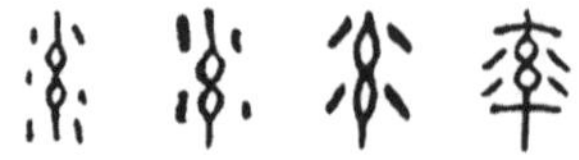

率 솔 거느리다

거느리다 率(솔)은 가운데에 줄 모양이 있고 그 주위에 점을 여러 개 찍었다. 굵은 줄에서 삐져나온 실 모양을 점으로 표시했다. 굵은 실은 무거운 물건을 잡아당기는 데 사용한다. 그래서 이끌다의 의미가 나왔다. 앞에서 이끄는 모양에서 솔선하다의 의미로 넓어졌다.

환율換率 환율이 떨어지다.

인솔引率 인솔 책임자

縱 종 늘어지다

늘어지다 縱(종)은 실 糸(사)와 사람을 따라가는 모양인 從(종)의 조합이다. 실을 길게 늘어뜨린 모양에서 의미가 나왔다. 위에서 아래로 늘어진 모양이므로 세로의 의미로 넓어졌다.

조종操縱 비행기 조종

종횡縱橫 종횡무진으로 활약하다.

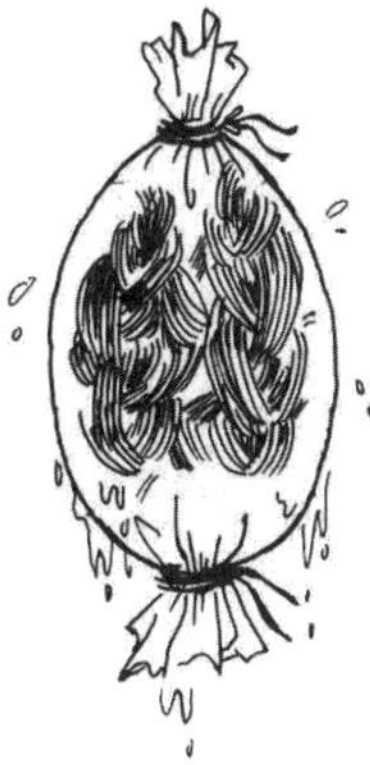

柬 간 가리다

고대 중국에서 비단을 만들 때는 처음 뽑은 생사를 뜨거운 물에 담갔다가 건져 말린 후 멀구슬나무를 태운 재와 조개 가루를 푼 물에 담갔다가 말리기를 반복한다. 이런 과정을 통해 비단의 유연성과 순백색이 더욱 선명해진다. 이를 누인다고 하는데, 누인 비단은 색이 안 빠지고 염색이 잘 된다. 생사를 누일 때는 자루에 넣고 양쪽을 묶어서 뜨거운 물에 담군다. 이런 모양을 그린 것으로, 불순물 제거 과정이기 때문에 의미가 나왔다. 손을 사용한다는 의미로 가리다 揀(간)에서 근거를 볼 수 있다.

練 련 익히다

익히다 練(련)은 실 糸(사)와 柬(간)의 조합이다. 柬(간)은 생사를 주머니에 넣고 양쪽을 묶은 모양이다. 생사를 주머니에 넣고 뜨거운 물에 넣었다가 다시 말리며 누이는 작업에서 의미가 나왔다.

미련未練 미련이 남다.

숙련熟練 숙련된 솜씨

顯 현 드러나다

드러나다 顯(현)은 날 日(일)과 실 絲(사)와 사람과 눈 모양의 조합이다. 비단실을 누이는 과정이 끝나고 태양빛 아래에서 보면 실의 색이 드러나는 데서 의미가 나왔다.

현저顯著 현저히 증가한다.

현미경顯微鏡 전자 현미경

濕 습 습하다

습하다 濕(습)은 물 氵(수)와 태양인 日(일)과 실 絲(사)의 조합이다. 비단실을 누이는 과정을 표현한 글자이다. 누이기 위해 뜨거운 물에 담그는 과정에서 습기가 많이 발생한다. 여기서 습하다는 의미가 나왔다.

습지濕地 습지 생태계

습기濕氣 습기가 많다.

큰 산은 흙덩이를 마다하지 않고, 큰물은 가는 물줄기를 가리지 않는다는

泰山不辭土壤 河海不擇細流

태산불사토양 하해불택세류

泰 크다 태 山 뫼 산 不 아니다 불 辭 말하다 사 土 흙 토 壤 흙 양

河 물 하 海 바다 해 不 아니다 불 擇 가리다 택 細 가늘다 세 流 흐르다 류(유)

강과 바다는 개울물도 마다하지 않는다는 뜻으로, 큰 인물(人物)은 소인(小人)이나 사소(些少)한 말도 가리지 않고 다 받아들임을 이르는 말이다.

토(土)는 모든 생명체들이 발을 딛고 사는 커다란 땅을 말한다. 이에 비해 양(壤)은 부드러운 흙, 경작지, 또는 토에 비해 아주 작은 땅을 말한다. 하(河)는 중국의 황하처럼 큰 물을 말한다. 해(海)는 그런 물들이 모인 바다이다.

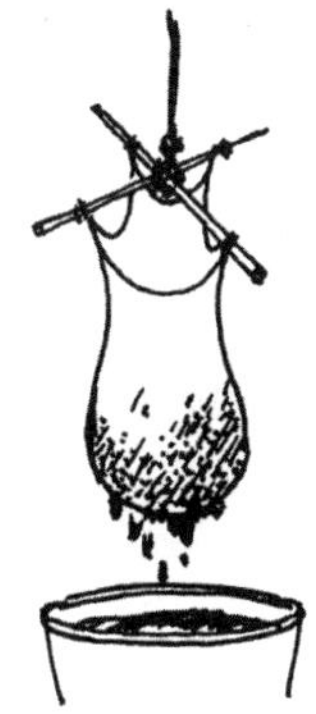

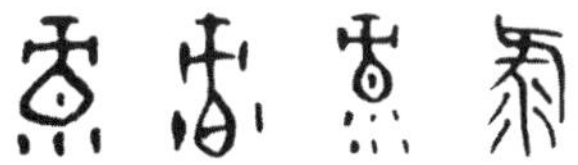

彔 록 근본

근본 彔(록)의 위쪽은 나무에 베로 만든 자루를 걸어 놓은 모양이고 아래쪽 점은 물이 떨어지는 모양이다. 포대에 색깔을 낼 수 있는 물질을 넣고 물을 부어 걸러서 염료를 만들었다.

綠 록 초록

초록 綠(록)은 실 糸(사)와 걸러낸 염료인 彔(록)의 조합이다. 염료로 실에 염색을 하는 데서 의미가 나왔다.

초록草綠 초록빛 바다

신록新綠 신록이 무르익다.

錄 록 기록하다

기록하다 錄(록)은 쇠 金(금)과 彔(록)의 조합이다. 거푸집에 쇳물을 부었을 때 주위에 쇳물 덩어리가 흩어지는 모양이 彔(록)과 흡사하다. 고대 중국에서는 청동기에 글자를 새겨 주물을 떠냈다. 이런 글자를 金文(금문)이라 한다. 그래서 새기다, 기록하다의 의미가 나왔다.

목록目錄 목록 보기

수록收錄 채집하여 수록하다.

禄

祿 록 녹봉

녹봉 祿(록)은 제단 모양인 示(시)와 彔(록)의 조합이다. 제사를 지낸 후 하늘에서 내려 주는 福(복)이다. 물방울 떨어지는 모양이 복이 내려온다는 의미와 부합된 것이다. 후에 황제가 내리는, 관리의 봉급이라는 의미로 넓어졌다.

국록國祿 국록을 받다.

관록貫祿 관록있는 정치가

紅

紅 홍 붉다

붉다 紅(홍)은 실 糸(사)와 공구 모양인 工(공)의 조합이다. 人工(인공)으로 만든 염료로 실에 물들이는 일에서 의미가 나왔다. 실을 붉은색으로 아름답게 加工(가공)하는 일이다.

홍역紅疫 홍역을 치루다.

홍차紅茶 홍차를 마시다.

衣 의 옷

옷 衣(의)는 상의 옷깃의 둘레와 소매 모양을 그렸다. 보통 상의를 衣(의)라고 하고, 하의를 裳(상)이라 했다. 겉에 입는 옷 전체를 衣裳(의상)이라고 한다.

의류衣類 의류 매장

내의內衣 겨울 내의를 사다.

依 의 의지하다

의지하다 依(의)는 사람 亻(인)과 옷 衣(의)의 조합이다. 사람이 옷 안에 들어가 있는 모양이다. 사람이 옷에 의지해서 체온을 보존하고, 몸을 가린 데서 의미가 나왔다.

의존依存 상상에 의존하다.

의지依支 종교에 의지하다.

初 초 처음

처음 初(초)는 옷 衤(의)와 칼 刀(도)의 조합이다. 칼을 사용해서 의복을 재단한다는 의미다. 옷 만들기는 재단으로부터 시작되는 데서 시작, 처음으로 의미가 넓어졌다.

초보初步 초보 운전

초유初有 사상 초유의 사태

表 표 겉

걸 表(표)는 옷의 위쪽에 털 모양을 그렸다. 고대인들이 입던 옷으로 표면에 털이 있는 데에서 의미가 나왔다.

발표發表 합격자 발표
사표辭表 사표를 처리하다.

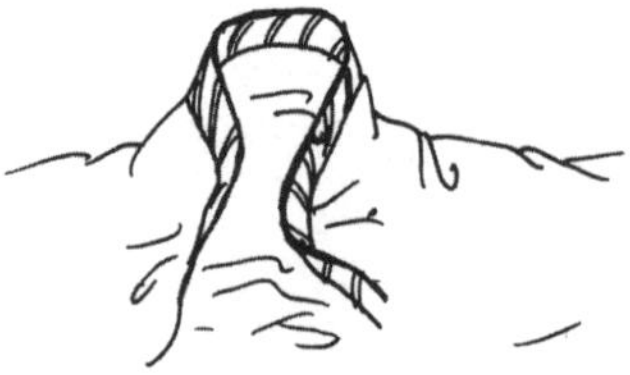

裏 리 속

속 裏(리)는 옷 衣(의)의 안쪽에 농경지 田(전)과 흙 土(토)를 조합했다. 밭갈이한 것처럼 주름진 안쪽 부분의 옷 모양에서 의미가 나왔다.

이면裏面 이면 계약
이서裏書 수표에 이서를 하다.

求 구 구하다

구하다 求(구)는 옷에 털이 달린 모양을 그렸다. 털옷은 누구나 가지고 싶어하는 데서 의미가 나왔다. 털옷을 향한 끝없는 욕심 때문에 쫓아가서 구한다는 追求(추구)의 의미로 넓어졌다. 털옷의 의미를 보존하기 위해 옷 衣(의)를 더해서 裘(구)를 새로 만들었다.

촉구促求 임금 인상을 촉구하다.

청구請求 비용을 청구하다.

救 구 구원하다

구원하다 救(구)는 털옷 모양인 求(구)와 치다 攴(복)의 조합이다. 털을 두드려 부드럽게 해서 만든 옷이다. 털옷이 추위로부터 사람을 보호해 주기 때문에 구원한다는 의미가 나왔다. 세상을 따뜻하게 해줄 救世主(구세주)에서 그 의미를 알 수 있다.

구조救助 인명을 구조하다.

구급救急 구급 대책을 세우다.

球 구 공

공 球(구)는 구슬 玉(옥)의 생략형과 털옷 모양인 求(구)의 조합이다. 털옷에 장식하는 둥근 옥의 의미다. 둥근 옥이므로 둥근 모양인 공의 의미로 넓어졌다.

야구野球 야구 시합

제구制球 제구력이 뛰어난 투수

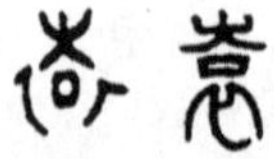

袁 원 긴 옷

긴 옷 袁(원)은 옷 衣(의)의 위쪽에 一(일)을, 가운데에 口(구)의 모양을 조합했다. 옷에 장식을 화려하게 하고 둥근 옥을 달아놓은 옷이다. 둥근 옥이므로 둥글다는 의미를 내포하고 있다.

遠 원 멀다

멀다 遠(원)은 긴 옷 袁(원)과 쉬엄쉬엄 갈 辶(착)의 조합이다. 화려하게 치장한 옷을 입고 길을 나서는 의미다. 차려입고 나서는 것에서 먼 곳이라는 의미가 나왔다.

원정遠征 원정 경기

원양遠洋 원양 어업

園 원 동산

동산 園(원)은 울타리인 囗(국)과 둥근 모양인 袁(원)의 조합이다. 둥글게 주위를 둘러싸고 있는 정원에서 의미가 나왔다.

공원公園 국립 공원

전원田園 전원 주택

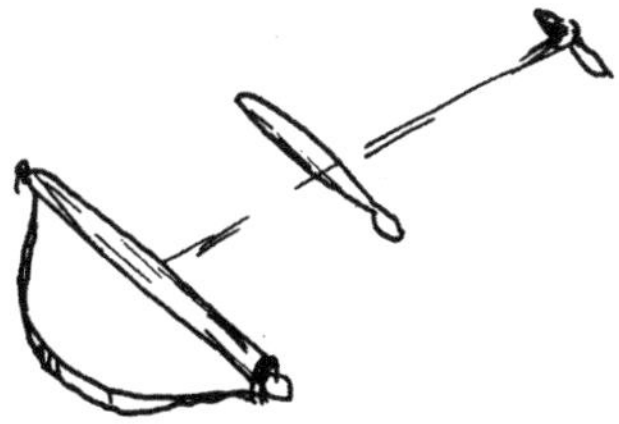

壬 임 베틀 모양

베틀 모양 壬(임)은 고대 중국의 베를 짜는 기구인 원시적인 베틀 모양을 그렸다. 실이 걸려 있지 않은 채로 베틀만을 그렸다.

任 임 맡기다

맡기다 任(임)은 사람 人(인)과 베틀 모양인 壬(임)의 조합이다. 사람에게 베틀을 주고 일을 맡기는 데서 의미가 나왔다. 실을 걸지 않은 베틀을 주변에 사람이 처음부터 베 짜는 과정을 책임지고 일을 하는 데서 責任(책임)의 의미로 넓어졌다.

임기任期 임기를 채우고 퇴직하다.

해임解任 장관을 해임하다.

賃 임 품앗이

품앗이 賃(임)은 베를 짜는 일인 任(임)과 돈의 의미인 貝(패)의 조합이다. 베를 짜주고 받는 돈에서 賃金(임금)의 의미가 나왔다.

임대賃貸 임대 아파트

운임運賃 항공 운임

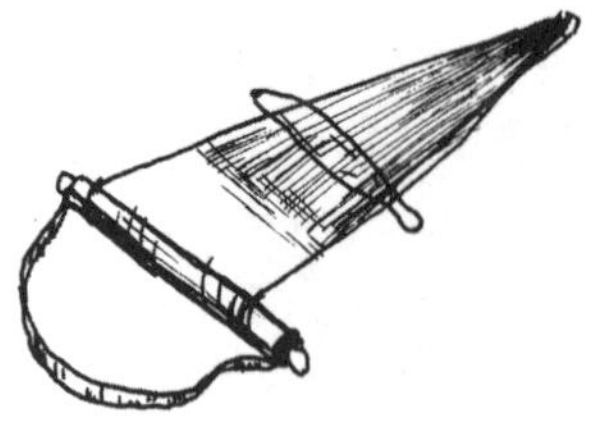

巠 경 베틀

베틀 巠(경)은 허리에 걸고 짜는 베틀에 날실이 걸려 있는 모양을 그렸다. 이 글자와 조합하는 글자는 날실에서 파생된 직선의 의미가 내포되어 있다.

經 경 날실

날실 經(경)은 실 糸(사)와 베틀 모양인 巠(경)의 조합이다. 베틀에 걸린 날실에서 의미가 나왔다. 명주실을 가지런하게 모아 베틀에 거는 작업에서 다스린다의 의미로 넓어졌다. 또한 이런 작업 과정에서 조리를 세운다는 의미로 다시 넓어졌다.

경험經驗 경험을 살리다.

경제經濟 경제가 안정되다.

輕 경 가볍다

가볍다 輕(경)은 수레 車(거)와 베틀 모양인 巠(경)의 조합이다. 날실만 걸어놓은 巠(경)에서 짐을 조금 실은 수레라는 의미가 나왔다. 짐을 반 정도 실은 수레로 이해하면 된다.

경시輕視 인명을 경시하다.

경박輕薄 경박한 언행

幾 기 거의

거의 幾(기)는 실 絲(사)와 사람 人(인)과 창 모양인 戈(과)의 조합이다. 사람이 날실 앞에 앉아서 북으로 씨실을 넣어주는 것으로 베틀의 의미다. 베 짜기가 감에 의존한 데서 幾微(기미)로 의미가 변했다. 비단을 얼마나 짰는지 관심이 많았던 데서 얼마, 거의의 의미로 넓어졌다.

기사幾死 기사 상태에 이르다.

機 기 기계

기계 機(기)는 나무 木(목)과 베틀인 幾(기)의 조합이다. 幾(기)가 다른 의미로 변하게 되자 베틀의 재료인 나무를 더해서 의미를 보존했다. 베틀은 인간이 처음 만든 기계이기 때문에 機械(기계)의 의미로 사용했다.

기능機能 심장 기능

위기危機 위기에 처하다.

緯 위 씨줄

씨줄 緯(위)는 실 糸(사)와 일정 구역을 경계하는 의미인 韋(위)의 조합이다. 병사가 일정한 구역을 왕복하는 모양처럼 씨줄도 날줄 사이를 왕복하는 데에서 의미가 나왔다. 씨줄 방향에서 가로의 의미로 넓어졌다.

경위經緯 경위를 설명하다.

위도緯度 적도와 위도

專 전 오로지

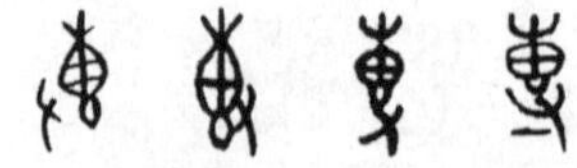

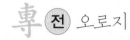

오로지 專(전)은 실을 뽑는 물레 모양인 叀(전)과 손 모양인 寸(촌)의 조합이다. 물레를 돌려서 실을 생산하는 의미다. 물레질은 전문적인 일이기 때문에 오로지, 專門的(전문적)의 의미로 변했다.

전공專攻 한문을 전공하다.

전무專務 전무로 승진하다.

傳 전 전하다

전하다 傳(전)은 사람 亻(인)과 물레질하는 모양인 專(전)의 조합이다. 물레질은 매우 어려운 기술이기 때문에 전문가에게 배워야 한다. 여기서 傳授(전수)하다의 의미로 넓어졌다.

선전宣傳 상품을 선전하다.

유전遺傳 후세에 유전이 되다.

轉 전 돌다

돌다 轉(전)은 수레 車(거)와 물레질하는 모양인 專(전)의 조합이다. 물레와 수레바퀴는 회전 운동을 하기 때문에 돌다의 의미가 나왔다. 돌고 돌면서 모든 것들이 바뀌는 데서 바꾸다의 의미로 넓어졌다.

團 단 둥글다

둥글다 團(단)은 울타리 모양인 囗(국)과 물레질하는 모양인 專(전)의 조합이다. 한 곳에 모여서 물레질하는 모양에서 團體(단체)와 모이다의 의미가 나왔다. 물레 모양이 둥글므로 둥글다의 의미로 넓어졌다.

단속團束 집안을 단속하다.

단지團地 아파트 단지

惠 혜 은혜

은혜 惠(혜)는 물레 모양인 叀(전)과 마음 心(심)의 조합이다. 물레질해서 옷을 만들어 길러주신 부모님의 마음에서 은혜의 의미가 나왔다.

특혜特惠 특혜를 주다.

수혜受惠 수혜의 폭이 넓다.

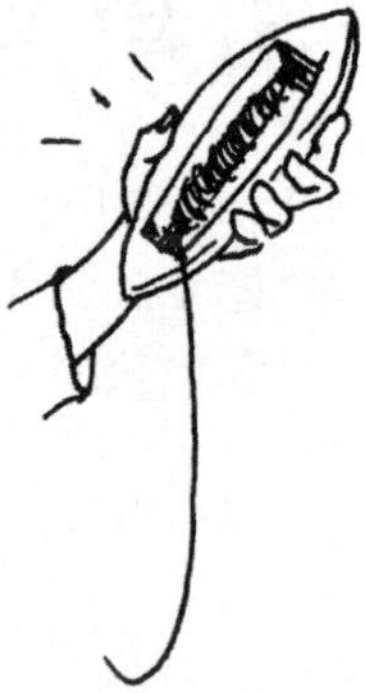

予 (여) 나

나 予(여)는 베를 짤 때 쓰는 북과 실이 길게 드리운 모양이다. 길게 드리운 날실 사이로 씨실을 넣어 주는 행동을 나타내므로 주다가 본래 의미다. 후에 실을 넣는 주체를 강조해서 나의 의미로 전용되었다.

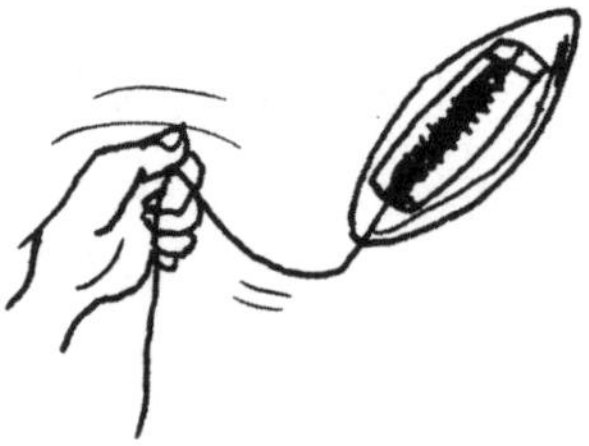

抒 (서) 펴다

펴다 抒(서)는 손 扌(수)와 북 모양인 予(여)의 조합이다. 북에 감긴 실을 풀어내는 행동에서 펼치다의 의미가 나왔다. 마음속에 들어있는 느낌을 실처럼 풀어내는 것을 抒情(서정)이라 한다.

序 (서) 차례

차례 序(서)는 농경지 주택인 广(엄)과 북인 予(여)의 조합이다. 본채를 남양으로 짓고 양쪽으로 쭉 이어서 지은 집의 의미였다. 집은 차례로 이어서 짓게 되므로 의미가 넓어졌다.

서열序列 서열을 따지다.

서막序幕 통일의 서막

野(야) 들

들 野(야)는 수풀 林(림)과 흙 土(토)의 조합이다. 숲이 우거진 땅을 표현했으며, 후에 마을에서 멀리까지 이어진 들을 표현하기 위해 마을 里(리)와 북 모양인 予(여)의 조합으로 변했다.

분야分野 교육 분야 전문가

야생野生 야생 동물

野야 이야기

도시 생활을 벗어나 교외에서 전원 생활을 하는 게 현대인들이 꿈꾸는 노후의 이상세계라 할 수 있다. 교외(郊外)라 함은 도시를 벗어난 곳을 말한다. 도시를 벗어났지만 도시나 마을에 가깝고 들이나 농경지가 많은 곳이다.

본래 황제가 거주하는 주위 百里(백리)를 교외라 했다. 그리고 교외 주위 4백리를 野(야)라고 했다. 그래서 야인은 황제로부터 멀리 떨어진 곳에 사는 시골 사람을 가리켰다. 오늘날 야당이란 권력에서 멀어진 무리라는 의미이다. 또한 거리가 멀어서 국가 권력이 미치지 못하기 때문에 거칠게 행동하는 사람의 성품을 野性(야성)이라 했다.

이런 들은 매우 넓어서 曠野(광야)라 했고, 혼자 관리할 수 없어서 여러 명이 나누었기 때문에 分野(분야)라고 표현했다. 그리고 이곳에서 자란 식물을 野菜(야채)라 했고, 들판 끝까지 볼 수 있는 것을 視野(시야)라 했다.

丩 (구) 얽히다

얽히다 丩(구)는 노끈 두 가닥이 서로 얽혀있는 모양이다. 여기서 의미가 나왔으며, 다른 글자와 조합할 때 의미 부분을 담당한다.

收 (수) 거두다

거두다 收(수)는 얽힌 모양인 丩(구)와 치다 攵(복)의 조합이다. 농작물을 묶어서 저장하는 데서 의미가 나왔다. 收穫(수확)은 익은 농작물을 거둬들인다는 의미다.

압수押收 증거품을 압수하다.

수입收入 임대 수입

糾 (규) 꼬다

꼬다 糾(규)는 실 糸(사)와 얽힌 모양인 丩(구)의 조합이다. 실이 서로 얽혀 꼬여있는 모양에서 의미가 나왔다. 여러 갈래의 실을 하나로 꼬듯이 여러 세력을 모으는 것을 糾合(규합)이라 한다.

규명糾明 책임 규명

규탄糾彈 만행을 규탄하다.

叫 규 부르짖다

부르짖다 叫(규)는 입 口(구)와 얽힌 모양인 ㄐ(구)의 조합이다. 사람이나 짐승을 끈으로 엮으면 큰소리를 지르는 데서 의미가 나왔다. 絶叫(절규)는 숨이 끊어지듯이 부르짖는다는 의미다.

규환叫喚 아비규환

①엎질러진 물은 다시 담지 못한다

②한번 저지른 일은 다시 어찌 할 수 없음을 말하는

覆水不收 복수불수

覆 다시 복, 덮다 부 水 물 수 不 아니다 불(부) 收 거두다 수

강태공(姜太公)은 주(周)의 무왕(武王)을 도와 殷의 주왕을 몰아내는데 큰 공을 세웠다. 그 공으로 그는 齊(제)나라의 제후가 되었다. 그가 벼슬하지 않고 학문(學問)에만 열중(熱中)하자 가정을 돌보지 않는다고 푸념하며 그의 아내 마씨(馬氏)는 집을 나가 버렸다.

그 뒤 강태공이 문왕에게 등용(登用・登庸)되어 공을 세우고 제나라 제후가 되자 마씨가 강태공의 앞에 나타나 거두어 줄 것을 원했다.

그러나 강태공은 "그대는 이별했다가 다시 결합할 수 있다고 생각하겠지만 이미 엎지르진 물은 다시 담을 수 없는 것이다. 覆水定難收(복수정난수)"라 하면서 마씨를 아내로 맞아들이지 않았다.

이처럼 한번 저지른 일을 다시 어찌할 수 없을 때 복수불수(覆水不收)라 한다.

句 구 구절

구절 句(구)는 입 口(구)와 얽힌 모양인 ㄐ(구)의 조합이다. 입에서 나온 말을 엮는 데서 한 토막의 말이나 글을 나타내는 句節(구절)의 의미가 나왔다.

문구文句 광고 문구

명구名句 명구만 모았다.

拘 구 잡다

잡다 拘(구)는 손 扌(수)와 얽어 놓은 모양인 句(구)의 조합이다. 손을 잡아서 묶는 것에서 의미가 나왔다.

구인拘引 검찰에 구인되다.

구류拘留 경찰서에 구류되다.

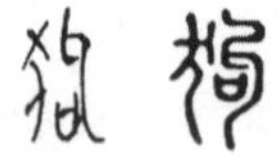

狗 구 강아지

강아지 狗(구)는 개 犭(견)과 얽어 놓은 모양인 句(구)의 조합이다. 개를 묶어 놓은 모양으로 어린 강아지의 의미다. 잡아먹기 위해 묶어 놓은 개에서 식용개의 의미로 넓어졌다.

백구白狗 백구와 함께 달리다.

皮 피 가죽

가죽 皮(피)는 짐승의 머리 부분과 몸통에 손 모양인 又(우)를 더했다. 손으로 짐승의 가죽을 벗기는 동작에서 의미가 나왔다. 가죽에서 표면, 껍질의 의미로 넓어졌다.

破 파 깨뜨리다

깨뜨리다 破(파)는 돌 石(석)과 가죽 皮(피)의 조합이다. 짐승의 껍질을 벗겨내듯이 돌을 깨뜨려서 부수는 데서 의미가 나왔다.

파산破産 부실 경영으로 파산했다.

파국破局 파국에 직면하다.

波 파 물결

물결 波(파)는 물 氵(수)와 가죽 皮(피)의 조합이다. 가공하지 않고 벗긴 가죽이 늘어지는 모양이 마치 물결과 흡사한 데서 의미가 나왔다.

파장波長 파장을 몰고오다.

파고波高 개방의 파고가 높아지고 있다.

被 피 입다

입다 被(피)는 옷 衤(의)와 가죽 皮(피)의 조합이다. 가죽을 벗겨 옷으로 제작해서 입는 데서 의미가 나왔다. 입는다는 당하다의 의미가 있기 때문에 피동으로 사용하게 되었다.

피선被選 의원에 피선되다.

피해被害 피해를 당하다.

革 혁 가죽

가죽 革(혁)은 짐승 가죽을 벗겨서 펼쳐 놓은 모양이다. 무두질을 해서 바로 사용할 수 있도록 손질한 가죽을 말한다. 우리 생활을 편리하게 고치는 것을 改革(개혁)이라 한다.

혁파革罷 구습을 혁파하다.

변혁變革 사회를 변혁하다.

巾 건 수건

수건 巾(건)은 고대 중국인들이 허리에 찼던 수건 모양을 그렸다. 허리에 찬 천은 수건의 용도로 많이 사용한 데서 의미가 나왔다. 차다, 치마의 의미까지 넓어졌다. 머리에 두르는 천을 頭巾(두건)이라 한다.

수건手巾 수건으로 물기를 닦다.

布 포 펴다

펴다 布(포)는 아비 父(부)와 수건 巾(건)의 조합이었으나 후에 손 모양으로 변했다. 아버지가 허리에 차고 있는 천이다. 허리 밑으로 펼쳐지며 내려온 모양에서 의미가 나왔다. 다시 펴다에서 宣布(선포)하다로 의미가 넓어졌다.

공포公布 법령을 공포하다.

분포分布 인구 분포

希 희 바라다

바라다 希(희)는 서로 엇갈리게 짜는 모양인 爻(효)와 허리에 찬 수건인 巾(건)의 조합이다. 특히 삼을 재료로 해서 짰기 때문에 직물 모양이 드문드문 성기게 되므로 성기다는 의미가 나왔다. 드문드문 바라는 마음을 갖는 데서 希望(희망)의 의미가 생겼다.

희구希求 자유를 희구하다.

稀 희 드물다

드물다 稀(희)는 벼 禾(화)와 성기다 希(희)의 조합이다. 농경지에 농작물이 드문드문 자라는 모양에서 의미가 나왔다.

희대稀代 희대의 살인마

희귀稀貴 희귀한 식물

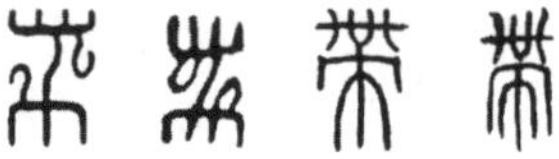

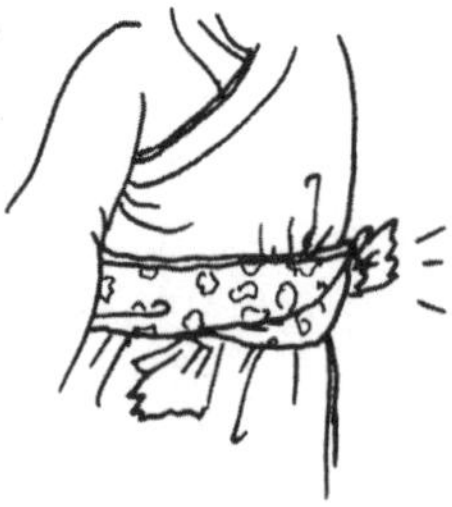

帶 대 띠

띠 帶(대)는 중국 고대인들이 허리에 묶는 띠 모양을 그렸다. 초기에는 허리띠에 장식물을 달았으나, 후에 다시 수건을 찬 모양으로 바뀌면서 巾(건)의 모양으로 변했다. 허리띠에서 다시 차다, 패용하다의 의미로 넓어졌다.

지대地帶 산악 지대

유대紐帶 유대가 돈독하다.

滯 체 막히다

막히다 滯(체)는 물 氵(수)와 허리띠인 帶(대)의 조합이다. 띠는 허리를 묶는 물건이므로 물을 묶어 물의 흐름이 원활하지 못한 상태를 의미하게 되었다.

침체沈滯 경기 침체

적체積滯 인사 적체

師 사 스승

스승 師(사)는 언덕 阜(부)와 깃발을 내건 모양의 조합이다. 언덕을 의지하여 군주가 부여한 권력의 상징인 깃발을 걸고 모여 있는 많은 군인들, 대략 2500명을 나타내었다. 이곳의 장수가 군인들을 모아 놓고 훈련과 교육을 실시하는 데서 선생의 의미로 변했다.

은사恩師 중학교 은사

목사牧師 교회 목사

制 제 만들다

만들다 制(제)는 수건 巾(건) 위에 무성한 모양과 칼 刂(도)를 조합했다. 옷을 만들기 위해서 필요 없는 부분을 칼로 제거하는 데서 의미가 나왔다. 규격에 맞게 옷을 재단하는 데서 법을 어기는 사람에게 制裁(제재)를 가한다, 억제한다의 의미로 넓어졌다.

제도制度 의회 제도를 개혁하다.

제한制限 속도 제한

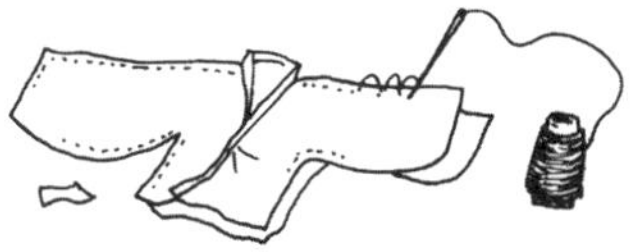

製 제 짓다

짓다 製(제)는 만들다 制(제)에 옷 衣(의)의 조합이다. 재단한 천을 모아 옷을 짓는 데서 의미가 나왔다. 옷을 만드는 일은 매우 정교한 기술이 필요한 데서 옷과 글과 약을 지을 때 사용하게 되었다.

제품製品 제품을 차별화하다.

복제複製 복제된 그림

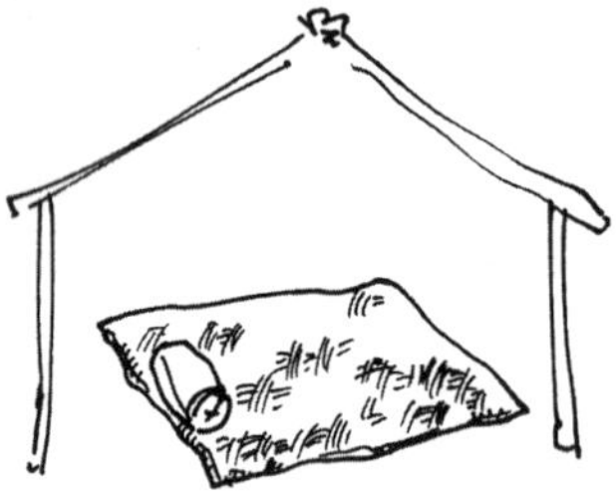

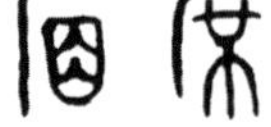

席 석 자리

자리 席(석)은 농경지 주택인 广(엄)과 돗자리 모양의 조합이다. 갈대 같은 풀을 엮어서 만든 좌석에서 의미가 나왔다. 후에 침대에 깐 천이 수건 巾(건)이 들어간 글자로 변했다.

수석首席 수석 연구원

출석出席 학교 출석

蔓帶 만대

蔓 넝쿨 만 帶 띠 대

포도와 박은 덩굴식물이다. 포도는 그 열매가 많이 무리지어 달리므로 아이를 많이 낳는다는 뜻의 다자(多子)를 나타낸다. 박도 주렁주렁 열리므로 다자(多子)의 뜻을 나타낸다. 덩굴째 그림으로 그리게 되면 만대(蔓帶) 즉, 만대(萬代)의 뜻을 나타낸다.

蔓帶(만대)는 덩굴식물의 띠라는 의미다. 우리 선조들이 그림을 그릴 때 포도 넝쿨을 많이 그렸다. 이는 많은 열매를 맺는 포도처럼 자손의 번성을 기원하고, 넝쿨의 끊임없는 연속성을 상징으로 삼았기 때문이다. 또한 그 발음하는 소리인 음(音)이 萬代(만대)와 같아서 자손 만대까지 가문이 번창하고, 자손이 번성하라는 의미를 내포하고 있다.

東 (동) 동녘

동녘 東(동)은 물건을 담아 묶어 놓은 큰 주머니를 그렸다. 본래 의미가 물건인데 고대 중국에서 물건의 주인은 동쪽에 앉았고, 손님은 서쪽에 앉았다. 여기서 동쪽의 의미로 변했다. 지금도 중국에서는 물건을 東西(동서)라 표현한다.

동해東海 동해의 일출

극동極東 극동 지역

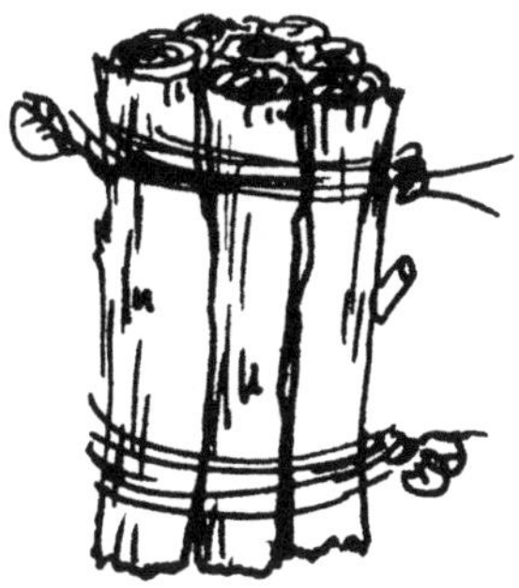

束 (속) 묶다

묶다 束(속)은 땔나무를 노끈으로 묶어놓은 모양이다. 묶여있어 자유롭지 못한 데서 구속의 의미로 넓어졌다.

결속結束 결속을 다짐하다.

속박束縛 속박에서 벗어나다.

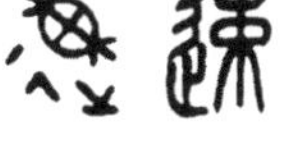

速 (속) 빠르다

빠르다 速(속)은 묶어놓은 모양인 束(속)과 쉬엄쉬엄 가다 辶(착)의 조합이다. 땔나무를 묶어서 집으로 빠르게 돌아가는 것에서 의미가 나왔다.

조속早速 조속한 해결

고속高速 고속 도로

童 동 아이

아이 童(동)은 형벌 도구인 辛(신)과 눈 目(목)과 물건을 묶어놓은 모양인 東(동)과 흙 土(토)의 조합이다. 한쪽 눈을 제거당한 고대의 노예로, 이런 노예를 어리석다고 여겨서 어린아이의 의미로 변하게 되었다. 후에 目(목)이 생략되었다.

아동兒童 아동 교육

동화童話 동화 작가

重 중 무겁다

무겁다 重(중)은 사람 모양과 물건을 묶은 모양인 東(동)의 조합이다. 사람이 무거운 물건을 지고 가는 모양에서 의미가 나왔다.

중복重複 중복된 부분

치중置重 공부에 치중하다.

動 동 움직이다

움직이다 動(동)은 무거운 짐을 옮기는 모양인 重(중)과 쟁기 모양인 力(력)의 조합이다. 농사짓고 추수한 곡식을 옮기는 일을 표현했다. 농경사회의 일상적인 활동에서 움직인다는 의미가 나왔다.

이동移動 이동 통신사

동원動員 예비군 동원

種 종 씨앗

씨앗 種(종)은 벼 禾(화)와 무거운 짐을 옮기는 사람인 重(중)의 조합이다. 농사를 짓기 위해 묶어 저장해 놓은 씨앗을 옮기는 데서 의미가 나왔다. 씨앗을 중시하는 의미가 내포되어 있다.

종목種目 경기 종목

멸종滅種 멸종 위기의 동물

量 량 헤아리다

헤아리다 量(량)은 입 口(구)와 묶은 모양인 東(동)의 조합이다. 사람이 먹을 만큼 식량을 헤아려서 포장하는 데서 의미가 나왔다. 후에 口(구)가 日(일)로 변했다. 일용할 음식의 의미로 생각된다.

재량裁量 재량권 남용

도량度量 도량이 넓다.

糧 량 양식

양식 糧(량)은 쌀 米(미)와 헤아리다 量(량)의 조합이다. 전쟁이나 여행을 떠날 때 쌀을 헤아려 포장한 데서 의미가 나왔다. 군인들에게 헤아려 나누어주는 쌀을 軍糧米(군량미)라 한다.

식량食糧 식량을 구하다.

군량軍糧 군량을 조달하다.

14 나무와 식물

木 목 나무

나무 木(목)은 나뭇가지와 줄기와 뿌리 모양을 그렸다.

목재木材 목재를 구입하다.

관목灌木 관목 수풀 사이로 걸어갔다.

本 본 근본

근본 本(본)은 나무 木(목)의 뿌리 쪽에 가로선을 그어서 의미를 나타냈다. 뿌리는 나무의 가장 중요한 부분이기 때문에 근본, 중요한 부분의 의미로 넓어졌다.

본격本格 분쟁이 본격화되었다.

본부本部 지휘 본부

末 말 끝

끝 末(말)은 나무 木(목)의 끝 부분에 길게 가로획을 그어서 의미를 나타냈다. 나무의 끝 부분은 잘라내도 성장하는 데는 방해가 되지 않는다. 여기서 중요하지 않은 부분의 의미로 넓어졌다.

주말週末 주말 부부

종말終末 지구 종말

休 휴 쉬다

쉬다 休(휴)는 사람 亻(인)과 나무 木(목)의 조합이다. 나무 그늘에서 쉬고 있는 사람의 모양에서 의미가 나왔다.

연휴連休 황금 연휴

휴지休紙 휴지 조각

李 이 자두나무

자두나무 李(이)는 나무 木(목)과 아들 子(자)의 조합이다. 자두는 신맛이 강하기 때문에 임신한 여인이 토할 때 먹던 과일이다. 이 때문에 자두나무는 경사스런 나무로 여겼으며, 글자에 아들 子(자)를 조합했다.

이화梨花 이화여자대학교

世 세 세대

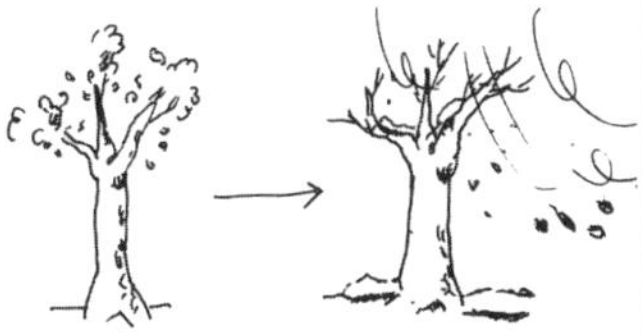

세대 世(세)는 나뭇잎이 나오기 시작한 세 줄기를 그렸다. 나뭇잎이 봄에 나와서 늦은 가을에 지기 때문에 일생의 의미로 변했다.

속세俗世 속세를 등지다.

세대世代 젊은 세대

葉 엽 잎

잎 葉(엽)은 나무에 잎이 우거진 모양을 그렸으며, 후에 풀 艹(초)가 더해졌다. 나뭇잎은 조금 떨어져도 나무가 죽지 않는다. 그래서 枝葉(지엽)은 중요하지 않은 부분을 의미한다.

낙엽落葉 낙엽이 지다.

중엽中葉 조선 중엽 무렵

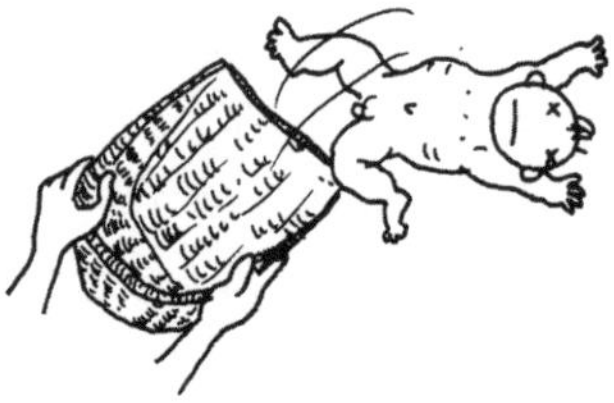

棄 기 버리다

버리다 棄(기)는 아들 子(자)를 뒤집은, 갓 태어난 아이 모양과 삼태기 모양인 其(기)와 두 손 모양의 조합이다. 갓 태어난 아이를 삼태기에 담아서 버리는 데서 의미가 나왔다. 후에 오면서 아랫부분이 나뭇잎 모양인 葉(엽)으로 변했다.

기각棄却 항소 기각

기권棄權 시합에 기권하다.

林 림 수풀

수풀 林(림)은 나무 木(목)을 두 개 그렸다. 나무가 많은 모양을 두 개로 표현한 데서 의미가 나왔다. 다시 사물이 많은 모양의 의미로 넓어졌다.

밀림密林 울창한 밀림 지대

임야林野 임야 대장

禁 禁

禁 금 금하다

금하다 禁(금)은 수풀 林(림)과 제단 모양인 示(시)의 조합이다. 신에게 제사 지내는 제단이 있는 곳 주위에 나무를 심어서 사람의 출입을 금지하는 데서 의미가 나왔다.

금기禁忌 금기 사항

감금監禁 불법 감금

잎이 떨어져 뿌리로 돌아간다는 뜻인

落葉歸根 낙엽귀근

落 떨어지다 낙(락) 葉 잎 엽 歸 돌아가다 귀 根 뿌리 근

이는 모든 일은 처음으로 돌아감을 이르는 말이다. 그 어떤 부와 권력을 가졌다 할지라도 결국은 한 줌의 흙으로 돌아간다. 그 어떤 아름답던 꽃도 한철이고, 그 철이 지나면 떨어져 흙으로 돌아간다. 이런 자연의 이치를 인간도 깨닫고 산다면, 살아 있는 동안 자신의 욕심과 행동으로 인해 피해받는 사람들이 없도록 생활할 것이다. 그런데 사람들은 이를 잊어버린 채 오늘도 남들과의 경쟁에서 이기기 위해 수단과 방법을 가리지 않는다.

아무리 아름다운 꽃도 열흘을 넘기지 못하고, 아무리 막강한 권력이라 해도 10년을 넘기지 못한다는 花無十一紅(화무십일홍), 權不十年(권불십년)이란 선인들의 지혜와도 통하는 말이 낙엽귀근이다.

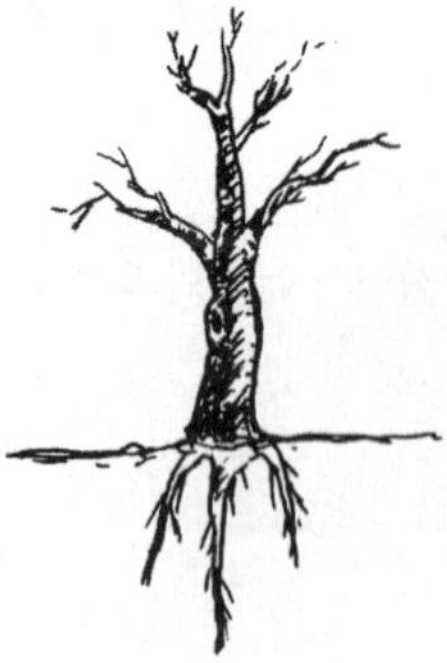

未 미 아니다

아니다 未(미)는 나무 木(목) 위에 짧은 가로획을 더했다. 나무가 자랄 때 위쪽 가지가 짧기 때문에 막 자라기 시작한 나무의 의미다. 아직 다 자라지 않은 나무에서 아니다의 의미로 변했다. 다 자라지 않은 사람을 뜻하는 未成年(미성년), 未成熟(미성숙)에서 근거를 볼 수 있다.

미래未來 미래의 꿈

미납未納 미납액을 독촉하다.

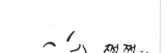

味 미 맛

맛 味(미)는 입 口(구)와 자라기 시작한 나무인 未(미)의 조합이다. 음식을 입에 넣고 먹을 때 맛이 생기기 시작한 데서 의미가 나왔다.

음미吟味 맛을 음미하다.

별미別味 계절의 별미

妹 매 여동생

여동생 妹(매)는 여인 女(녀)와 어린나무인 未(미)의 조합이다. 자라기 시작한 어린 여자 동생이란 의미이다.

남매男妹 남매 사이

매형妹兄 매형과 저녁 먹다.

昧 매 어둡다

어둡다 昧(매)는 태양인 日(일)과 자라기 시작한 나무인 未(미)의 조합이다. 이제 막 태양이 떠오르는 동틀 무렵에서 의미가 나왔다.

애매曖昧 애매한 대답

우매愚昧 우매한 사람

未미와 末말

두 글자는 매우 혼동하기 쉽다. 한자에서 점이나 짧은 一의 모양은 대부분 위치를 표시한다. 나무 뿌리 부분을 표시한 근본 本(본)과 반대되는 형태는 未(미)이다. 하지만 나무는 자라면서 위쪽 가지 부분이 작은 모양으로 변하여 안정을 추구한다. 이 때문에 未(미)는 출발이나 시작, 자란다는 의미를 갖게 되고, 末(말)은 나무 끝을 의미하게 되었다.

즉 未(미)는 시작과 출발, 자람과 과정을 나타내고 末(말)은 결과와 도착, 완성과 결과를 나타낸다고 할 수 있다.

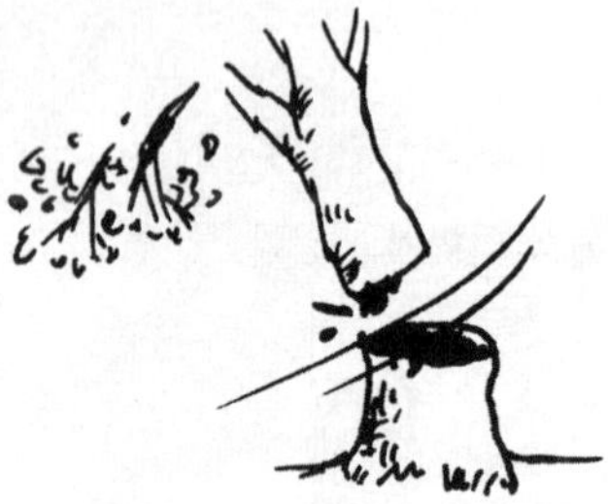

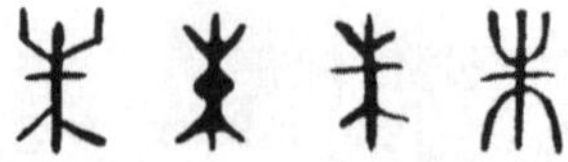

朱 (주) 붉다

붉다 朱(주)는 나무 木(목)의 줄기 부분인 가운데에 가로획을 그렸다. 본래는 나무를 자른다는 의미다. 나무를 자르면 가운데 색깔이 붉은 데서 의미가 나왔다. 붉은색을 가진 朱木(주목)에서 근거를 볼 수 있다.

자주색紫朱色 자주색 저고리

株 (주) 그루터기

그루터기 株(주)는 나무 木(목)과 자른 나무의 의미인 朱(주)의 조합이다. 나무를 잘라내고 남은 부분을 의미한다. 회사의 자본을 구성하는 단위인 株式(주식)에도 밑바탕의 의미가 내포되어 있다.

주주株主 주주 명부

殊 (수) 목 베다

목 베다 殊(수)는 부러진 뼈 모양인 歹(알)과 나무를 자르는 의미인 朱(주)의 조합이다. 나무 베듯이 사람을 베어 죽인다는 의미다.

수상殊常 수상한 행동

특수特殊 특수 장비

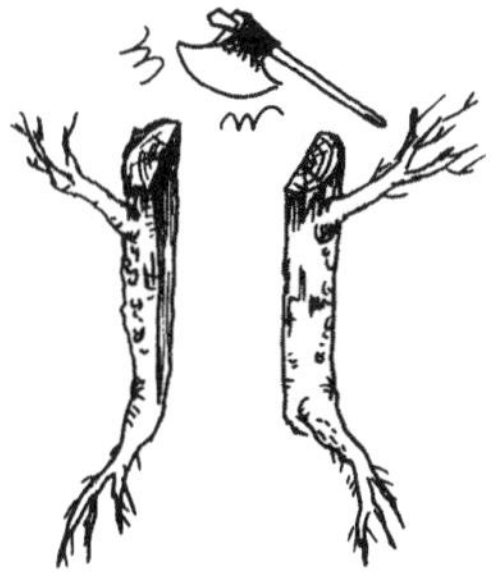

爿 장 편

爿(장)과 片(편)은 한자를 만들던 중국인들의 세심한 사유를 엿볼 수 있다. 판자의 의미를 표현하기 위해 나무 木(목)을 세로로 쪼갠 양쪽 모양이다.

爿 장 나뭇조각

나뭇조각 爿(장)은 나무를 세로로 잘라낸 왼쪽 부분의 모양이다. 왼쪽 부분은 큰 조각의 의미로, 침상이나 목책이란 뜻으로 사용했다.

片 편 조각

조각 片(편)은 나무를 세로로 잘라낸 오른쪽 부분이다. 오른쪽 부분은 작은 판자의 의미로 사용했다. 깨져 나온 조각을 의미하는 破片(파편)에 사용했다.

편육片肉 소머리 편육

편도片道 편도 승차권

將 장 장군

장군 將(장)은 큰 판자인 爿(장)과 고기의 의미인 月(월)과 손 모양인 寸(촌)의 조합이다. 큰 판자로 만든 책상에 고기를 손으로 받들어 올리는 모양이다. 전쟁을 나가기 전에 신에게 고기를 올려 제사 지내는 사람에서 의미가 나왔다. 또한 전쟁을 막 떠나려 하는 데서 장차 ~하려 하다의 의미로 넓어졌다.

장래將來 장래를 약속하다.

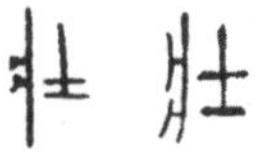

壯 장 씩씩하다

씩씩하다 壯(장)은 큰 나무 조각인 爿(장)과 남성의 상징인 士(사)의 조합이다. 爿(장)은 침상의 의미다. 개인 침상을 가진 건강한 남성을 의미한다. 혈기가 왕성한 남자 나이를 壯年(장년)이라 한다.

장관壯觀 경치가 장관이다.

장담壯談 승리를 장담하다.

狀 상 상황

상황 狀(상)은 큰 판자로 된 담과 개 犬(견)의 조합이다. 큰 담과 개가 있는 상황에서 의미가 나왔다. 문서의 의미로 사용할 때는 장으로 읽는다.

영장令狀 구속 영장을 발부하다.

증상症狀 증상이 나빠지다.

版 판 출판하다

출판하다 版(판)은 작은 판자인 片(편)과 농사일인 反(반)의 조합이다. 비교적 후대인, 목판을 이용해서 책을 출판하던 시기에 생긴 글자다. 널빤지에 글자를 反對(반대) 모양으로 새겨서 찍어내는 데서 의미가 나왔다.

출판出版 도서 출판

판도版圖 판도를 바꿔놓다.

片道 편도

片 조각 편 道 길 도

片(편)은 나무를 반으로 자른 모양이다. 길은 오고 가는 것이다. 나무 반쪽을 의미하는 片(편)을 사용해서 한쪽 방향의 길만을 표현했다. 따라서 편도라 함은 가고 오는 길 중 어느 한쪽, 또는 한쪽으로만 가는 길이고, 나가는 길이다. 한 방향으로만 한다는 의미도 생겨난다.

이에 비해 왕복(往復)이란 갔던 길을 다시 돌아오는 것이다. 일반적으로 여행은 왕복으로 한다. 내가 출발하는 곳이 자신의 사는 곳이므로, 여행을 위해 나갔던 길을 다시 돌아와야 하기 때문이다.

朿 자 가시나무

가시나무 朿(자)는 나무 木(목)의 중간 부분에 줄기를 그리고 뾰쪽한 가시를 더해서 의미를 표현했다.

刺 자 찌르다

찌르다 刺(자)는 가시나무 朿(자)와 칼 刂(도)의 조합이다. 가시와 칼에서 찌른다는 의미가 나왔다. 칼로 찔러 사람을 몰래 죽이는 자를 刺客(자객)이라 한다.

자극刺戟 자극을 주다.

풍자諷刺 세태를 풍자하다.

策 책 계책

계책 策(책)은 대나무 竹(죽)과 가시나무 朿(자)의 조합이다. 말을 타고 갈 때 사용하는 회초리의 재료다. 회초리의 의미로, 사람을 회초리로 치며 좋은 생각을 만들어내는 데서 계책의 의미로 넓어졌다.

대책對策 대책을 강구하다.

책정策定 예산을 책정하다.

責 책 꾸짖다

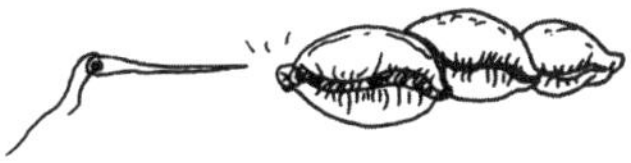

꾸짖다 責(책)은 가시나무 朿(자)와 돈인 貝(패)의 조합이다. 후에 오면서 朿(자)의 모양이 많이 변했다. 마노 조개는 뾰쪽한 가시에 실을 꿰서 보관한 데서 축적하다가 본래 의미다. 돈을 모으는 이유는 한 집안을 유지하고 다스리기 위해서다. 이런 의미에서 責任(책임)의 의미로 넓어졌다. 그러나 바르지 못한 돈을 모으면 남들에게 질타를 받는 데서 꾸짖다의 의미로 다시 넓어졌다.

책무責務 책무를 다하다.

債 채 빚

빚 債(채)는 사람 亻(인)과 축적하다 責(책)의 조합이다. 남에게 돈을 빌리면 채무가 축적된 데에서 의미가 나왔다.

국채國債 국채를 발행하다.

사채私債 사채를 쓰다.

績 적 길쌈하다

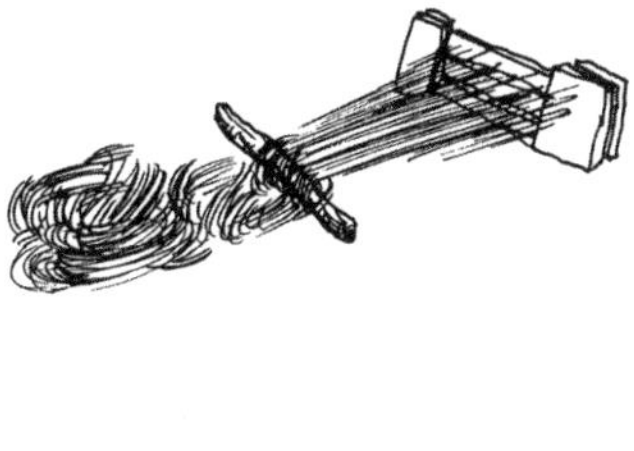

길쌈하다 績(적)은 실 糸(사)와 축적하다 責(책)의 조합이다. 길쌈해서 실이 쌓이는 모양에서 의미가 나왔다. 후에 길쌈으로 서로 경쟁하는 풍습이 생겼기 때문에 成績(성적)의 의미로 사용했다.

실적實績 판매 실적

공적功績 불후의 공적을 남기다.

積 적 쌓다

쌓다 積(적)은 벼 禾(화)와 축적하다 責(책)의 조합이다. 벼를 추수해서 쌓아 놓은 모양에서 의미가 나왔다. 벼는 바로 富(부)를 상징하므로 돈을 모은다는 의미인 積金(적금)에 사용한다.

적극積極 적극 지지하다.

축적蓄積 자본 축적

蹟 적 발자취

발자취 蹟(적)은 발 足(족)과 축적하다 責(책)의 조합으로, 초기에는 貝(패)가 없었다. 사람들의 발 흔적이 오랫동안 쌓인 것에서 의미가 나왔다.

고적古蹟 고적 답사

행적行蹟 행적을 감추다.

相 상 서로

서로 (상)은 나무 木(목)과 눈 目(목)의 조합이며, 나무를 바라본다는 의미다. 좋은 나무를 고르려면 서로 비교해서 보는 데서 의미가 나왔다. 나무의 성장을 바라보는 데서 변화하는 모양을 의미한다. 사람의 얼굴을 보고 운명을 예측하는 것을 觀相(관상)이라 한다.

상속相續 재산 상속

想 상 생각하다

생각하다 想(상)은 나무를 보는 相(상)과 마음 心(심)의 조합이다. 나무가 장차 어떤 모양으로 성장할 것인지를 생각하는 데서 의미가 나왔다.

예상豫想 예상이 빗나가다.

상상想像 상상에 맡기다.

霜 상 서리

서리 霜(상)은 하늘에서 떨어지는 물체 모양인 雨(우)와 나무를 보는 의미인 相(상)의 조합이다. 서리가 내려서 나무가 더욱 선명하게 보이는 데서 의미가 나왔다.

풍상風霜 온갖 풍상을 겪다.

禾 화 벼

벼 禾(화)는 고개를 숙인 나무 모양을 표현했다. 본래는 고개 숙인 모양에서 곡식이 익었다는 의미다. 곡식을 대표하는 벼의 의미로 넓어졌다.

利 리 이롭다

이롭다 利(리)는 익은 곡식의 의미인 禾(화)와 칼 刂(도)의 조합이다. 고대 중국에서 벼를 벨 때는 조개껍질을 갈아서 사용했다. 후에 칼을 사용했기 때문에 날카롭다는 의미가 되었다. 칼을 사용해서 추수를 하면 생산성이 향상되는 데서 이롭다, 편리하다의 의미로 넓어졌다.

금리金利 금리 인하

편리便利 운반에 편리하다.

秀 수 뛰어나다

뛰어나다 秀(수)는 벼 禾(화)와 낫 모양의 조합이다. 칼로 벼 베기하다가 다시 낫을 사용하게 되니 생산성이 뛰어나게 높아진 데서 의미가 나왔다.

준수俊秀 인물이 준수하다.

수작秀作 수작으로 평가되다.

移 이 옮기다

옮기다 移(이)는 쉬엄 쉬엄 갈 辶(착)과 고기를 쌓아놓은 多(다)의 조합이다. 후에 辶(착)이 벼 禾(화)로 변했다. 고기나 음식을 높이 쌓아서 제단으로 옮기는 데서 의미가 나왔다.

추이推移 사태의 추이

이식移植 심장 이식 수술

香 향 향기롭다

향기롭다 香(향)은 목이 긴 그릇에 음식이 가득 담긴 모양이다. 후에 벼 禾(화)와 입에 음식이 들어있는 의미인 甘(감)의 조합으로 변했다. 곡물에서 풍기는 향기로운 냄새를 표현했다.

향기香氣 은은한 향기

향수香水 향수를 뿌리다.

和 화 조화롭다

조화롭다 和(화)는 대나무를 엮어서 만든 악기를 입으로 부는 모양이다. 악기의 조화로운 소리에서 의미가 나왔다. 후에 벼 禾(화)와 입 口(구)의 조합으로 변했다.

화해和解 남북 화해

화합和合 가족간의 화합

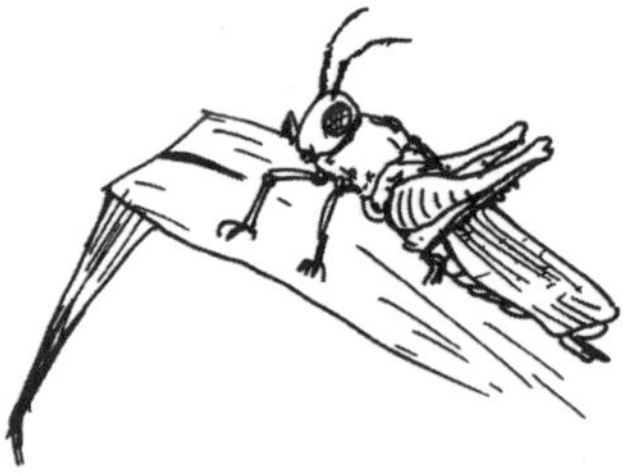

秋 추 가을

가을 秋(추)는 메뚜기 모양을 그렸다. 메뚜기는 곡식이 익어갈때 활동을 하는 데서 가을을 의미하게 되었다. 후에 벼 禾(화)와 불 火(화)의 조합으로 변했다.

추수秋收 추수한 곡식

추파秋波 추파를 던지다.

愁 수 근심

근심 愁(수)는 가을 秋(추)와 마음 心(심)의 조합이다. 추수 시기에 적들이 쳐들어와 약탈하는 경우가 많아 항상 걱정을 하는 데서 의미가 나왔다.

향수鄕愁 향수에 젖다.

우수憂愁 우수에 찬 표정

季 계 끝

끝 季(계)는 벼 禾(화)와 아들 子(자)의 조합으로, 어린 벼의 의미다. 후에 나이가 적은 데서 마지막의 의미로 넓어졌다. 현대에서는 季節(계절)의 의미로 많이 사용하는데, 농경 사회에서 벼가 자라기 시작한 계절을 가리키다가 의미가 넓어졌다.

동계冬季 동계 올림픽 대회

年 년 해

해 年(년)은 위쪽의 벼 禾(화)와 아래쪽에 사람 人(인)의 조합이다. 사람이 거둔 농작물을 옮기는 모양이다. 고대 사람들은 곡식이 일 년에 한번 익는다고 생각했는데 여기서 의미가 나왔다. 후에 사람 人(인)이 千(천)으로 변했다.

작년昨年 작년 여름 보다 덥다.

연봉年俸 억대 연봉을 받다.

秉 병 잡다

잡다 秉(병)은 벼 禾(화)와 손 모양의 조합이다. 손으로 벼 하나를 잡고 있는 모양에서 의미가 나왔다.

兼 겸 겸하다

겸하다 兼(겸)은 벼 禾(화) 두 개와 손 모양의 조합이다. 여러 개의 벼를 손으로 잡고 있는 모양으로 아우른다는 의미다. 다시 두 가지 이상의 일을 하거나 두 가지 이상의 물건을 점유한다는 의미로 넓어졌다. 두 개 이상을 갖추고 있는 것을 兼備(겸비)라 한다.

겸임兼任 겸임 교수

겸직兼職 사회 이사를 겸직하다.

不 불 아니다

아니다 不(불)은 위쪽이 땅의 지면을 나타낸 한 一(일)자 형태이고 그 아래쪽에 식물의 뿌리를 그려서 아직 지상으로 싹이 나오지 못한 상태를 나타냈다. 여기서 부정적인 의미가 나왔다.

부동산不動産 부동산 경기

불법不法 불법 행위

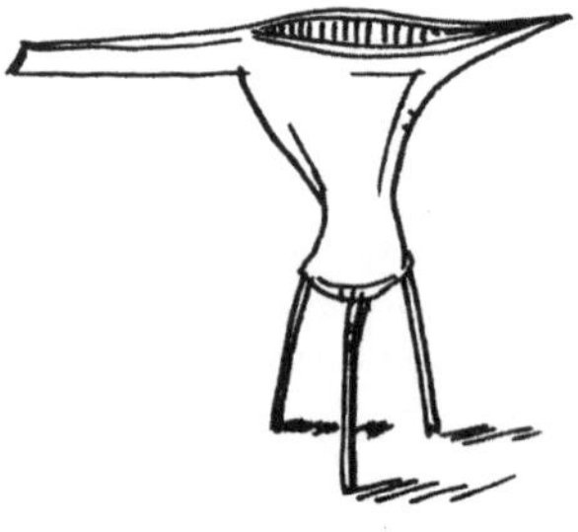

杯 배 잔

잔 杯(배)는 나무 木(목)과 싹이 땅 위로 올라오지 않은 상태를 나타낸 不(불)의 조합이다. 위쪽은 평평하고 아래쪽은 나무뿌리처럼 만든 용기에서 의미가 나왔다.

고배苦杯 고배를 마시다.

축배祝杯 축배를 들다.

否 부 아니다

아니다 否(부)는 싹이 나지 않은 식물 모양인 不(불)과 입 口(구)의 조합이다. 싹이 나오지 않음을 말하는 데서 의미가 나왔다. 可否(가부)는 찬성과 반대를 묻는 것을 의미한다.

거부拒否 진술을 거부하다.

부인否認 범행을 부인하다.

春 춘 봄

봄 春(춘)은 세 개의 나무 木(목)과 날 日(일)과 싹이 올라오는 모양인 屯(둔)의 조합이다. 햇볕을 받아서 대지의 식물들이 싹을 틔우고, 싹이 올라오는 데서 의미가 나왔다.

회춘回春 회춘의 비결은 운동이다.

춘풍春風 부동산 시장에 춘풍이 분다.

純 순 순수하다

순수하다 純(순)은 실 糸(사)와 屯(둔)의 조합이다. 屯(둔)은 위쪽은 대지를, 아래쪽은 식물이 뿌리를 내리는 모양으로 갓 싹이 터서 올라온다는 의미다. 이제 막 생산한 실의 의미로 生絲(생사)가 본래 의미다. 이런 실에 아무것도 섞이지 않았기 때문에 순수의 의미로 넓어졌다.

단순單純 단순 작업

순도純度 순도 100%

才 재 재주

재주 才(재)는 풀의 싹이 막 땅 위로 올라오는 모양이다. 사람은 태어날 때 타고난 재주를 가지고 있는 데서 의미가 나왔다.

재능才能 타고난 재능

재질才質 운동에 재질이 있다.

在 재 있다

있다 在(재)는 흙 土(토)와 식물의 싹인 才(재)의 조합이다. 모든 생물은 흙 위에서 존재하고 마감하면 흙으로 돌아간다. 흙을 더해서 태어나 존재함을 강조한 데서 의미가 나왔다.

주재駐在 일본 주재 기자

산재散在 여기저기 산재해 있다.

材 재 재목

재목 材(재)는 나무 木(목)과 식물의 싹인 才(재)의 조합이다. 나무가 지니고 태어난 쓰임에서 의미가 나왔다. 나무는 물건을 만드는 중요한 材料(재료)로 사용한다. 여기서 原資材(원자재), 素材(소재)의 의미로 넓어졌다.

악재惡材 악재로 주식 시장이 양세다

財 **재** 재물

재물 財(재)는 돈인 貝(패)와 식물의 싹인 才(재)의 조합이다. 돈의 쓰임에서 값나가는 물건의 의미가 나왔다.

재산財産 재산을 늘리다.

재단財團 장학 재단

存 **존** 있다

있다 存(존)은 아들 子(자)와 식물의 싹인 才(재)의 조합이다. 아이가 이제 막 태어나 세상에 나와 있는 데서 의미가 나왔다. 고대엔 신생아 생존율이 낮아서 안부를 묻다로 의미가 넓어졌다.

존립存立 국가 존립

잔존殘存 잔존 세력

栽 **재** 심다

심다 栽(재)는 식물의 싹인 才(재)와 창 戈(과)와 나무 木(목)의 조합이다. 나무의 가지를 잘라서 꺾꽂이한다는 의미이다.

재배栽培 화초 재배

분재盆栽 분재 감상

哉 재 어조사

어조사 哉(재)는 식물의 싹인 才(재)와 창 戈(과)와 입 口(구)의 조합이다. 창으로 생긴 상처 때문에 입에서 나오는 말을 표현한 글자다. 여기서 감탄, 의문, 반어의 의미로 쓰이게 되었다.

쾌재快哉 쾌재를 부르다.

不불과 才재와 屯둔

不불은 위쪽 한 一(일)자가 땅이고, 아래쪽이 식물의 뿌리 모양으로 아직 싹이 나오지 못한 상태를 그린 것이다. 이 때문에 아직 땅 위에 나타나지 않았다, 아니다의 의미가 나왔다.

才재는 뿌리와 한 개의 싹이 겨우 나온 모양으로 처음 생겼다는 의미이다. 싹이 조금 나온 모양에서 겨우, 조금의 의미로 넓어졌다.

屯둔도 위쪽 한 一(일)자는 땅이고, 아래쪽 屮(초)는 풀의 모양이다. 풀이 땅을 뚫고 나오는 것에서 무리지어 진을 친다, 처음과 무리를 지어 駐屯(주둔)한다는 의미가 나왔다.

生 생 태어나다

태어나다 生(생)은 위쪽이 초목의 싹 모양이고 아래쪽이 一(일)의 형태로 대지를 의미한다. 땅을 뚫고 올라오는 싹에서 의미가 나왔다. 다시 살아있는 모양에서 살다, 싱싱하다의 의미로 넓어졌다.

생명生命 생명의 은인

생일生日 내일이 나의 생일이다.

性 성 본성

본성 性(성)은 마음 忄(심)과 작은 풀인 生(생)의 조합이다. 태어났을 때의 마음에서 의미가 나왔다. 본성에서 性的(성적)인 의미로 넓어졌다.

성격性格 불같은 성격

특성特性 특성을 살리다.

姓 성 성씨

성씨 姓(성)은 여인인 女(녀)와 갓 나온 풀인 生(생)의 조합이다. 여인이 아이를 낳았다는 의미다. 고대 중국 모계사회에서 한 여인이 여러 명의 남자를 거느리고 살았기 때문에 여인의 姓氏(성씨)를 따르는 데서 의미가 나왔다.

백성百姓 백성을 다스리다.

星 성 별

별 星(성)은 별빛 모양을 네모로 그리고, 거기에 풀의 싹인 生(생)을 더했다. 하늘의 별들이 생겨나고 없어지는 것이 식물과 같이 계속된다는 인식에서 의미가 나왔다.

위성衛星 인공위성

혜성彗星 혜성처럼 등장하다.

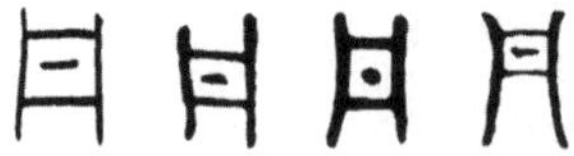

丹 단 붉다

붉다 丹(단)은 물이 있는 광산인 수갱을 나타낸 井(정)과 점의 조합이다. 수갱에서 채굴한 붉은 안료의 재료인 단사를 점으로 표현한 것에서 의미가 나왔다.

단청丹青 단청이 아름답다.

단전丹田 단전호흡

青 청 푸르다

푸르다 青(청)은 갓 나온 풀인 生(생)의 생략형과 우물 井(정)의 조합이다. 후에 井(정)이 물이 있는 수갱인 丹(단)으로 변했다. 물이 풍부한 곳에서 돋아난 풀은 새파랗고 선명한 색깔을 띠므로 푸르다, 깨끗하다의 의미가 나왔다.

청와대青瓦臺 청와대 비서실

청운青雲 청운의 꿈

清 청 맑다

맑다 淸(청)은 물 氵(수)와 푸르다 靑(청)의 조합으로, 물이 깨끗하다는 의미다. 깨끗함에서 청빈하다의 의미로 넓어졌다.

숙청肅淸 반대파를 숙청하다.

청결淸潔 몸을 청결히 하다.

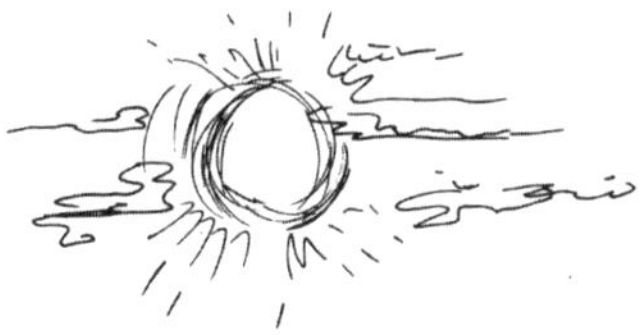

晴 청 개다

개다 晴(청)은 반쯤 보이는 달인 夕(석)과 싹의 모양인 生(생)의 조합이었다. 태양인 日(일)과 푸르다 靑(청)의 조합으로 변했다. 하늘에 달이나 태양이 보이는 데서 비가 개었다는 의미가 나왔다.

쾌청快晴 쾌청한 날씨

情 정 정

정 情(정)은 마음 忄(심)과 푸르다 靑(청)의 조합이다. 깨끗한 마음에서 생겨나는 심리적 상태를 표현했다.

정보情報 교통 정보

정세情勢 국내 정세

靜 정 고요하다

고요하다 靜(정)은 푸르다 靑(청)과 싸우다 爭(쟁)의 조합이다. 다투어 돋아난 새싹의 모양에서 의미가 나왔다. 靜物畫(정물화)는 움직이지 않고 고요하게 있는, 생명이 없는 물체를 그린 그림이다.

진정鎭靜 슬픔을 진정하다.

동정動靜 적의 동정을 살피다.

請 청 청하다

청하다 請(청)은 말씀 言(언)과 푸르다 靑(청)의 조합이다. 돋아나기 시작한 풀처럼 처음 시작하는 말에서 의미가 나왔다.

요청要請 도움을 요청하다.

청약請約 아파트 청약

精 정 정신

정신 精(정)은 쌀 米(미)와 푸르다 靑(청)의 조합이다. 깨끗하게 찧어놓은 쌀로 精米(정미)의 의미다. 쌀을 도정하는 기술은 매우 정교한 일이기 때문에 精密(정밀)의 의미로 넓어졌다. 쌀을 도정하듯 자꾸 수양해야 하는 데서 精神(정신)의 의미가 나왔다.

정유精油 정유 시설

果 과 과일

과일 果(과)는 과일 모양 세 개와 나무 木(목)의 조합이다. 후에 과일 모양 세 개는 밭 田(전) 형태로 변했다. 한 해 동안 자란 과일을 나타내기에 결과의 의미로 넓어졌다. 수확량에 대한 의문에서 果然(과연)의 의미로 다시 넓어졌다.

성과成果 성과를 거두다.

課 과 세금 매기다

세금 매기다 課(과)는 말씀 言(언)과 과일인 果(과)의 조합이다. 수확한 결과물을 따져 보고 세금을 賦課(부과)하는 데서 의미가 나왔다.

과제課題 당면 과제

과외課外 과외 공부

來 래 오다

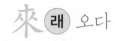

오다 來(래)는 나무 木(목)의 중간에 꺾어진 잎 모양을 그렸다. 본래는 보리나 밀을 의미했다. 보리가 외부에서 들어왔기 때문에 오다의 의미로 변했다.

재래在來 재래시장

내한來韓 내한 공연

麥 맥 보리

보리 麥(맥)은 보리인 來(래)와 뒤집힌 발인 夂(치)의 조합이다. 夂(치)는 들어오다의 의미로 외부로부터 보리가 들어왔다는 의미다. 來(래)는 오다의 의미로, 麥(맥)은 보리의 의미로 뒤바뀌어 사용하게 되었다.

맥주麥酒 소주와 맥주

麵 면 국수

국수 麵(면)은 보리 麥(맥)과 얼굴 面(면)의 조합이다. 국수는 밀을 얼굴처럼 늘려서 뽑는다. 국수는 늘려서 만들기 때문에 생명을 늘려준다는 의미가 있다. 그래서 중국에서는 생일이나 혼인하는 날에 국수를 먹는 풍습이 있다.

냉면冷麵 평양 냉면

草 (초) 풀

풀 草(초)는 대지에서 풀이 올라오는 모양을 그렸다. 무리지어 사는 풀이기 때문에 풀잎 두 개로 표현했으며, 부수로 사용할 때 ++(초)로 위쪽에만 쓴다.

잡초雜草 잡초가 무성하다.

벌초伐草 무덤에 벌초하다.

莫 (막) 말라

말라 莫(막)은 태양을 의미하는 날 日(일)과 위 아래 풀 ++(초)의 조합이다. 태양이 풀 사이로 넘어 가는 모양으로, 본래는 늦은 시간의 의미였다. 늦은 시간에는 외출을 삼가해야 하는 데서 ~하지 말라는 의미로 변했다.

막대莫大 막대한 피해

막론莫論 지위 고하를 막론하고

暮 (모) 저물다

저물다 暮(모)는 초기에는 莫(막)으로 사용했으나 莫(막)이 하지 말라는 의미로 변하자 아래쪽에 날 日(일)을 더해서 저물다의 의미를 보존했다.

세모歲暮 세모에 망년회 모임이 많다.

募 모 모으다

모으다 募(모)는 저물다 莫(막)과 쟁기 모양인 力(력)의 조합이다. 농사일은 새벽에 시작하기 때문에 전날 저녁에 일할 사람을 모집하는 데서 의미가 나왔다.

공모公募 생활 수기를 공모하다.

모집募集 회원 모집

慕 모 그리워하다

그리워하다 慕(모)는 저물다인 莫(막)과 마음 㣺(심)의 조합이다. 하루가 저물어 갈 때의 감정 변화를 의미한다. 시간이 지난 후에 옛날 사람을 생각하게 되는 데서 의미가 나왔다.

추모追慕 추모 행사

사모思慕 그녀를 사모한다.

幕 막 장막

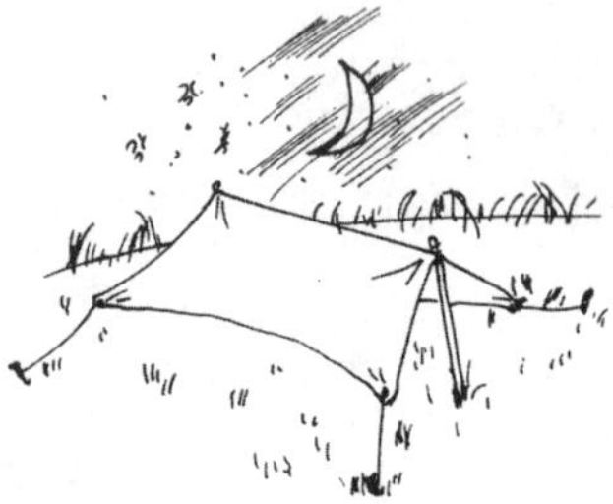

장막 幕(막)은 저물다 莫(막)과 수건 巾(건)의 조합이다. 어두워지면 들에서 장막을 치고 잠자리를 만드는 데서 의미가 나왔다. 군인들이 야전에서 천으로 만든 막사를 軍幕(군막)이라 한다. 연극할 때 어둡게 드리운 천을 幕(막)이라 하고, 완전히 막을 내리는 것을 閉幕(폐막)이라 한다.

墓

墓 묘 무덤

무덤 墓(묘)는 저물다 莫(막)과 흙 土(토)의 조합이다. 인생이 저물었다는 말은 죽음을 의미한다. 죽어서 흙으로 돌아간다는 데서 의미가 나왔다.

성묘省墓 추석 성묘

묘역墓域 묘역을 조성하다.

아침에 세 개, 저녁에 네 개라는 뜻인

朝三暮四 조삼모사

朝 아침 조, 고을 이름 주 三 석 삼 暮 저물다 모 四 넉 사

춘추 전국시대에 송나라의 저공(狙公)이란 사람이 원숭이를 많이 기르고 있었다. 먹이가 부족하게 되자 저공이 원숭이들에게 말했다.

"앞으로 너희들에게 주는 도토리를 아침에 3개, 저녁에 4개로 제한하겠다."

원숭이들은 화를 내며 아침에 3개를 먹고는 배가 고파 못 견딘다고 하였다.

"그렇다면 아침에 4개를 주고 저녁에 3개를 주겠다."고 하였더니 원숭이들은 좋아하였다.

조3모4나 조4모3(朝四暮三)이나 결과는 똑같이 7개의 먹이이다. 그런데도 원숭이들은 저공의 말장난에 속았다.

당장 눈앞에 나타나는 차별(差別)만을 알고 그 결과(結果)가 같음을 모를 때나 간사(奸邪)한 꾀를 써서 남을 속이려 할 때 쓰는 말이다.

竹 죽 대나무

대나무 竹(죽)은 대나무 잎을 본뜬 글자다. 대나무 잎은 많이 나기 때문에 두 개를 연속으로 그렸다.

폭죽爆竹 폭죽을 터뜨리다.

죽도竹刀 죽도를 휘두르다.

笑 소 웃다

웃다 笑(소)는 대나무 竹(죽)과 장성한 사람 모양인 夭(요)의 조합이다. 사람이 머리를 젖히고 대나무 소리를 내는 데서 의미가 나왔다. 중국인들은 대나무가 바람에 흔들리는 소리를 웃음소리로 인식하였다.

담소談笑 담소를 나누다.

냉소冷笑 입가에 냉소를 머금다.

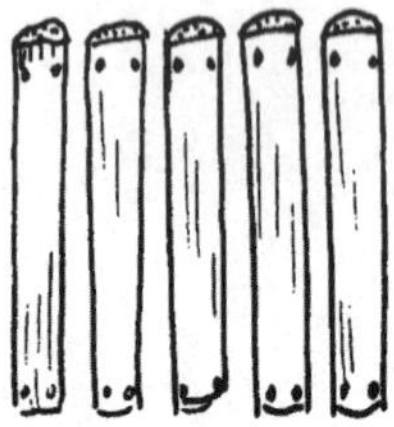

等 등 같다

같다 等(등)은 대나무 竹(죽)과 일하러 나가는 의미인 寺(사)의 조합이다. 고대엔 많은 죽간이 필요했기 때문에 국가에 죽간을 관리하는 곳이 있었다. 여기서 만든 죽간은 길이나 모양이 均等(균등)하기 때문에 같다는 의미가 나왔다. 많은 양의 죽간을 만든 데서 무리의 의미로 넓어졌다. 죽간마다 품질의 차이가 있었으므로 등급, 순위의 의미로 넓어졌다.

평등平等 평등한 대우

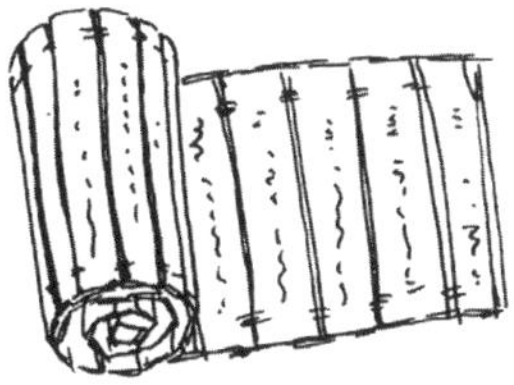

冊 (책) 책

책 冊(책)은 죽간 여러 개를 연결한 모양을 그렸다. 고대 중국에서는 대나무로 만든 죽간에 글씨를 써서 노끈이나 가죽으로 위쪽과 아래쪽을 각각 연결해서 책을 만들었다.

서책書冊 오래된 서책

공책空冊 공책에 받아 적다.

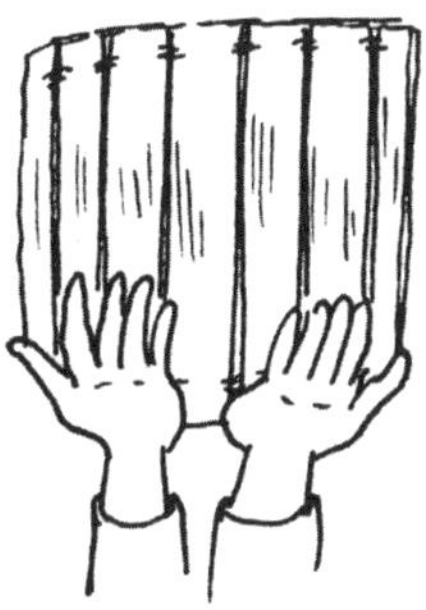

典 (전) 법전

법전 典(전)은 죽간인 冊(책)과 두 손 모양의 조합이다. 책을 두 손으로 받들어 소중하게 간직하는 모습을 나타냈다. 古典(고전)이나 經典(경전)에서 흔적을 볼 수 있다.

사전事典 백과 사전

사전辭典 영어 사전

侖 (륜) 조리를 세우다

조리를 세우다 侖(륜)은 합한다는 의미인 亼(집)과 죽간인 冊(책)의 조합이다. 대나무로 만든 죽간에 글씨를 쓰고 나서 엮어서 책으로 만들었다. 이때 페이지 차례를 맞추어서 책으로 엮는 데서 의미가 나왔다.

論 론 논하다

논하다 論(론)은 말씀 言(언)과 차례를 세우다 侖(륜)의 조합이다. 죽간을 책으로 엮기 위해서는 책의 앞과 뒤의 내용을 서로 논의해서 결정해야 한다. 이런 과정에서 서로 의견이 달라 언쟁이 생기는 경우가 있어 討論(토론)의 의미로 넓어졌다.

논제論題 토론회의 논제

倫 륜 윤리

윤리 倫(륜)은 사람 亻(인)과 차례를 세우는 의미인 侖(륜)의 조합이다. 사람이 모여 사는 곳에는 규칙이나 질서가 필요하다는 데서 의미가 나왔다.

천륜天倫 천륜을 저버리다.

패륜悖倫 패륜을 저지르다.

扁 편 액자

액자 扁(편)은 한쪽 문인 戶(호)와 冊(책)의 조합이다. 문 양쪽이나 정면 위쪽에 글귀를 써서 걸어 놓은 것을 편액이라 한다. 글씨를 한 줄로 써서 걸어 놓은 모양이 책을 연상하는 데서 의미가 나왔다.

編 편 엮다

엮다 編(편)은 책 冊(책)과 실 糸(사)의 조합이다. 대나무를 쪼개고 가공해서 글씨를 쓰고 노끈을 이용해서 책을 묶는 데서 의미가 나왔다. 후에 책장을 넘기는 모양이 문을 여는 모양과 흡사한 관계로 외짝 문 戶(호)가 더해졌다.

재편再編 기구를 재편하다.

편제編制 편제를 정비하다.

篇 편 책

책 篇(편)은 대나무 竹(죽)과 외짝 문 戶(호)와 책 모양인 冊(책)의 조합이다. 책을 엮어서 문처럼 열어 보는 의미인 扁(편)에 재료인 대나무를 더해 책의 의미를 강조했다.

장편長篇 장편 소설

5-1. 위치 上 下 中

5-2. 교차한 모양 五 吾 語 悟

15 기타

上 상 윗

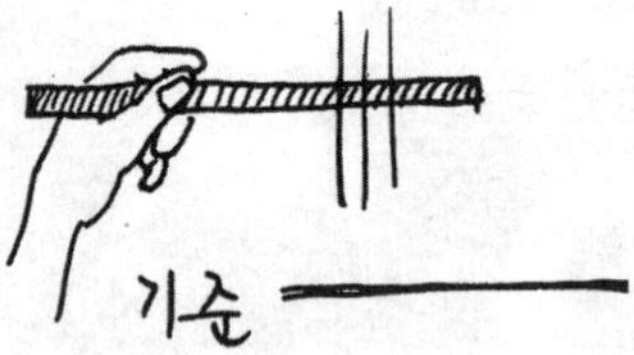

윗 上(상)은 아래쪽의 긴 가로선과 위쪽의 짧은 가로선으로 이루어졌다. 기준선 보다 위쪽에 있음을 표현한 것에서 의미가 나왔다.

세상世上 세상을 구경하다.

상정上程 본회의에 상정되다.

下 하 아래

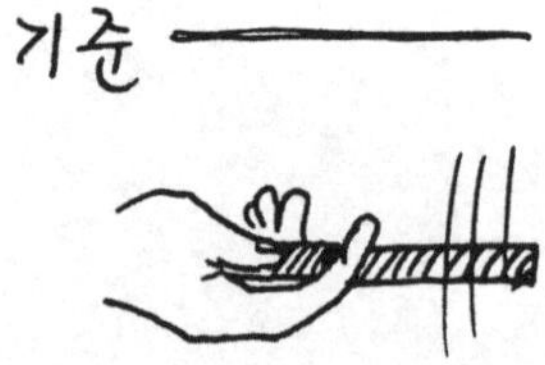

아래 下(하)는 위쪽에 긴 가로선을, 아래쪽에 짧은 가로선을 그렸다. 기준선보다 아래쪽에 있다는 의미를 표현했다.

하락下落 물가가 하락하다.

하청下請 하청을 주다.

中 중 가운데

가운데 中(중)은 곧게 세운 깃대 위에 깃발이 달려있는 모양이다. 고대인은 부족의 주거지 중앙에 부족의 상징인 깃발을 세웠다. 부족의 인원이 멀리서도 마을을 쉽게 찾을 수 있게 한 것이다. 주거지 중앙에 깃발을 설치하는 데서 의미가 나왔다.

중도中途 중도 탈락

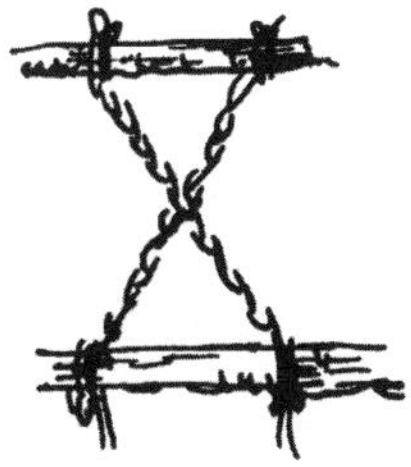

五 오 다섯

다섯 五(오)는 두 줄이 교차한 모양을 그렸으며, 교차한다는 의미다. 위아래 가로선은 하늘과 땅 모양으로 바로 음양이 교차하는 중간이다. 여기서 숫자의 중간인 다섯의 의미로 변하게 되었다.

오행五行 음향오행설

오곡五穀 오곡이 무르익다.

吾 오 나

나 吾(오)는 교차한 모양인 五(오)와 입 口(구)의 조합이다. 교차되어 나오는 소리, 곧 대화의 의미다. 후에 말하는 사람인 주체를 강조해서 나의 의미로 변했다.

語 어 대화하다

대화하다 語(어)는 말이 교차한다는 의미인 吾(오)가 나의 의미로 사용되자, 말씀 言(언)을 더해서 의미를 보존했다.

언어言語 언어 습관

단어單語 영어 단어를 외우다.

悟 오 깨닫다

깨닫다 悟(오)는 마음 忄(심)과 교차해 나오는 말인 吾(오)의 조합이다. 상대방과 대화를 통해 사물의 이치를 마음속으로 깨닫는 데서 의미가 나왔다.

각오覺悟 희생을 각오하다.

돈오頓悟 돈오점수

ㄱ

ㅁ

ㅅ

ㅇ

ㅈ

ㅊ

ㅋ

ㅌ

ㅍ

ㅎ